계급, 소외, 차별

마르크스주의는
계급, 소외, 여성·성소수자·인종 차별을
어떻게 설명하는가?

국립중앙도서관 출판예정도서목록(CIP)

계급, 소외, 차별 : 마르크스주의는 계급, 소외, 여성 · 성소
수자 · 인종 차별을 어떻게 설명하는가? / 지은이: 제프리 디
스티 크로익스 외. -- 서울 : 책갈피, 2017
    p. ;   cm

ISBN 978-89-7966-121-7 03300 : ₩15000

마르크스 주의[--主義]

340.245-KDC6
335.43-DDC23   CIP2017004460

계급, 소외, 차별

마르크스주의는
계급, 소외, 여성·성소수자·인종 차별을
어떻게 설명하는가?

제프리 디스티 크로익스 외 지음 | 편집부 엮음

책갈피

계급, 소외, 차별

마르크스주의는
계급, 소외, 여성·성소수자·인종 차별을 어떻게 설명하는가?

지은이 | 제프리 디스티 크로익스 외
펴낸곳 | 도서출판 책갈피

등록 | 1992년 2월 14일(제2014-000019호)
주소 | 서울 성동구 무학봉15길 12 2층
전화 | 02) 2265-6354
팩스 | 02) 2265-6395

이메일 | bookmarx@naver.com
홈페이지 | http://chaekgalpi.com

첫 번째 찍은 날 2017년 3월 15일
다섯 번째 찍은 날 2024년 11월 25일

값 15,000원

ISBN 978-89-7966-121-7
잘못된 책은 바꿔 드립니다.

차례

일러두기

1. 인명과 지명 등의 외래어는 최대한 외래어 표기법에 맞춰 표기했다.

2. 《 》부호는 책과 잡지를 나타내고 〈 〉부호는 신문, 주간지, 영화, 텔레비전 프로그램, 노래를 나타낸다. 논문은 " "로 나타냈다.

3. 본문에서 [ ]는 옮긴이가 독자의 이해를 돕거나 문맥을 매끄럽게 하려고 덧붙인 것이다. 지은이가 인용문에 덧붙인 것은 [― 지은이]로 표기했다.

4. 본문의 각주는 옮긴이가 넣은 것이다. 지은이의 각주는 '― 지은이'라고 표기했다.

5. 원문에서 이탤릭체로 강조한 부분은 고딕체로 나타냈다.

책을 펴내며

    경기 침체가 장기화하면서 자본주의 사회의 본모습이 적나라하게 드러나는 것 같다.

    빈부 격차는 확대되고, 금수저·흙수저라는 말이 보여 주듯이 부의 대물림은 고착되고 있다. 2016년 경제협력개발기구OECD 통계에 따르면, 한국의 자살률은 10만 명당 28.7명으로 회원국 중 가장 높다. 이것은 이 사회의 수많은 사람들이 궁지에 내몰리고 자살을 선택할 만큼 무력감과 좌절감이 크다는 사실을 보여 준다.

    2016년 사람들의 입에 자주 오르내린 키워드를 떠올려 보면, 헬조선, 여성 혐오, 차별, 비정규직, 금수저·흙수저, 세대 갈등, (노인) 빈곤, 성 평등, 난민, 이주 노동자, 성과연봉제 등이다(작년 사회 분야 논문 검색 사이트의 검색어 1위가 '여성 혐오'(여혐)였다). 이 단어들은 모두 이 사회의 억압과 착취, 차별, 소외와 깊은 관련이 있다.

    이 사회의 소외, 차별, 착취를 각각 다루는 책은 많이 출간됐지만, 정작 이 현상들 사이의 관계를 설명하고 이 현상들을 종합적으로 분석하는 책은 찾아보기 힘들다. 2016년의 출판계는 페미니즘의 전성시대라 할 정도로 여성 차별이나 성소수자 차별을 다루는 책들이 봇물처럼 쏟아져 나왔다. 그러나 성차별이 계급사회에서 이뤄지는 착취와 어떤 연관이 있는지를 설명하는 책은 매우 드물다.

많은 사람들은 여성 차별, 성소수자 차별, 인종차별 등 사회의 한 부문에서 벌어지는 차별이 계급 착취와 아무 관련이 없다고 생각한다. 이 책은 바로 이런 생각에 도전하고 마르크스주의적 분석을 바탕으로 소외와 차별, 착취가 밀접하게 연관돼 있음을 설명한다. 계급, 소외, 차별이 무엇이고 왜 생겨났는지, 어떻게 없앨 수 있는지 등은 우리 사회를 이해하고 더 나은 미래를 만들기 위한 중요한 물음이다. 이 책은 이런 물음에 명쾌한 답변을 제시할 뿐 아니라 이런 현상이 자본주의 체제와 어떤 관련이 있는지를 마르크스주의적 관점에서 설명한다.

이 책은 두 부분으로 이뤄져 있다. 1부는 마르크스주의 정치학의 기본 개념인 계급, 소외, 차별의 의미와 이들 사이의 관계를 설명하고 이를 둘러싼 논쟁을 다룬다. 조셉 추나라의 "마르크스주의 계급론"은 도대체 계급이란 무엇인지를 매우 쉽게 설명한 강연을 글로 옮긴 것이고, 제프리 디스티 크로익스의 "역사유물론과 계급"은 마르크스주의에 문외한이던 필자가 고대 그리스·로마 역사를 연구하면서 접하게 된 마르크스주의적 역사 해석에 큰 감명을 받은 경험을 소개하면서 계급과 착취 개념이 역사 연구에서 매우 중요하다는 점을 강조한다. 주디 콕스의 "마르크스주의 소외론"은 우리 스스로 만들어 낸 과학과 문명 앞에서 우리 자신이 초라하고 보잘것없는 존재처럼 느끼는 이유와 우리의 노동 생산물 앞에서 우리 존재가 왜 위협받는지를 마르크스주의의 소외 개념으로 설명한다. 애비 바칸의 "마르크스주의 차별론"은 자본주의에서 벌어지는 차별에서 핵심은 노동계급의 여러 부문을 서로 반목시키는 것이라고 지적한다. 이런 반목과 차별이 계급 지배에 도움이 되고 사회적 해방을 위한 계급투쟁의 발목을 잡는다는 점에서 차별은 계급의 문제라 할 수 있다.

2부는 여성 차별, 성소수자 차별, 인종차별 등 자본주의 사회에서 벌어지는 차별의 구체적 현실을 다룬다. 실라 맥그리거의 "여성 차별"은 여성 차별의 뿌리가 어디에 있는지, 자본주의 축적 논리가 노동계급 여성의 사회적 지위와 노동계급 가족의 성격을 어떻게 바꿨는지, 여성이 임금노동자가 되고 노동계급 투쟁에 참여하는 것이 왜 여성해방에 중요한지를 주장한다. 콜린 윌슨의 "성소수자 차별"은 성소수자 차별이 어디서 비롯했는지, 성소수자들이 차별에 맞서 어떻게 싸웠는지를 다룬다. 또 중동과 아프리카에서 동성 관계에 대한 인식이 어떻게 변했는지도 살펴본다. 특히 자본주의와 제국주의가 이 지역의 성적 인식에 미친 영향을 설명하는 부분은 매우 흥미롭다. 켄 올렌데의 "인종차별"은 인종차별주의가 자본주의의 성장과 밀접한 연관이 있다는 사실을 지적한다. 자본주의 체제가 세계적 체제로 부상하던 시기의 대서양 노예무역에 그 기원을 두고 있는 인종차별주의는 노예제도가 사라졌음에도 인종 간 갈등을 부추기고 이주민을 단속하려는 자본가들의 필요 때문에 오늘날에도 사라지지 않고 있다. 프랑스와 오스트리아 등지에서 파시스트 세력이 위세를 떨치고 미국에서는 새 대통령으로 취임한 트럼프가 난민들을 공격하는 상황을 고려해 볼 때, 인종 문제가 날로 중요해지고 있음을 알 수 있다. 새런 스미스의 "정체성 정치 비판"은 다양한 차별에 맞선 저항을 하루속히 건설해야 한다고 주장하면서도 어떤 운동을 건설해야 하는지, 정치 전략이 왜 중요한지를 강조한다. 스미스는 정치 전략의 문제와 관련해 학계와 좌파에게 '정체성 정치'로 알려진 것의 배경과 그 정치 전략을 비판한다.

내용 소개는 이쯤에서 줄이는 것이 좋겠다. 다만 이 책이 나오기까지 도움을 준 사람들에게 고마움을 표시하고 마치려 한다. 이 책에 실린 논문들은 차승일, 천경록, 김인식, 이진화, 이승민 등이 번역했고 책갈피 편집부가 용어를 통일하고 글을 다듬었다. 또 이 책의 구성과 관련해 최일붕이 유용한 아이디어를 제공했다. 이 지면을 빌려 이분들에게 감사드린다.

2017년 2월 15일
책갈피 편집부

1부
마르크스주의 정치학의
기본 개념

마르크스주의 정치학의 기본 개념

마르크스주의 계급론

조셉 추나라

흔히 '계급'이라고 하면 사람들을 구분하는 여러 가지 기준을 떠올린다. 이런 기준은 얼마든지 있다. 예를 들어, 외모, 키, 머리 색깔 등으로 나눌 수도 있다. 이런 기준은 청바지나 샴푸 같은 것을 팔 때는 상당히 유용할 것이다.

그런데 우리가 관심을 기울여야 할 것은 이와 상당히 다르다. 사회를 바꾸고자 한다면, 사회의 핵심 분단선이 어디 있는지 알아야 한다. 어떤 집단의 힘과 그 집단의 사회적 지위가 어떤 관계인지도 알아야 한다. 사람들 사이의 차이점뿐 아니라 사람들을 집단행동에 나서게 하는 공통점이 무엇인지도 봐야 한다.

출처: '계급이란 무엇인가' 강연, 노동자연대 주최 '맑시즘2015'.
옮긴이: 천경록.

베버의 계급론

마르크스의 계급론은 학계의 주요 이론인 막스 베버의 계급론과 근본적으로 다르다. 막스 베버는 계급을 다음과 같이 설명한다. "첫째, 많은 사람들이 생활 기회라는 특정한 인과적 요소를 공유할 때, 둘째, 그러나 그 요소가 오로지 상품 소유와 소득 기회에 대한 경제적 이해관계로만 표현될 때, 셋째, 그 요소가 상품시장 또는 노동시장이라는 조건하에 있을 때 '계급'이라고 말할 수 있다."

베버가 상당히 어렵게 꼬아서 말했는데, 베버 주장의 핵심은 사람들이 소유한 재화, 시장에서의 지위, 직업의 종류에 따라 계급이 규정된다는 것이다. 계급을 이런 식으로 규정하면 직업에 따라 계급이 천차만별로 나뉘게 된다. 마르크스식 계급 개념에서는 '만국의 노동자여, 단결하라' 하고 말할 수 있는데, 베버식 계급 개념에서는 '만국의 건축가여, 단결하라'거나 '만국의 치과 의사여, 단결하라'는 식으로 말해야 한다.

다시 말해, 베버는 파편화에 기초해 계급을 규정하고 그 파편화를 극복할 여러 방법을 제시하는 반면, 마르크스의 개념에서는 사람들을 하나의 계급으로 묶는 요인이 무엇인지가 핵심이다.

그런데 우리가 흔히 접하는 계급 개념은 베버의 개념보다도 훨씬 조야하다. 영국에서 가장 흔한 계급 구분법은 사람들을 A, B, C, D, E의 다섯 그룹으로 나누는 것이다. 예컨대 A 그룹에는 전문직, 경영직, 관리직이 속한다. 최하위인 E 그룹에는 불안정 노동자, 하위직 육체 노동자가 속한다.

흥미롭게도 이 분류법 안에는 자본가가 없다. 자본가가 없으면 당연히 착취도 없다. 이런 구분법의 초기 버전에서는 자본가를 미치광이와 함께 '기타'로 분류하기도 했다.

마르크스의 계급 개념 — 계급은 사회적 관계다

마르크스의 계급 개념이 무엇인지, 그리고 이 개념이 왜 더 유용한지 살펴보자.

마르크스는 어느 사회에서든 사람들이 자신의 의사와는 무관하게 특정한 사회관계를 맺는데, 그 관계가 사회에서 부를 생산하는 데 가장 중요한 부분이라고 했다. 마르크스는 이 사회관계를 생산관계라고 불렀는데, 생산관계에는 두 가지가 있다.

첫째, 착취 관계다. 우선 착취를 차별이나 천대의 일종으로 보면 안 된다는 것을 분명히 해야 한다. 계급사회에서 사회 구성원 대다수는 노동을 해야 하고, 이들의 노동 덕분에 소수는 노동의 부담에서 해방된다. 이 소수가 다수에게서 부를 뽑아 내는 방법이 바로 착취다. 고대 그리스·로마의 노예제 사회에서 노예 소유주는 노예에게 채찍을 휘둘러 강제로 일을 시켰다.

자본주의 착취 관계는 모습이 다르다. 자본주의 사회의 임금노동자는 생계를 위해 자본가에게 자신의 노동력을 팔 수밖에 없고 임금으로 가져가는 것보다 더 많은 부를 생산한다. 이렇게 노동자가 자신의 임금 몫 이상으로 창출하는 가치를 마르크스는 잉여가치라고 불렀다. 이 잉여가치가 자본가계급이 가져가는 이윤의 원천이다. 착취가 벌어지는 곳에서는 언제나 착취 관계의 양쪽에 있는 집단, 즉 착취자와 피착취자가 갈등하기 마련이다.

둘째, 생산수단의 소유관계다. 이는 부를 생산하는 수단을 사회의 어느 집단이 실질적으로 지배하는지의 문제다. 봉건제 사회에서 농노는 토지, 농기구, 가축 등 생산수단을 소유할 수 있었다. 당시의 착취 관계를 뒷받침한 것은 경제적 강제력이 아니라 영주의 무력이었다.

자본주의 사회에서는 자본가가 대다수 생산수단을 지배하고, 노동자는 생산수단을 지배하는 자본가에게 고용돼 일한다. 자본주의 사회에서 착취 관계는 주로 경제적 방식으로 강제된다. 마르크스는 임금노동자가 이중의 의미에서 자유롭다고 했다. 노동자는 한편으로는 어느 자본가에게 고용돼 일할지 고를 자유가 있고, 다른 한편으로는 노동하지 않고 굶어 죽을 자유가 있다.

요컨대 두 가지 질문을 던져 한 사회의 계급 구조를 이해할 수 있다. 첫째, 누가 누구를 착취하는가? 둘째, 누가 생산수단을 지배하는가? 이런 접근법의 가장 큰 강점은 계급을 관계로 이해한다는 것이다.

주류 사회학은 계급을 독립적 범주로 본다. 마치 슈퍼마켓 진열대에 놓인 통조림 캔처럼 말이다. 반면 마르크스의 관점으로 보면 계급 간 적대와 계급투쟁의 발생 가능성을 볼 수 있다. 착취 관계를 둘러싸고 언제나 투쟁이 벌어지기 때문이다.

마르크스주의 계급론에 대한 비판

마르크스주의에 대한 가장 흔한 비판은 마르크스주의가 '경제 환원론'이라는 것이다. 그러나 마르크스는 경제가 전부라고 주장하지 않았다. 경제가 한 사회의 성격을 규정하는 데서 결정적으로 중요하다고 주장했을 뿐이다. 엥겔스의 설명은 이 점을 잘 보여 준다. "경제는 궁극적 결정 요인이다. 사상·정치·법률 등도 사회에 중요한 영향을 미치지만 경제가 가장 근원적이다."

마르크스주의 계급 이론은 사회적 현상을 어떻게 설명할까? 예를 들어, 토마 피케티는 자본주의 사회에서 심각해지는 불평등을 잘 묘사해 큰 인기를 끌었다. 피케티는 오로지 자산과 소득을 기준으로 계급을 구분하는데, 피케티가 제시한 자료를 자세히 보면 소득 불평등이 마르크스주의적 의미의 계급 구조를 대략 반영한다는 것을 알 수 있다.

계급 구조 꼭대기에는 전체 인구의 1~2퍼센트밖에 안 되는 극소수 부자가 있다. 이들은 사회의 중요한 자본을 대부분 소유한다. 다음으로 전체 인구의 5~10퍼센트 정도 되는 놀고 먹는 부자와 고위 경영자층이 있다. 나머지 압도 다수는 이들보다 훨씬 더 가난하다.

이런 묘사는 자본주의 계급 구조를 반영하지만 소득과 자산 수준에만 주목하므로 진정한 계급 구조를 모호하게 하기도 한다. 예를 들어, 어떤 노동자는 소득이 많을 수 있지만 여전히 노동계급의 일부이고 전투적으로 싸울 수 있다.

1960년대에 어떤 사람들은 유럽의 자동차 공장 노동자를 '노동귀족'이라고 불렀다. 이 '노동귀족'은 집도 있고 세탁기도 있고 텔레비전도 있으니 더는 투쟁에 나서지 않을 것이라고 했다. 앙드레 고르라는 프랑스 철학자는 1968년 초 《프롤레타리아여, 안녕》이라는 유명한 책을 냈다. 그러나 바로 몇 개월 뒤 프랑스에서 이 '노동귀족'이 세계 역사상 최대 규모의 총파업을 벌였다.

한편 가장 열악한 조건에 있는 불안정 노동자가 운동을 주도한 때도 있었다. 1890년대 영국 런던 이스트엔드 지역의 노동자는 너무 빈곤하고 사기가 낮아서 더는 투쟁할 수 없을 것처럼 보였다. 그런데 바로 이 가난한 미숙련 노동자들이 신노조운동을 일으켜 영국 노동운동의 양상을 바꿔 버렸다.

투쟁이 고조될수록 노동계급은 (상대적으로 나은 조건에 있든 그렇지 않든) 공통의 이해관계를 위해 함께 싸우는 경향이 있다. 이 점을 이해하는 것이 중요하다.

마르크스주의 계급론에 대한 또 다른 비판은 마르크스주의가 계급 외 중요한 사회적 경계선을 간과한다는 것이다. 그중에는 문화적 취향 같은 사소한 것도 있지만 인종, 성, 성적 지향 등 훨씬 더 중요한 것도 있다.

그러나 마르크스주의자는 인종차별이나 성차별에 맞서 싸우는 것을 중요하게 여기고, 노동계급이 인종과 성에 따라 분열하면 자본가계급이 수월하게 지배를 유지할 수 있다고 주장한다. 다시 말해, 노동계급은 이런 형태의 차별을 철폐하는 데 공통의 이해관계가 있다.

노동계급 투쟁이 고조될수록 인종, 성, 성적 지향에 따른 차이를 뛰어넘어 단결하기가 쉬워진다.

마르크스주의자는 자본주의 체제를 사회주의 체제로 변혁하면 이런 차별의 물질적 토대가 사라질 것이라고 본다.

마르크스주의 계급론에 대한 셋째 비판은 노동계급이 자동으로 체제에 맞서 싸우지는 않는다는 것이다.

마르크스는 주관적인 자기 규정이 아니라 객관적인 사회적 조건을 기준으로 계급을 구분했다. 물론 사회주의 혁명이 일어나려면 노동자의 의식이 변해야 한다. 그러나 마르크스는 초창기 저작인 《신성 가족》에서 다음과 같이 썼다. "프롤레타리아가 자신의 목표를 무엇이라고 생각하는지가 아니라 그들이 객관적으로 어떤 존재인지, 그리고 그들을 투쟁에 나서게 하는 객관적 요인이 무엇인지가 중요하다."

사실 자본주의 사회에서 노동자의 의식은 거의 언제나 모순적이다. 한편으로 노동자는 자신이 처한 사회적 조건 때문에 소외되고 파편화되고 원자화돼 있다고 느낀다. 먹고살기 위해 일터로 내몰리다 보면 자신이 아주 약하고 초라하게 느껴지기 마련이다. 이런 조건 때문에 노동자는 노동계급의 이익과 충돌하는 관념을 받아들일 수 있다. 다른 한편으로는 연대감, 투쟁의 기억, 다른 노동자에 대한 공감 등도 느낀다.

둘 사이의 모순 때문에 노동계급 내에서 보수성이 조장될 수도 있지만 투쟁이 일어나면 노동자는 동료 노동자와 자신을 결속하는 공통점이 무엇인지 깨닫게 되고 상황을 변화시킬 수 있는 집단적 힘도 자각하게 된다. 마르크스가 지적했듯이, 이것은 바로 자본주의 사회에서 노동계급이 처한 객관적 조건 때문이다.

현대 자본주의 사회의 계급

자본주의 사회에는 두 주요 계급이 있다. 하나는 생산수단을 지배하는 자본가계급이고, 다른 하나는 노동계급이다. 그러나 모든 사람이 양대 계급에 속하는 것은 아니다.

먼저, 노동계급의 범위를 조금 확장해야 한다. 예컨대, 노동자의 자녀처럼 자신은 노동자가 아니지만 노동자의 임금에 의존하는 사람들이 있다. 이들은 노동계급과 같은 이해관계를 공유하고 노동계급이 착취당하는 정도에 따라 삶이 좌우된다.

병원과 학교 등에서 일하는 공공 부문 노동자처럼 이윤을 창출하지 않는 사람들도 있다. 그러나 이들은 자본주의 운영에 중요한 구실을 하고 이윤 창출에도 [간접적으로] 기여한다. 이들의 임금과 노동조건은 대체로 민간 부문 노동자의 처지와 연동돼 있다. 그렇기 때문에 이들도 노동계급 다수와 이해관계가 같다고 할 수 있다.

노동계급과 자본가계급 사이에 두 부류의 작은 집단이 끼어 있다. 첫째, 중소 기업인, 소상점 주인, 벤처 사업가 등 마르크스가 프티부르주아지라고 부른 독립적 소⁺ 소유자 집단이다. 이런 부류의 사람들은 자본주의가 탄생하기 전부터 있었다. 그러나 자본주의가 성숙하면서 이 집단도 변했다.

오늘날 가족의 노동력을 이용해 작은 사업을 운영하는 사람은 한편으로는 자신을 착취하는 자본가 구실을 하고, 다른 한편으로는 자신에게 임금을 받는 노동자 구실을 하는 이중적 처지에 있다. 이런 모순 때문에 프티부르주아지는 양대 계급 사이에서 오락가락한다. 스스로 자산을 소유하므로 자본가에게 동질성을 느낄 수도 있지만 스스로 일하므로 노동계급에게 동질성을 느낄 수도 있다.

세계의 많은 농민이 바로 이런 처지에 있다. 한 가지 염두에 둘 것은 오랫동안 농민이 세계에서 가장 큰 사회집단이었다는 사실이다. 전 세계 인구에서 이제는 임금노동자가 농민보다 많지만 이집트 같은 나라에서는 여전히 농민이 매우 중요한 사회집단이다. 이런 나라에서 노동계급이 혁명에 성공하려면 농민이 처한 문제에 대한 해결책을 내놔야 한다. 노동자혁명으로 농민도 해방될 수 있다는 것을 입증해서 농민의 지지를 얻어야 한다.

양대 계급 사이에 끼어 있는 둘째 집단은 흔히 '신중간계급'이라 불린다. 이들은 자본주의가 발전하면서 등장했다.

자본주의 초기에는 자본가가 직접 작업장을 운영하고 노동자를 통제할 수 있었다. 그러나 기업의 규모가 점점 커지면서 자본가는 자기 대신 작업장을 운영할 특수한 임금노동자를 고용하기 시작했다. 이 때문에 작업장 내에 경영직·관리직 등 관료 집단이 형성됐다.

이 관료 집단의 최상층은 자본가계급을 닮아 간다. 반면 최하층은 겉보기에 노동계급과 거의 구별되지 않는다. 이 관료 집단에는 매우 모순된 처지에 있는 다양한 사람들이 있다. 이들은 자본주의 사회에서 부를 창출하고 체제를 운영하는 데 도움이 되는 생산적 구실도 하고 노동자를 더 심하게 쥐어짜고 단속하는 구실도 한다.

계급투쟁이 일어나면 이 집단은 양대 계급 중 어느 한쪽으로 이끌린다. 노동자 투쟁이 강력할수록 이 집단의 하층은 노동자 편으로 이끌릴 가능성이 커진다.

노동계급에 주목해야 하는 까닭

마르크스는 노동계급이 특별한 존재라고 주장했는데, 그 근거는 다음과 같다.

첫째, 노동계급은 자본주의 사회에서 사회혁명을 이끌 수 있는 규모와 힘을 가진 유일한 세력이다.

마르크스가 말했듯이, 자본가는 프롤레타리아를 세계적 규모로 창출할 수밖에 없다. 이것이 "자본주의가 자신의 무덤을 파는 사람들을 창출한다"는 마르크스의 말이 뜻하는 바다. 오늘날 "자본주의의 무덤을 파는 사람들"은 20억 명 정도 된다. 노동계급은 자본주의가 돌아가는 데 필수적인 존재이므로 힘이 있다.

마르크스는 자본주의가 노동자의 피를 빨아먹는 흡혈귀 같은 체제라고 했다. 그런데 흡혈귀는 희생자의 피를 빨지 못하면 죽는다. 노동자가 파업을 벌일 때 이와 같은 일이 일어난다.

제조업이나 기타 전통적 산업부문의 노동자에게만 그런 힘이 있는 것은 아니다. 자본이 이윤을 많이 얻는 소매업·서비스업 부문 등에서 일하는 노동자에게도 같은 힘이 있다.

둘째, 노동계급은 집단적 계급이다. 노동자는 도시에 엄청난 규모로 몰려 있다. 세계 역사상 최초로 인구의 절반 이상이 도시에 모여 산다. 노동자는 사업장 단위로도 대규모로 모여 있다. 이 때문에 사업장이 노동자 조직의 활동 무대가 될 수 있다.

노동계급은 한곳에 모여 있기만 한 게 아니다. 자본가는 대체 가능한 동질적 노동자가 필요하다. 노동자는 서로 비슷한 조건에 처하게 되고 이 때문에 서로 다른 부문의 노동자와도 쉽게 동질감을 느낄 수 있다.

셋째, 자본주의가 노동자를 투쟁에 나서도록 만든다는 점이다. 자본주의는 맹목적으로 이윤을 추구하기 때문에 노동자를 계속 압박해야 하고, 이런 압박 때문에 노동계급은 세계 역사상 가장 전투적인 계급이 됐다. 노예나 농민 반란은 몇백 년에 한 번 있을까 말까 했다. 그러나 자본주의 사회에서는 몇 년에 한 번씩 대규모 파업이 일어나고, 몇십 년에 한 번 꼴로 혁명이 일어난다.

노동계급은 탄생 초기부터 투쟁을 조직하는 법을 스스로 배워야 했다. 노동계급은 처음에는 폭동이나 기계 파괴 운동* 같은 방식으로 투쟁했다. 역사가 E P 톰슨은 이를 '임금 협상 폭동'이라고 불렀다. 오래지 않아 노동자들은 더 안정적인 조직을 고안했다. 바로 노동조합이다.

넷째, 노동계급에게 사회를 혁명적으로 바꿀 잠재력이 있다는 사실이다. 자본주의는 인류 역사상 최초로 모든 사람의 필요를 충족할 만큼 많은 부를 생산한다. 그러나 노동자는 부를 창출할수록 자신의 처지가 더 나빠진다는 모순을 겪는다. 자본주의는 부를 집단적으로 생산하는 체제여서 이 모순을 개인적 방식으로 해결할 수는 없다. 반란을 일으켜 공장을 접수한 노동자들은 그 공장을 집단적으로 운영해야 한다.

---

* 19세기 초 영국에서 신기술과 기계의 도입으로 일자리를 빼앗긴 수공업 노동자들이 기계를 파괴하며 저항했다.

바로 이 때문에 민주주의라는 개념이 노동운동 역사에서 그토록 중요했다. 이때 민주주의는 의회민주주의가 아니라 아래로부터의 노동자 민주주의다.

노동자들은 혁명적 분출 때마다 새 노동자 권력 기구를 만들었다. 1871년 프랑스 노동자들이 파리코뮌을 건설한 것이 그 시작이었다. 20세기에는 노동자 평의회 같은 기구가 등장했다. 이 기구는 모두 사회주의 혁명으로 나아가려 하고 사회를 민주적으로 운영하려는 노동계급의 본능을 표현했다.

21세기에는 지난 세기보다 더 많은 노동자 민주주의가 등장할 것이다. 바로 그래서 계급을 잘 알아야 한다.

마르크스주의 정치학의 기본 개념

역사유물론과 계급

제프리 디스티 크로익스

계급과 계급의식의 문제

개인사를 잠시 얘기하고자 하는데, 이것은 내가 현재의 견해를 갖게 된 지적 발전 과정의 중요한 일부를 설명하기 때문에 이 강의의 주제(카를 마르크스의 계급 개념)와 매우 밀접한 관련이 있으므로 양해해 주기를 바란다.

20대 중반이던 1930년대 중반까지 나는 마르크스에 관해 아무것도 몰랐다. 매우 우파적 교육을 받았고, 사무 변호사 자격을 취득

출처: "Class in Marx's Conception of History, Ancient and Modern", *New Left Review* I/146(July–August 1984). 이 글의 내용은 크로익스가 1982년에 아이작 도이처 기념상을 받으면서 발표한 것이다.
옮긴이: 차승일.

해 웨스트민스터에 있는 법률 회사에서 일했다. 그 뒤 파시즘의 성장에 충격을 받아 처음으로 노동운동에 관심을 두기 시작했다. 마르크스주의적 역사 해석에 큰 감명을 받았지만, 그때조차 마르크스주의에는 문외한이었고(정말이지 아는 게 거의 없었다), 내 사상은 여전히 혼란돼 있었다. 특히 계급과 계급투쟁에 관한 마르크스주의 사상(접하자마자 혹 빨려 들어갔다)을 대체로 수용할 태세가 돼 있었지만 당시에는 이 주제도 제대로 이해하지 못하고 많은 어려움을 겪었다.

나는 이미 마르크스주의자라고 생각했지만('스스로 마르크스주의자라고 느꼈다'는 것이 더 정확한 듯하다) 아직 논쟁에 뛰어들 만큼 잘 알지는 못했다. 예를 들어, "노동계급"이 공통의 목표와 진정한 "계급의식"을 갖고 일치단결해서 정치 활동을 벌이는 통일체인 듯 말하는 많은 좌파(일부는 여전히 그렇게 말한다)는 부정직한 게 아니냐는 주장에 효과적으로 답변할 수 없었다. 공산당에서 활동하던 친구 한 명은 내가 "노동계급의 혁명적 의식"을 확신하지 못한다고 꾸짖기도 했다. 지금이라면 프롤레타리아에게는 분명 "혁명적 의식"이 잠재해 있고, 그 잠재력은 언젠가 발현될 수 있노라고 답하겠지만, 당시에는 그럴 자신감이 없었다. 그러나 그때조차 영국 노동계급에게 이미 "혁명적 의식"이 있다고 말하는 것은 자기기만이라 느꼈던 것으로 기억한다.

무엇보다 당시에는 비마르크스주의자 동료들이 제기하는 다음과 같은 문제에 답을 하지 못했다. 그들은 마르크스의 관점에서 핵심이 계급과 계급 갈등이라고 옳게 지적하고는 잘못된 주장(지금은 이 주장이 틀렸음을 안다)으로 나아갔는데, 이 주장에 따르면 하나의 계급은 반드시 공통의 정체성을 인식해야 하고(즉, 계급의식이 있어야 하고) 공통의 정치 활동에 빈번히 참여해야 한다. 이런 말을 한 사람들은 현대 세계의 대다수 나라에서 그런 두 가지 특징이 충분하게 존재하지 않는다는 사실을 (정말 사실이므로) 의기양양하게 지적했다. 특히 대다수 선진국, 무엇보다 자본주의가 가장 발달한 나라인 미국의 노동계급이 그렇지 않다는 것이다. 미국에서 주류 정치는 계급 노선이나 계급적 기준에 따라 움직이지 않는다. 이런 사실에서 출발해 비마르크스주의자 동료들은 계급 개념 자체, 특히 계급 갈등(계급투쟁)을 중요시하는 마르크스주의의 계급 개념은 경험적으로든 설명적으로든 가치가 거의 또는 전혀 없고, 현대 세계를 이해하는 데 도움이 안 되므로 마르크스주의의 현대 사회 분석은 틀렸다는 결론을 이끌어 냈다(물론 오늘날에도 많은 사람들이 그렇게 생각한다).

바로 앞에서 묘사한 주장 전체는 특정한 가정(나는 그 가정이 틀렸음을 이제는 안다)에 기대고 있다. 다시 말해, **계급의식**과 **공통의 정기적인 정치 활동**이라는 두 요소가 계급과 계급 갈등의 **필수적** 특징이고, 따라서 이런 특징이 존재하지 않으면 마르크스주의적 계급 분석을 적용할 수 없다는 것이다. 오늘날 이런 잘못된 가정을 거부하지 않으면 앞에서 간략히 소개한 주장을 다루기 훨씬 더 힘들어질 것이다. 왜냐하면 1983년 6월 총선에서 투표에 참가한 영국 노동계급의 소수만이 노동당에 투표한 반면, 노동계급의 3분의 1이나 (노동계급을 어떻게 정의하느냐에 따라) 그 이상이 보수당(매우 반동적 성향의 여성[마거릿 대체]이 이끌고 노동자의 이익과 완전히 충돌하는 정당)에 투표했기 때문이다. 이제 우파들은 마르크스주의 계급론으로 사회를 분석하는 것이 **점점** 더 부적절해지고 있다고 그 어느 때보다도 더 집요하게 주장한다.

나는 앞에서 대략적으로 소개한 주장을 어떻게 다룰지 이제는 안다. 그러나 1930년대에는 그런 주장이 잘못된 가정을 기초로 한 것임을 알지 못했다. (뒤에서 설명하겠지만) 고대사 연구자가 된 후에야 그런 가정을 왜 단호히 거부해야 하는지를 알게 됐다.

이 문제를 포함한 몇몇 문제에 대해 생각을 정리하기 전에 제2차세계대전이 터졌다. 전쟁 기간 동안 나는 영국 공군에서 군 복무를 한 뒤에 법학 학위를 따지 않기로 결심하고 가르치는 일을 하려고 애썼다. 나는 15살에 학교를 그만뒀다. 학교에 다닐 때는 그리스어와 라틴어를 공부하는 데 대부분의 시간을 썼다. 비록 그때 배운 것을 상당 부분 잊었지만, 대학에 가서 그리스·로마 역사를 배우고 싶었다. 아는 것은 거의 없었지만 말이다. 당시 학교교육이 으레 그랬듯이, 고전문학 수업은 몇몇 권위 있는 문학작품을 가르치는 데 치중돼 있었다(그것도 숨이 턱턱 막히는 문법과 문체를 가르쳤다). 당연히 그 권위 있는 작가들의 문체로 라틴어와 그리스어로 된 산문과 심지어 운문까지 쓰게 했다. 그런 수업에 조금이라도 흥미나 중요성을 느꼈는지는 기억나지 않는다. 그러나 나는 그 과목을 꽤 잘했고, 그 후 습득한 역사적 분별력을 가지고 그리스·로마 역사에서 특별히 중요한 것을 발견할 수 있으리라고 확신했다. 나는 좌절하지 않았다. 매우 운이 좋게도 유니버시티칼리지런던에서 주로 A H M 존스 교수에게 배웠다. 내 생각에 존스 교수는 영어권에서 에드워드 기번 이래 고대사 연구에 가장 큰 기여를 한 분이다. 내가 아는 한 그는 평생 마르크스가 쓴 글을 한 글자도 읽지 않았지만 말이다. 나는 39살이 돼서 학위를 땄고, 1년 동안 연구를 한 뒤 1950년에 런던대학교 정치경제대학으로 왔다.

마르크스주의적 접근법은 역사 연구에 상당한 이해력과 매력을 줄 수 있다. 마르크스주의적 접근법이 아니었다면, 나는 역사 연구에서 그런 이해력과 매력을 얻기 힘들었을 것이다. 역사 연구에서 어려운 점은 대체로 사실을 보태거나 빼지 않고 다뤄야 한다는 것이다. 그래서 확인 가능한 사실들을 있는 그대로 다루지 않는 연구자들은 호되게 당할 가능성이 있다.

역사가 사실을 다룬다는 진술을 불편하게 여기거나 심지어 부인하는 자칭 역사가들이 많다. 이런 사람들의 주장은 매우 자주 들었을 것이므로 여기서 반복할 필요는 없을 것이다. 다만 그리스·로마의 종교를 연구한 선구적 권위자이고 영국의 케임브리지대학교에 있다가 미국 매사추세츠의 케임브리지로 건너가 [하버드대학교 교수로 재직한] 아서 다비 노크가 한 멋진 말을 인용하겠다(내 책 《고대 그리스 세계의 계급투쟁: 아르카이크 시기부터 아랍의 정복까지》[이하 《계급투쟁》]에서도 인용했다). "사실은 신성한 것이고, 일반화를 한다고 해서 사실의 생명을 빼앗으면 결코 안 된다."[1] 대체로 고대사는 신뢰할 만한 사실이 비교적 최근의 역사에 비해 훨씬 적다. 그래서 나는 잘 알려진 격언을 떠올렸다. 그것은 매우 다양한 분야의 학문과 관련해 [루트비히 비트겐슈타인이] 진술한 것인데, 고대사 연구자들이 마음에 잘 새기기를 바란다. "말할 수 없는 것에 관해서는 침묵하라."[2] 이 원칙을 고대사 분야에, 특히 고대 그리스 초기 역사에 적용하면, 유럽과 북미 여러 나라의 인쇄기에서 쏟아져 나오는, 어림짐작으로 쓴 글들의 상당수가 금세 사라지고 말 것이다.

마르크스주의적 접근법 덕분에 그리스·로마 역사를 연구하면서 새로운 통찰력을 얻게 됐지만, 앞에서 현대 세계와 관련해 말한 것과 정확히 똑같은 곤경에 처하기도 했다. 그것도 명백히 더 까다로운 형태로 말이다.

고대사 연구에서 부닥친 난점은 마르크스와 엥겔스가 항상 노예를 하나의 계급으로 여겼다는 점이었다.[3] 역사상 노예 집단 중에서 마르크스가 계급으로 여겼을 것이 확실해 보이는 집단은 정확히 그리스·로마의 노예들인데, 그들의 대다수는 내가 계급으로서 갖춰야 할 핵심이라고 여긴 두 요소, 즉 계급의식과 공통의 정치 활동을 두드러지게 결여했기 때문이다. 예를 들어, 아메리카와 카리브 해의 흑인 노예들에 견줘 그리스·로마 노예는 흔히 꽤나 의도적으로 매우 다양한 민족 출신과 언어 사용자로 구성됐다(그리스·로마의 저술가들은 모두 노예 소유주들에게 노예를 인종적·언어적으로 다양하게 구성해 소유하는 것이 좋다고 조언했는데, 그 내용은 《계급투쟁》에 인용돼 있다).[4] 당시의 노예들은 이렇게 이질적이어서 주인의 말을 알아듣는 것 말고는 서로 의사소통하기 힘들었고 당연히 반란이나 심지어 작은 저항에 나서기도 훨씬 더 힘들었다. 이탈리아와 시칠리아에서 일어난 몇 안 되는 위대한 노예 반란(기원전 130~70년대의 로마공화정 후기 몇십 년에 집중돼서 일어났다)에서 인종적·문화적 차이가 분열을 부추기는 주요 요소로 작용했다는 사실은 전혀 놀라운 일이 아니다.[5] 그리고 그 반란에는 당시 로마 세계의 전체 노예 가운데 소수만 참가했다. 그러면 마르크스와 엥겔스가 《공산당 선언》 등의 저작에서 말한 고대 노예들이 동참한 **계급투쟁**은 도대체 무엇을 뜻하는 것인가?

계급의식과 공통의 정치 활동을 계급을 규정하는 필수 특징으로 오인하면서(많은 사람들이 아직도 그렇게 생각한다), 노예를 하나의 계급으로 인정하면 곤란한 상황에 처할 것이다. 내 생각에는 바로 이런 이유 때문에, 즉 자칭 마르크스주의자들을 포함해 내가 접해 본 유럽의 고대사 연구자들이 거의 모두 느끼는 이 딜레마 때문에 이들은 이 문제에서 도망치는 잘못된 길로 빠지고 노예를 하나의 계급으로 다룰 수 없다고 판단한 듯하다.[6](나는 "자칭" 마르크스주의자라는 표현을 썼는데, 노예를 하나의 계급으로 여기지 않는 사람들은 마르크스 사상의 기본 원칙을 내버렸다고 보기 때문이다. 그 이유는 뒤에서 설명하겠다.) 방금 묘사한 종류의 글을 읽을 때 나는 항상 불편함을 느꼈지만 그것이 왜 틀렸는지 이해한 것은 몇 년 되지 않는다. 나는 꽤나 오래전부터 다음과 같은 의심을 했다. 즉, 마르크스처럼 지적 능력이 매우 뛰어난 인물이 처음부터 노예를 하나의 계급으로 봤다면(그 개념이 만만찮은 오해를 불러일으키는 듯하더라도) 그의 **계급 개념**이 오늘날 마르크스에 관해 이러쿵저러쿵 말하는 사람들의 개념과 달랐던 것은 아닐까? 그렇다면 그 개념은 무엇인가? 모두 알다시피, 마르크스는 계급 규정을 내놓은 바가 없다. 갑작스레 중단된 《자본론》 3권의 말미에서 마르크스는 계급을 설명하려

했지만 [완성하지 못했고] … 일반적 개념으로 계급을 규정하려 하지 않고 "3대 사회 계급", 곧 그가 **활동한 시대의 개별 계급들을 규정하려**했다.[7]

착취의 중요성

마르크스의 "계급"이 일차적으로 무엇을 뜻하는지 정확히 설명하는 일을 더는 미뤄서는 안 될 듯하다. 내 생각에 계급 개념은 마르크스의 사고에서 가장 근본적인 것이고, 나는 그 개념을 완전히 받아들인다. 계급이 핵심적 지위를 차지하는 [마르크스의] 복합적 사고 전체가 가장 원시적 수준을 벗어난 인간 사회를 분석하는 데서 그 어떤 설명보다 더 유용하고 효과적이라고 나는 생각한다. 앞에서 "마르크스의 '계급'이 일차적으로 무엇을 뜻하는지"라고 표현했는데, 그것은 마르크스가 **때때로** 그 단어를 내가 생각하는 핵심적 의미와는 매우 다른(더 좁은) 의미로 썼기 때문이다. 나는 《계급투쟁》에서 마르크스의 계급 개념이 근본적으로 무엇을 뜻하는지 자세히 설명하고,[8] 그가 그 단어를 더 좁은 의미로 쓸 때의 의미와 근본적 의미로 쓸 때의 의미를 구분했는데, 그것이 나의 가장 중요한 이론적 기여였다고 본다. 내가 알기로 그 누구도 그 다양한 용례에서 단 하나의 가장 주된 의미를 끄집어내지 못했다. 그것은 바로 (되도록 간단히 말하자면, 그리고 아마도 내 책에서 쓴 것보다 거칠게 말하자면) 계급은 착취 관계를 뜻한다는 것이다. 마르크스가 계급이라는 단어를 다른 의미로 썼을 때 그 의미는 모두 부차적인 것이며, 원래 의미에서 일탈한 것으로 봐야 한다. 부차적 의미로 사용한 경우라면 마르크스가 의도한 구체적이고 더 좁은 의미를 맥락에 비춰 파악해야 한다(그리고 실제로 그 단어를 쓴 맥락이 분명히 드러난다). 내가 아는 한, 내 책은 마르크스의 계급론을 두루 다루고 **동시에** 매우 긴 기간의 역사에 구체적으로 적용한 최초의 저서다. 내가 마르크스의 계급론을 적용한 시기는 아르카이크 시기의 그리스부터 아랍 세계가 로마제국의 동쪽 부분('그리스' 부분)의 상당 부분을 점령한 시기까지 1300~1400년 정도에 이른다. 다시 말해, 기원전 8세기부터 서기 640년대까지를 포괄한다. 마르크스가 계급이라는 용어를 일관되게 쓰지 않아(특히 계급 갈등, 계급투쟁, 즉 Klassenkampf와 관련해) 딜레마를 야기하는 듯 보이는 곳에서, 내가 앞에서 말한 자칭 마르크스주의자들의 다수는 결국 잘못된 길로 빠져 마르크스의 이론에서 근본적인 부분을 부인하기에 이른다. 나는 마르크스 계급 개념의 핵심을 이해한 덕분에 마르크스 사상에서 일탈하지 않을 수 있었다. 물론 마르크스를 맹목적으로 따르면 안 된다. 그가 한 잘못되거나 부정확한 판단은 가차 없이 수정해야 한다. 그는 때때로 그런 실수를 했는데, 그것은 대체로 역사적 증거에 대한 지식이 충분치 않아서 생긴 것이고 그중 일부는 그가 활동하던 시대에는 알 수 없는 것이었다. 그러나 신新마르크스주의나 사이비 마르크스주의(현재 지지자가 참 많다)는 흔히 마르크스가 실제로 말한 것에 대한 단순한 오해를 기원으로 한다. 이 강의에서 나는 "계급"의 의미와 관련해 그들의 오류를 밝히고자 한다.

앞에서 매우 간략히 규정한 계급을 더 본질에 가깝게 (《계급투쟁》 2장 2절에 나오는 것처럼)[9] 얘기하면 다음과 같다. 계급은 착취라는 사실을 집단적·사회적으로 표현한 것으로 착취가 어떻게 사회구조에 내재돼 있는지를 보여 준다.(여기서 "착취"는 다른 사람의 노동이 생산한 것의 일부를 빼앗아 가는 행위를 뜻한다. 상품생산 사회[자본주의 사회]에서 착취는 마르크스가 "잉여가치"라고 부른 것을 빼앗아 가는 것이다.) 본질적으로 계급은 자본(마르크스의 또 다른 기본 개념)과 마찬가지로 관계다(내가 본 글에서 마르크스는 10여 문단에 걸쳐 자본이 "관계", "사회적 생산관계" 등이라고 구체적으로 설명했다).[10] 하나의 계급(특정 계급)은 사회에서 한 집단으로 묶이는 사람들을 지칭하는데, 그 사람들이 사회적 생산 체제 전체에서 어떤 지위에 있냐에 따라 결정되고, 무엇보다 그들이 생산 조건(다시 말해, 생산수단과 노동)과 맺는 관계에 따라(일차적으로 그것들에 대한 지배력 정도에 따라), 그리고 다른 계급들과 맺는 관계에 따라 결정된다.

개인은 자신이 어느 계급의 일원인지, 자기 계급의 공통의 이해관계가 무엇인지를 전부 알 수도 있고, 일부만 알 수도 있고, 전혀 모를 수도 있다. 다른 계급의 구성원에게 적대심을 느낄 수도 있고, 아닐 수도 있다. 계급 갈등(계급투쟁, Klassenkampf)은 본질적으로 계급들 사이의 근원적 관계이고, 착취와 착취에 맞선 저항을 포함한다. 그러나 계급의식이나 공통의 집단적 활동(정치 활동이든 아니든)이 필수적으로 포함되는 것은 아니다(물론 이 두 특징은 한 계급이 특정한 발전 단계에 이르러, 마르크스가 헤겔의 용어를 빌려 말한 "대자적 계급"이 되면 나타나는 경향이 있다).[11] 고대(와 그 이후)의 노예는 이런 개념에 딱 들어맞는다. 마르크스와 엥겔스는 반복해서 고대 노예를 계급이라고 지칭했을 뿐 아니라, 관련 글들에서[12] 고대 노예의 지위가 자본주의 사회의 자유 임금노동자나 중세 농노의 지위와 정확히 같다고 했다. 즉, 노동자와 자본가의 관계, 농노와 봉건영주의 관계, 노예와 노예 소유주의 관계가 같다는 것이다. 각각의 경우에 [두 집단의] 관계는 분명히 계급 관계이고, 그 관계에는 계급 갈등이 포함되며, 그 관계의 본질은 착취, 즉 노동자·농노·노예라는 최초 생산자에게서 잉여를 빼앗아 가는 것이다. 바로 이것이 계급의 본질이다. 사실 마르크스와 엥겔스는 1840년대에 쓴 초기 저작 가운데 세 곳에서 (내 책에 쓴 말을 빌리면) "사소한 방법론적·개념적 실수"를 했다.[13] 계급투쟁이 노예와 노예 소유주 사이(이렇게 말했어야 하는데)가 아니라 노예와 자유민(또는 시민) 사이에서 일어난다고 한 것이다. 대다수 자유민과 심지어 시민도 노예를 소유하지 않았기 때문에 이것은 명백한 오류다. 노예와 자유민(또는 시민)의 차이는 중요한 것이었지만 기껏해야 지위나 "계층"의 차이였지 계급의 차이는 아니었다. 다행히도 마르크스와 엥겔스는 1848년 이후에는 이 오류를 반복하지 않았다. 적어도 내가 알기로는 그런데 1848년 이후의 사례를 아는 사람이 있으면 알려 주기를 바란다.

　나는 1970년대에 이런 이론적 관점에 도달했고, 그 덕분에 앞에서 말한 문제를 모두 해결할 수 있었다. 그리고 노예를 계급으로 보는 것과 관련된 난제들이 모두 사라졌다. 게다가 마르크스의 관점은 현대 사회에도 놀라울 만큼 유용하다. 대처 시대의 영국에 적용해도 매우 잘 들어맞는다. 마르크스의 관점으로 보면, 영국 노동계급의

의식이 매우 불균등하고 정치적 결속력도 낮다는 사실은 그리 중요하지 않다. 중요한 것은 대처 정부가 압도적으로 유산계급을 편든다는 것이고, 유산계급에게 갈 이윤을 끌어올리고 노동자에게 갈 임금을 낮추는 데 혈안이라는 점이다. [그래서] 노동자들이 (무엇보다 노조를 통해서) "탐욕"을 부리면 "우리"가 시장에서 쫓겨난다고 끊임없이 떠든다(대처 정부가 다음 총선에서 패배하지 않으면 이 목표를 어느 정도 달성할 수 있을 것이다).

내가 앞에서 설명한 것처럼 계급을 정의하면, 현대 세계에서 발생하는 중대하고 해악적인 현상, 즉 완전히 새로운 차원으로 전개된 세계적 수준의 자본주의적 착취를 이해할 수 있다. 지난 수십 년 동안 선진국에서 개발도상국으로 자본수출이 늘었는데, 대부분 유달리 비민주적이어서 자국 노동력에 강도 높은 통제와 강압을 가할 수 있는 나라들로 향했다. 미국이 후원하는 중남미의 억압적 독재 정부들과 20세기 과두제의 전형인 남아프리카공화국(영국의 영향력 있는 인사들은 대체로 남아공을 "자유세계"의 보루라고 즐겨 부른다)이 그런 경우다. 모두 알다시피, 이런 국제적 움직임의 목표는 유산계급의 일원인 투자자들에게 되도록 많은 이윤을 보장해 주고, 반대로 노동자들에게는 되도록 적은 임금을 주는 것이다. 즉, 착취를 최대한 늘리는 것이다. 《계급투쟁》에서 "이데올로기적 차원에서 일어나는 계급투쟁"이라고[14] 부른 것의 일환으로써, [정부와 언론은] "자유 시장"을 통한 "기업들"의 유익한 영업 활동을 훌륭하고 정말로 불가피한 것이라고 선전한다. 그러나 당연히 "자유 시장"은 그 속성상 되도록 값싸게 생산하고 고용된 노동자의 임금을 팍팍 깎는 기업에 이윤이라는 형태로 이익을 많이 분배한다.

정치 활동과 의식

내가 앞에서 설명한 이론적 견해를 채택하면, 선사시대부터 오늘날까지 이어지는 계급사회 전체에 동일한 계급 개념을 적용할 수 있다는 큰 장점이 있다. 이제, 정말로 고대사 연구자가 된 후에야 나를 오랫동안 괴롭히던 문제를 해결할 수 있었다는 게 이해가 될 것이다. 더 구체적으로 말해, 그리스와 로마의 노예를 연구하면서 마르크스의 근본적 사고 속에서 계급의 본질이 무엇이었는지를 깨달을 수 있었다. 앞에서 말했듯이, 마르크스는 항상 노예를 계급으로 봤다. 그런데 이것은 가장 극명한 사례다. 고대 노예를 정말로 계급으로 보면, 마르크스의 관점에서 계급의식과 공통의 정치 활동은 둘 다 계급을 규정하는 필수 요소가 될 수 없다(고대 노예는 둘 다 매우 부족했기 때문이다). 그리고 이 사실은 1930년대 이래 나를 괴롭혀 온 문제, 즉 현대 사회의 계급과 관련된 문제를 해결해 준다.

여타의 다양한 계급 개념이 발전해 왔다는 사실에 잠시 눈을 돌려 보겠다. 사람들은 얼마든지 마르크스의 계급 개념과 상당히 다른 개념을 채택할 수 있다. 그것이 더 유익하다고 생각하면서 말이다(그러나 자기 고유의 개념을 마르크스의 것이라고 눙치려 하면 안 된다). 사회학자들에게 가장 친숙한 계급 개념은 십중팔구 막스 베버의 것이다.[15] 막스 베버의 계급 개념은 마르크스의 것과 매우 다르다. 예를 들어, 베버는 "학술적 견지에서"(즉, 베버 자신의 고유한 계급 규정에서) 노예를 결코 계급으로 보지 않았을 것이다. 왜냐하면 그는 다음과 같이 썼기 때문이다. "노예의 운명은 **시장에서 재화와 서비스를 이용할 수 있는 기회**에 따라 결정되지 않는다."[16] 베버에게 "'계급 상황'은 결국 '시장 상황'"이다. 당연히 노예는 시장에 영향을 끼치지 못하므로 계급이 아니라 신분이라는 지위 집단인 것이다. 내 책 《계급투쟁》에도 썼지만,[17] 매우 놀랍게도 베버 저작의 관련 부분 어디를 봐도 베버가 자신과 근본적으로 달랐던 마르크스의 계급 개념을 중요하게 고려했다는 흔적을 찾을 수 없다(내가 틀렸다면 알려 주기를 바란다). 그 이유는 단순한 듯하다. 즉, 다른 많은 사람들과 마찬가지로 베버도 마르크스의 개념이 무엇인지를 정확히 파악하지 못한 듯하다!

마르크스의 계급 개념이 무엇인지를 밝혀야 할 필요성을 느낀 다른 이유도 있다. 이 주제를 다룬 많은 사람들과 달리 나는, 앞에서도 말했지만 마르크스가 계급에 대해 언급한 다양한 구절(수백 개나 된다)을 모두 같은 비중으로 보지 않는다. 이것이 그들과 나의 중요한 차이다. 많은 사람들이 놓치고 있는 핵심은 마르크스의 진술들이 모두 조화롭게 어울리는 것은 아니라는 점이다. 마르크스의 진술들을 모두 융합하거나 각각의 진술들을 검토하며 특정 주장에만 적합한 특수한 진술들을 골라내는 대신 나는 모든 상황에 맞는 "계급"의 **근본 개념**을 추려 냈다(그런데 그런 진술은 그리 많지 않다). 그런 근본적 의미와 **충돌**하는 용어 사용은 일탈로 봐야 하고, 일탈적으로 계급을 사용한 경우 그 맥락(일탈적 용어 사용은 항상 특수한 맥락에서 일어난다)을 세심히 평가해 그 진술이 어떤 특수한 의미를 갖는지 알아내야 한다. 특히 고대 세계와 관련한 일탈적 계급 개념 사용의 몇몇 사례는 쉽게 이해할 수 있다. "계급"이나 "계급 갈등"을 말할 때 마르크스는 주로(어쩌면 전적으로) 정치투쟁을 고려한 것임을 유념한다면 말이다.

아무도 이의를 제기하지 못할 사례는 마르크스가 1850년 말 상황과 관련해 《루이 보나파르트의 브뤼메르 18일》에 쓴 말이다. "부르주아지는 보통선거권을 폐지해 잠깐 동안 계급투쟁을 종식시켰다." (이 책이 쓰이기 약 7개월 전에 선거권을 제약하는 법이 통과됐다.)[18] 이 말만 보면 터무니없다고 느껴질 테지만, 보통선거권 폐지로 프랑스 의회 내에서 계급 갈등이 잠깐 동안 사라졌다는 당시의 맥락을 보면, 이 말은 아주 적절한 진술이 된다. 마르크스는 자신의 견해와 충돌하는 말을 하기도 했는데, 심지어 자본주의 사회의 노동자들은 "정치적 형태를 갖추"거나 "계급으로 조직"되기 전에는[19] 계급으로 볼 수 없다고 말하기도 했다. 사람들이 많이 인용하는 《루이 보나파르트의 브뤼메르 18일》의 한 구절에서 마르크스는 프랑스의 소규모 자작농이 어떤 면에서는 계급이고, 또 다른 면에서는 계급이 아니라고 말한다.[20] 공교롭게도 맥락상 강조점이 후자의 진술에 있다 보니, 후자의 진술은 그대로 인용하고, 전자의 진술은 간단히 무시하는 경우도 있다.[21] 그러나 《루이 보나파르트의 브뤼메르 18일》의 여러 곳과 다른 저작들을 보면, 마르크스가 소규모 자작농을 하나의 계급으로 여겼음은 명백하다.[22]

고대 노예가 하나의 계급이 될 수 없다고 보는 사람들은 공통으로 마르크스의 진술 두 개를 인용한다. 그 진술들은 구체적 계급투쟁을 언급한 것이다. 하나는 "고대 세계의 계급투쟁은 주로 채권자와 채무자 사이의 다툼이라는 형태를 띠었다"는 것이다(이 말은 어떻게 해석하더라도 틀린 진술이다).[23] 다른 하나는 "고대 로마에서 계급투쟁은 소수 특권층, 즉 부유한 자유민과 가난한 자유민 사이에서만 일어났고 인구의 다수를 차지하는 생산적 대중인 노예는 이 전투를 떠받치는 완전히 수동적인 존재였다"는 것이다.[24] 두 경우 모두 마르크스가 전적으로 정치투쟁에 관해 사고하고 있었음을 이해해야 한다. 그리고 각각의 인용문에서 "계급투쟁" 앞에 "정치적"이라는 낱말 하나만 넣으면 두 문장을 마르크스의 기본적 사고에 맞게 이해할 수 있고, 마르크스의 다른 진술들도 원래 의미에 맞게 이해할 수 있다. 그러면 고대 로마의 노예가 하나의 계급이었고 끊임없이 일어난 경제적 계급투쟁에 참여했다는 것을 부인할 이유가 없어진다.

노예를 계급으로 봐서는 안 된다고 주장하거나 (더 흔하게는) 가정하는 역사가들(마르크스주의자든 아니든)의 주장도 밝혀야 공정할 듯하다. 가장 잘 알려진 사람들만 소개하겠다(내 책 《계급투쟁》의 3장 2절에서 그런 주장에 대한 간략하지만 충분한 논박을 볼 수 있고[25] 《마르크스와의 대화》에 실린 내 논문은 이 문제 전체를 더 철저히 다뤘다). 프랑스의 선도적 고대사 연구자 피에르 비달나케 교수가 쓴 논문이 있는데, 모지스 핀리 경은 이 논문을 자주 인용하고 열렬히 지지한다.[26] 미셸 오스틴 박사(세인트앤드루스대학교)와 비달나케가 공동으로 작업한 책이 있는데, 이 책은 프랑스어와 영어로 출판됐고 오스틴이 긴 서문을 달았다. 나는 이 책 《고대 그리스의 경제와 사회》의 개정판이 영국 학부생들에게 널리 읽힌다고 들었다.[27] 방금 말한 세 학자는 어떤 면에서도 마르크스주의자가 아니지만(그들도 스스로 그리 여기지 않는다) '마르크스 견해의 특징은 이러저러하다'는 얘기를 많이 한다. 내 생각에 그들의 주장(세 명의 견해를 하나로 볼 수 있다면)은 앞에서 간략히 묘사[하고 비판]한 주장과 다를 것이 전혀 없다. 그렇지만 그들의 주장에 관심이 있다면 직접 찾아보고 스스로 생각을 정립할 수 있을 것이다.

이탈리아 학자들도 나을 것이 전혀 없다. 시간 관계상 안드레아 카란디니 교수만 언급하겠다. 그는 이탈리아의 매우 탁월한 고고학자로, 마르크스주의자이고 앞에서 언급한 학자들보다 마르크스의 저작을 더 잘 이해한 듯 보인다. 그러나 그는 이 특정 주제에 관해서는 자신의 주장과 상충되는 엄청나게 많은 증거들을 이상하리만치 모른다.[28] 나는 《계급투쟁》을 쓸 때, 주로 자본주의 이전 사회의 경제구조를 다룬 그의 책을 입수하지 못했다. 그 책의 제목은 《원숭이 해부학》인데 《정치경제학 비판 요강》을 읽은 사람들만 그 책 제목이 무엇을 뜻하는지 척 하고 알 수 있을 것이다.[29] 몇 년 전 옥스퍼드대학교에 있을 때 내가 가르치던 학생은 라이스 홈스가 아우구스투스 황제에 관해 쓴 《로마제국의 설계자》를 서점의 '건축' 코너에서 찾았다고 한다. 그런 서점이 카란디니의 "원숭이 책"(그의 책을 그렇게 부르지만 그처럼 출중한 학자에게 결례를 저지르려는 생각은 조금치도 없다)을 어디에 배치할지 참 궁금하다. 이 책은 '해부학'이라는 이름 탓에 의학 코너에 놓일 가능성이 매우 높아 보인다. 서점 직원이 '원숭이'라는 낱말을 보고 동물학 코너에 놓을 수도 있을 것이다.

농민과 착취

이제 마르크스주의 계급론에서 한때 나를 가장 골치 아프게 만들고, 혼란을 해소하는 데 아마도 가장 오랜 시간이 걸린 문제를 다루겠다. 이것은 그리스·로마 세계에서 수 세기 동안 사실상 인구의 다수를 차지했지만 (사료의 성격상) 상층계급에 견줘 알려진 것이 극히 적은 집단과 관련된 것이다. 그 집단은 자유민 독립생산자들로, 압도 다수는 물론 농민이다. 그래서 그저 고대 그리스·로마에 관해 말할 때에 견줘 훨씬 더 일반적인 관심사가 된다. 테오도르 샤닌이 잘 말했듯이, "예나 지금이나 농민이 인류의 다수라는 사실을 명심해야" 하기 때문이다.[30] 지난 몇십 년 동안 농민에 관한 방대한 문헌이 쏟아져 나왔다. 그중 다수는 사회학자와 인류학자가 쓴 것이다. 이들이 현대 사회의 농민에 대해서는 아주 잘 다뤘을 수 있지만 매우 어려운 원사료(즉, 고대의 증거)는 잘 다루지 못해(이것을 할 수 있는 사람은 별로 없다) 고대 사회에 관해서는 별 도움이 안 된다.[31]

고대사 연구자로서 내가 부딪힌 문제는 학부생이던 1940년대 말부터 나를 괴롭혀 왔는데, 나는 1970년대까지 그 문제에 관한 만족스러운 해답을 찾지 못했다. 그 문제는 간략히 말해 다음과 같다. 고대의 노예, 농노, 채무노예는 매우 노골적으로 착취당했다. 꽤 많은 농민도 마찬가지였는데, 엄청나게 높은 지대로 땅을 빌렸다가 지대를 내지 못하게 된 농민도 있었고, 심지어는 토지를 소유했지만 작황이 안 좋아 고리대로 빚을 지게 된 농민도 있었다. 이런 사람들은 땅을 빼앗기거나 부채 상환을 위해 채무노예가 됐다. 그런데 토지를 소유하고 근근이 살아가며 대대로 자식들에게 땅을 물려준 압도 다수의 소규모 자작농은 어땠는가? 그들은 어떤 식으로 착취당했는가?

나는 《계급투쟁》에서 이 질문에 답하면서 착취를 두 종류로, 즉 "직접적이고 개별적인" 착취와 "간접적이고 집단적인" 착취로 구별했다.[32] "직접적이고 개별적인" 착취는 특정 사용자, 노예 소유주, 지주, 채권자가 삯일꾼, 노예, 농노, 채무노예, 소작농, 채무자를 착취하는 것이고 이해하기 그다지 어렵지 않다. "간접적이고 집단적인" 착취는 국가(예를 들어, 로마제국 정부나 그리스·로마의 도시국가 정부)가 주로 상층계급(들)의 이익을 대변하면서 피지배계급(들)에게 불균형적으로 큰 부담을 떠넘기는 것이다. 그 부담은 간단히 세 가지로 구분할 수 있다. 바로 세금, 군역, 강제 노동(즉 부역)이다. 이것을 차례대로 간략히 살펴보겠다. 첫째, 세금이다. 고대 그리스 도시국가들과 로마공화정의 세금은 흔히 놀라울 만큼 적었다. 그러나 로마제국 시기에는 세금이 대폭 늘었고, 로마제국 후기에는 농민이 생산한 것의 상당 부분을 세금으로 징수했다(《계급투쟁》의 마지막 장과 로마제국 후기를 다룬 A H M 존스의 대표작을 참조).[33] 둘째는 군역이다. 고대 사회에서 군역의 범위는 매우 다양했다. 가장 가난한 계층의 군역 부담은 때때로 매우 가벼웠다. 그러나 기원전 2~3세기에는 (로마공화정을 연구하는 역사학자들은 모두 알듯이) 군역 부담이 너무 커져서 이탈리아반도의 농민은 두려움에 떨었고, 가난한 농민은 장기간 군역을 치르느라 땅을 잃어버리는 경우가 부지기수였다. 마지막으로 살펴볼 것은 부역이다. 세금과 군역에 비해 부역에 주목하는 사람은 훨씬 적다. 그래서 신약성경에 나오는, 모두 알 만한 사례를 들겠다. 로마인들이 시켜 강제로 예수의 십자가를 대신 진 구레네 출신의 시몬을 모두 알 것이다. 그런데 이 사건과 관련해서 고대사를 연구하는 학자들조차 잘 모르는 사실이 있는데, 마가와 마태가 시몬에게 부과된 일을 그리스어의 전문용어, 즉 angareuein이라는 동사를 사용해 정확하게 말했다는 것이다.[34] 그리스어 angareia와 라틴어 angaria는 페르시아제국에서 오랫동안 운송 업무 부역을 뜻하던 낱말에서 온 것이다. 고대 그리스 왕국들이 이 말을 차용했고, 고대 로마 시대에 국가와 지방정부가 사람들에게 부과한 비슷한 업무를 가리키는 말이 됐다.[35] 이 부역 체계를 이해해야만 예수가 '산상수훈山上垂訓'에서 한 다음의 말을 이해할 수 있다. "누가 너에게 억지로 5리를 가라 하거든 10리를 가 주어라." 여기서도 그리스어 동사 angareuein이 쓰였다.[36](예수가 당시의 로마 당국을 어떻게 대했는지 논의할 때 이 구절에 좀 더 관심을 두기 바란다. 내 생각에 이 구절은 정치적으로 순종적인 사도 바울의 태도를 형성하는 데 일조했을 수 있다. 사도 바울의 태도는 여러 문헌에서 표현되는데, 《로마서》에 나오는 다음의 말로 요약할 수 있다. "모든 권세는 다 하나님께서 정하신 바라.")[37] 철학자 에픽테토스(여담이지만 노예 출신이다)는 예수에 비하면 부역이나 징발을 요구하는 관리에게 훨씬 덜 협조적이었다는 사실을 언급하는 것도 좋을 듯하다. 그렇지만 그는 군인이 당나귀를 징발하려 하면 따르는 편이 낫다고 실용주의적으로 말했다. 요구를 거부하면 두들겨 맞고 결국 당나귀도 빼앗길 것이라면서 말이다.[38]

나는 방금 설명한 착취 형태에 관한 이론을 세운 뒤에야, 마르크스가 착취 형태를 어느 정도 체계적으로 설명했다는 사실을 알게 됐다. 마르크스의 설명은 1850년에 〈노이에 라이니셰 차이퉁〉(신라인신문)에 실린 연재 기사에 있고, 이 연재 기사는 《프랑스의 계급투쟁》으로 묶여 출판됐다. 마르크스는 당시 프랑스 농민의 처지에 관해 다음과 같이 말했다. "농민이 당하는 착취는 산업 프롤레타리아가 당하는 착취와 형태만 다르다. … 자본이라는 착취자는 똑같다. 개별 자본가는 대출과 고리대로 개별 농민을 착취한다. 자본가계급은 국가 세금으로 농민 계급을 착취한다."[39]

노예제 사회?

마르크스주의 계급론에서 다루고 싶은 문제가 하나 더 있다. 이 문제를 명확히 해결하지 않으면 혼란이 일어날 수 있기 때문이다. 이 문제는 모든 계급사회에서 제기될 수 있지만, 특히 고대 노예제 사회에서 중요하다. 이 문제를 해결하는 데서 핵심은 마르크스 자신이 《자본론》 여기저기에 써 놓은 구절들을 이해하는 것이다. 나는 《계급투쟁》의 2장 2절에서 그 구절들을 자세히 설명했다.[40](최근 이 주제를 일반적 수준으로 철저히 다룬 사람이 있을 수도 있겠지만 아직 만족스러운 연구 결과를 보지 못했다.) 마르크스와 엥겔스가 그리스·로마 세계를 일관되게 '노예제 사회'로 봤다는 것을 아는 현대 마르크스주의자 일부는 당연히 노예가 이 시기 실질적 생산의 대부분을 담당했다고 본다. 그러나 이런 의견은 명백히 틀렸다. 생산의 압도적 부분, 특히 농업 생산(고대 경제의 가장 중요한 부문)의 압도적 부분을 농민이 담당했기 때문이다. 농민은 적어도 명목상으로는 자유로웠다. 비록 서기 4세기 초 이후 그들의 지위가 점차 농노처럼 됐지만 말이다.[41] 수공업의 상당 부분도 언제나 자유민이 담당했다. 방금 내가 반박한 견해는 다른 사람들에게도 상당히 많은 비판을 받았고, 그 비판들은 옳다. 그런데 아쉽게도 많은 사람들은 그 잘못된 견해가 마르크스의 고대 사회 분석을 받아들이면 어쩔 수 없이 생겨나는 결과라고 가정한다. 하지만 그렇지 않다. 마르크스 자신은 로마공화정 후기(대략 기원전 150년 이후) 이탈리아와 시칠리아의 노동을 대부분 노예들이 수행했다고 여겼을 수 있다(이런 생각은 틀렸지만 영 터무니없는 것은 아니다). 그러나 앞에서 언급한 《자본론》의 여러 구절에서 마르크스 자신이 개진한 원리들에 비춰 보건대, 생산양식의 본질은 누가 생산의 대부분을 수행하는지가 아니라 잉여생산물의 전유*가 어떤 식으로 이뤄지는지, 즉 지배적 계급이 최초 생산자에게 잉여를 추출하는 방식에 따라 결정된다. 적어도 그리스·로마 세계의 가장 선진적 지역에서는 (앞서 말했듯이) 생산의 대부분을 책임진 것은 자유로운 농민과 기술자였지만, 유산계급이 정기적으로 얻는 잉여의 압도적 원천은 속박된 사람들의 노동이었다.[42](내 용어법으로 유산계급은 노동하지 않고도 삶을 영위할 수 있는 사람들을 뜻한다. 그들은 노동을 하기도 하지만, 꼭 해야 하는 것은 아니다. 고대 그리스·로마 사회의 유산계급은 지역이나 시기에 따라 자유민 가운데 2~3퍼센트나 10~15퍼센트를 차지했을 것으로 추정된다. 내 생각에 2~3퍼센트라는 수치가 일반적으로 현실에 더 부합하는 듯하다. 특히 로마 시대에는 더 그렇다.)

　속박된 노동을 하는 사람은 노예만이 아니었다. 첫째, 드문 사례이지만 그리스 세계의 여기저기에 농노(예를 들어 스파르타의 헬롯)가 있었다.[43] 둘째, 그리스·로마 세계의 도처에는 빚을 갚지 못해 노예 신세가 된 자유민이 많았다(아테네는 예외다). 그 규모는 대다수 고대사학자들이 인정해 온 것보다 훨씬 더 컸다(《계급투쟁》의 3장 4절에 많은 증거가 있다).[44] 셋째, 내 생각에 서기 300년 이후로 유산계급은 노예보다는 농노에게서 더 많은 잉여(언제나 농업 생산물이 주된 형태였다)를 얻은 듯하다(물론 노예는 계속 중요했다). 그러나 이 문제는 매우 까다로운 문제로 이 자리에서 더 깊이 들어갈 수는 없다(《계급투쟁》 4장 3절에서 자세히 설명했다).[45] 이와 관련해서 한 가지만 더 말하고 싶다. 내 생각에 이 주제에 관해 마르크스가 한 말 중 가장 유용한 표현은 《정치경제학 비판 요강》에 나오는 "direkte Zwangsarbeit", 즉 직접적 강제 노동이다.[46] 그리스·로마 세계는 내가 확보한 사료들을 근거로 보건대 적어도 서기 7세기까지는 속박된 노동에 의존한 사회였다. 그 사회의 유산계급이 취득한 잉여의 대부분이 항상 속박된 노동에서 비롯했다는 점에서 그렇다.

마르크스 개념의 융통성

　허락된 시간이 얼마 안 남았지만, 마르크스의 역사유물론과 경쟁하는 역사 해석 이론에 관심이 많을 테니 몇 마디만 하겠다. 내가 간략히 설명할 이론은 두 가지다. 하나는 구조주의이고, 다른 하나는 본질적으로는 베버주의적인 모지스 핀리 경과 그의 지지자들의 접근법이다.

많은 사람들은 클로드 레비스트로스와 그의 학파가 대표하는 구조주의가 인류학에 가장 중요한 공헌을 했다고 생각한다. 그러나 내 생각에 구조주의를 역사에 적용하면 얻는 것만큼이나 잃는 것이 많다. 비록 프랑스의 비잔틴 문화 연구자 에블린 파틀라장 같은 일부 구조주의 옹호론자들은 일각에서 큰 존경을 받지만 말이다. 이에 관해서는 구조주의 역사 연구 방법론을 마르크스주의 관점에서 잘 분석한 논문을 추천하는 것으로 대신하겠다. 그 논문은 1981년 버밍엄대학교 비잔틴연구소의 존 핼던이 체코에서 발행되는 학술지 《비잔티노슬라비차》에 영어로 기고한 글이다.[47] 핼던 박사는 파틀라장의 연구에 경의를 표하면서도 구조주의가 (역사학자라면 언제나 잘 다뤄야 하는) 통시적 현상을 잘 다루지 못하고, 단순한 묘사를 넘어 체계적 설명을 하지 못해 **역사** 연구 방법으로는 약점이 있다고 지적했다.

모지스 핀리 경은 고대의 사회와 경제를 연구한 유명한 역사학자로 영국에서 30년가량 학술 활동을 했고, 자신의 분야에서 두드러지는 기여를 했다. 그는 자신의 가장 유명한 책 《고대의 경제》(1973)에서 계급과 착취를 역사 분석의 도구로 사용하기를 철저히 거부함으로써 마르크스와 선을 그었다. 그 책에서 핀리는 단 몇 줄에 걸쳐서 매우 거만한 태도로 마르크스의 계급 개념이 쓸모없다고 일축했다(그러나 그 진술을 보면 그가 마르크스의 계급 개념을 이해하지 못했음도 알 수 있다). 그 대신에 그는 매우 주관적 범주인 '지위'를 사용한다. 이것은 베버주의적 개념이다. 물론 그는 자신이 베버를 따른다고 명시적으로 말하지는 않는다.[48](나는 '지위'를 "주관적 범주"라고 했는데, 그것이 일차적으로는 다른 사람의 평가, 즉 아리스토텔레스가 '티메'라고* 부른 것에 따라 달라지기 때문이다. 그런데 아리스토텔레스는 이 용어를 그의 걸작 《정치학》에서는 거의 쓰지 않았고, 주로 윤리학 문헌에서만 썼다.)[49] 《고대의 경제》에서 핀리는 착취 개념도 쓰길 꺼려했다. 그가 명시적으로 밝혔듯이, 착취 개념이 '제국주의'처럼 "분석의 범주로 쓰기에는 의미가 너무 넓다"는 이유에서였다.[50] 《고대의 경제》의 뒤를 잇는, 1981년과 1982년에 발행된 두 저서에서 핀리는 고대 그리스·로마 사회를 "노예 경제"라고 정의하면서(《고대의 경제》에서는 그렇게 규정하지 않았다), "엘리트"라는 지위 개념을 썼다. 그는 이제 노예가 "경제적·사회적·정치적 엘리트가 토지에서 얻는 직접적 소득의 대부분을 제공했다"고 주장한다.[51] "엘리트"라는 말은 사회학적으로 혼란을 낳는 매우 모호한 말이고 유용할 때가 가끔 있을 수도 있지만 무언가를 규정하고자 할 때는 절대로 사용하지 말아야 한다. "엘리트"라는 낱말을 사용함으로써 불가피하게 야기되는 불필요한 불명확함의 문제는 제쳐 놓더라도("경제적·사회적·정치적" 엘리트라고 하면 문제가 더 심각해진다), 이 용어는 고대 사회에 관해 쓰기에는 매우 부적절하다는 문제가 있다. "엘리트"라고 부르기 힘든 지위에 있는 사람들도 노예를 소유했을 정도

———

* time. 그리스어로 평가라는 뜻이다.

로 노예 소유가 광범했기 때문이다. "엘리트"에 포함되지 않는 많은 유복한 농민도 농사일을 위해 노예를 소유했고, 변변찮은 수공업과 상업에 종사하는 사람들도 노예를 소유했다. 앞에서 말했지만, 나라면 [엘리트라는 용어 대신] 유산계급(스스로 노동을 하지 않아도 삶을 영위할 수 있는 사람들)이 정기적으로 얻는 잉여의 상당 부분은 노예 등 속박된 사람들의 노동에서 나왔다고 설명할 것이다.[52]

나는 이제 왜 그토록 많은 사람들이 진지하게 마르크스를 다룰 때 불편하고 언짢아하는지를 어렵지 않게 이해할 수 있다. 《계급투쟁》에서 썼듯이, 마르크스의 사회 분석 개념은 19세기 자본주의 세계를 이해하려는 노력 속에서 생겨났지만, 고대 그리스·로마 세계에 적용해도 아주 잘 들어맞고 500~600년 동안 존속했던 그리스 민주주의의 완전한 붕괴나[53] 오랫동안 사람들을 괴롭힌 '로마제국의 쇠퇴와 몰락'('4~8세기 로마제국의 꽤 많은 부분이 해체된 것'이라고 부르는 것이 더 낫다)[54] 같은 문제를 체계적으로 설명할 수 있다. 이처럼 마르크스주의적 역사 연구 방법론과 개념이 융통성이 크고 많은 곳에 적용될 수 있다는 점 때문에 20세기 말 자본주의 사회의 많은 사람들이 마르크스주의와 관계 맺는 것을 꺼리는 듯하다. 여담이지만 나는 마르크스주의자가 아닌 저명한 로마사학자가 한 학술지에 쓴 내 책에 대한 서평을 읽고 참 기뻤다.[55] 그는 내 "분석의 틀이 현대 사회에 적용해도 잘못된 추론 없이 설득력이 있을지" 알고 싶다는 말로 글을 맺었다. 그리고 나는 그런 일을 해 왔다.

이제 결론을 맺어야겠다. 이미 1845년 "포이어바흐에 대한 테제"의 11번 테제에서 마르크스는 다음과 같이 썼다. "철학자들은 세계를 이렇게 저렇게 해석해 왔다. 그러나 중요한 것은 세계를 변혁하는 것이다."[56] 물론 세계를 변혁하려면, 우선 세계를 철저히 이해해야 한다. 그리고 세계를 이해하는 과정은, 세계를 이해하고 설명하는 데 도움이 될 여러 개념에서 시작해야 한다. 그래야만 마르크스가 평생 헌신한 과업에 동참할 수 있을 것이다. 우리가 계급사회를 끝장내서 정말로 세계를 변혁하면 (마르크스가 1859년 《정치경제학 비판을 위하여》 서문에 매우 낙관적인 필치로 썼듯이) "인간 사회의 제1막이 끝날 것이다."[57]

마르크스주의 정치학의 기본 개념

마르크스주의 소외론

주디 콕스

우리가 사는 세계는 과거 사회에서는 상상조차 할 수 없던 기술 진보를 이룩했다. 지금은 우주여행과 인터넷과 유전자공학의 시대다. 그러나 우리 스스로 만들어 낸 힘 앞에서 이토록 무력감을 느낀 적도 없다. 전에는 우리의 노동 생산물이 우리의 존재 자체를 위협한 적이 없다. 지금은 핵 재앙과 지구온난화와 무기 경쟁의 시대이기도 하다. 역사상 처음으로 인류 전체의 필요를 충족시키고 남을 만큼 생산할 수 있는데도 수많은 사람들이 빈곤으로 성장 장애를 겪고 질병으로 목숨을 잃는다. 우리는 자연을 통제할 힘이 있지만, 우리 사회의 특징은 불안정성이다. 경제 침체와 군사적 충돌이 마치 불가항

출처: "An Introduction to Marx's Theory of Alienation", *International Socialism* 79(Summer 1998).
옮긴이: 김인식.

력의 자연 재앙처럼 우리 삶을 파괴한다. 도시의 인구밀도가 높아질수록, 우리의 삶은 더 고독하고 외로워진다. 카를 마르크스는 이 체제가 아직 발흥기였을 때조차 이런 모순을 분명하게 봤다. 그는 다음과 같이 지적했다.

한편, 과거 인간 역사의 시대에는 생각할 수도 없었던 산업과 과학의 힘이 인간의 삶에 나타났다. 다른 한편, 로마제국의 공포를 능가하는 쇠퇴의 징후도 존재한다. 우리 시대에는 모든 것이 모순투성이처럼 보인다. 인간의 노동을 덜어 주고 생산성을 높여 주는 놀라운 힘을 가진 기계가 있는데도 우리는 아사와 과로를 목격한다. 부의 최신 원천이 빈곤의 원천으로 둔갑하는 것을 보면 귀신이 곡할 노릇이다. 예술의 성공은 개성을 상실한 대가처럼 보인다.[1]

마르크스는 소외 이론을 발전시켜서, 사회를 지배하는 것처럼 보이는 비인격적 힘의 이면에 인간의 행동이 있음을 밝혀냈다. 마르크스는 우리가 사는 사회의 양상들이 우리와 무관하고 자연발생적인 것처럼 보이지만, 사실은 과거 인간 활동의 결과라는 것을 보여 줬다. 헝가리의 마르크스주의자 루카치는 마르크스의 이론이 "고정적이고 비역사적이고 자연적인 것처럼 보이는 사회제도의 겉모습을 해체해 버린다. 사회제도의 역사적 기원을 밝혀내서, 사회제도가 모든 점에서 역사에 종속돼 있으며 심지어 역사적으로 몰락하기도 한다는 것을 보여 준다"고 지적했다.[2]

마르크스는 과거의 인간 행위가 현대 세계를 창출했다는 것뿐 아니라 인간의 행위가 자본주의의 모순이 없는 미래 세계를 만들 수 있다는 것도 보여 줬다. 마르크스는 유물론을 발전시켜, 인간이 사회에 의해 형성됐지만 그와 동시에 그 사회를 바꾸려고 행동할 수 있다는 것, 다시 말해 사람이 "세계의 영향을 받는" 존재이자 "세계를 만들어 내는" 존재라는 것을 보여 줬다. 자신의 선배 격인 헤겔이나 포이어바흐와 달리, 마르크스는 소외의 근원이 심리나 종교가 아니라고 생각했다. 마르크스는 소외가 물질세계에서 비롯한 것으로 이해했다. 소외는 통제력 상실, 특히 노동에 대한 통제력 상실을 뜻했다. 마르크스의 소외론에서 노동이 그토록 결정적 구실을 하는 까닭을 이해하려면 먼저 인간 본성에 대한 마르크스의 사상을 살펴봐야 한다.[3]

인간 본성은 무엇인가?

마르크스는 인간 본성이 사회와 무관한 고정불변의 것이라는 흔한 생각에 반대했다. 그는 불변의 인간 본성처럼 보이는 많은 특징이 사실은 사회마다 매우 달랐음을 보여 줬다. 그러나 마르크스는 인간 본성이라는 개념 자체는 거부하지 않았다. 그는 인간이 자신의 필요를 충족시키기 위해 자연을 상대로 노동해야 한다는 것이야말로 모든 인간 사회의 변함없는 특징, 즉 "자연이 인간에게 부과한 영원한 조건"이라고 주장했다.[4] 다른 동물과 마찬가지로, 인간도 자연을 상대로 노동해야만 생존할 수 있다. 그러나 인간의 노동이 동물의 노동과 구별되는 까닭은 인간이 의식을 발전시켰기 때문이다. 마르크스가 《자본론》의 도입부에서 이 점을 묘사한 부분은 많이 알려져 있다.

> 거미는 직조공이 하는 일과 비슷한 일을 하며, 꿀벌의 집은 많은 인간 건축가를 부끄럽게 한다. 그러나 가장 서투른 건축가라도 가장 훌륭한 꿀벌보다 뛰어난 점은, 집을 짓기 전에 이미 머릿속에서 집을 짓고 있다는 것이다. 모든 노동과정의 끝에 얻는 결과물은 그 시초에 이미 노동자의 머릿속에 들어 있는 것이다.[5]

마르크스 사상에 대한 유용한 입문서인 《카를 마르크스를 어떻게 읽을 것인가》에서 에른스트 피셔도 인간 노동의 고유한 특징을 묘사했다. 피셔는 인간이 자연을 상대로 의식적으로 행동하므로 기존의 성과를 이용해서 자신에게 필요한 것들을 생산하는 새로운 방식을 개발할 수 있다고 설명했다. 따라서 인간에게는 역사가 있지만 동물은 그렇지 않다. "동물의 본성은 영원한 반복이지만, 인간의 본성은 변형·발전·변화다."[6]

자연을 상대로 한 노동은 자연뿐 아니라 노동자 자신도 바꾼다. 마르크스는 이런 생각을 《자본론》에서 다음과 같이 강조했다. "외부 세계를 상대로 행동하고 바꾸는 과정에서 인간은 자신의 본성도 바꾼다. 인간은 잠자고 있는 능력을 계발해 자신의 의지대로 사용한다." 따라서 노동은 인간이 자신이 사는 세계를 만들어 내고 그 과정에서 스스로 창조와 혁신의 자극을 받는 역동적 과정이다. 마르크스는 의식적으로 노동하는 능력을 우리 "종種의 본질"이라고 했다.

마르크스가 《경제학·철학 수고》(1844년)에서 "인간은 사회적 존재다" 하고 설명했듯이, 우리 종은 또한 사회적 존재다. 사람들은 개인적 선호와 관계 없이 서로 관계를 맺어야 한다. 왜냐하면 협력해야만 생존에 필요한 것들을 얻을 수 있기 때문이다. 이 점을 마르크스는 《정치경제학 비판 요강》에서 강조했다. "사회는 그저 개인들로 이뤄진 것이 아니다. 사회는 개인들이 맺고 있는 관계와 연관의 총체다." 인간은 노동을 통해 물질세계와 관계 맺는다. 노동을 통해 인간은 자기 계발을 한다. 노동이 인간관계의 근원이다. 따라서 노동과정에서 일어나는 일이 사회 전체에 결정적 영향을 미친다.

노동하고 노동 방식을 개선하고 기존의 성과를 이용하는 인간의 능력 덕분에 생산력은 꾸준히 발전하는 경향이 있다. 그런 발전의 결과로 계급사회가 등장했다. 사회가 잉여생산물을 생산할 수 있게 되면서 생산에 직접 참여하지 않고도 남들의 노동을 통제해서 살아가는 계급이 등장할 가능성이 생겨났다. 이 과정은 생산력을 발전시키고 관리하는 데서 꼭 필요했다. 그러나 사회의 대다수 사람들, 즉 생산자들이 자기 노동에 대한 통제력을 상실하는 과정이기도 했다. 따라서 노동의 소외는 계급사회에서 비롯했다. 에른스트 피셔는 노동의 무한한 잠재력이 어떻게 사라지게 됐는지를 다음과 같이 탁월하게 묘사했다.

최초의 도구에는 미래의 잠재적 도구들이 모두 들어 있다. 의식적 활동으로 세계를 바꿀 수 있다는 사실에 대한 최초의 인식에는, 아직 알 수 없지만 필연적인 미래의 변화가 모두 들어 있다. 자신의 손과 지성과 상상력을 이용한 노동으로 자연을 자기 것으로 만들기 시작한 생명체는 결코 그 일을 멈출 수 없을 것이다. 그가 뭔가를 해낼 때마다 새로 개척해야 할 영역이 생겨난다. … 그러나 노동이 창조적이지 않고 파괴적이면, 노동이 강압적으로 이뤄져 능력을 자유롭게 발휘하지 못하면, 노동으로 인간의 육체적·지적 잠재력이 만개하는 것이 아니라 오히려 고사枯死한다면, 노동은 자신의 본질을, 따라서 인간의 본질을 부정하게 된다.[7]

계급 분화가 일어나 한 계급이 사회에 필요한 생산수단을 지배하면서 개인과 사회의 분리가 심화했다. 사회생활의 특정 형태가 "자아의 두 차원, 즉 개인과 공동체를 분열시켜"[8] 개인의 이익과 사회 전체의 이익을 분리시킨다. 그러나 소외는 모든 계급사회에서 언제나 존재하는 고정불변의 인간 조건이 아니다.

자본주의와 소외 — 늘 겪는 일상사

봉건사회에서 사람들은 아직 자연을 통제하지도, 기근을 겪지 않을 만큼 넉넉히 생산하지도, 질병을 치료할 수단을 개발하지도 못했다. 사회관계는 모두 "노동생산력의 낮은 발전 단계, 그에 상응해 물질생활의 생산과정 내에서 사람들이 맺는 제한된 인간관계, 따라서 인간과 자연 사이의 제한적 관계의 영향을 결정적으로 받았다."[9] 토지가 생산의 원천이었고, 봉건적 장원 제도가 지배적이어서 사람들은 자신을 개인으로 이해하지 않고 토지와 관련해서만 이해했다. 마르크스는 《경제학·철학 수고》에서 다음과 같이 묘사했다.

봉건적 토지 소유에서는 외부적 힘인 토지가 인간을 지배한다. 농노는 토지의 부속물이다. 장자 상속권자, 즉 맏아들도 토지에 귀속된다. 토지가 장자를 상속받는다. 토지 소유가 사적 소유의 토대다.[10]

토지 소유는 상속과 혈통에 의존했다. '혈통'이 운명을 결정했다. 마르크스는 초기 저작에서 "혈통과 가계, 요컨대 육체의 계보에 대한 귀족의 자부심이 … 드러나는 학문이 바로 문장학紋章學이다.* 귀족의 비밀은 동물학이다" 하고 썼다.[11] 바로 이 동물학이 인간의 삶과 인간관계를 결정했다. 낮은 수준의 생산력 때문에 농민은 끊임없이 노동을 한 반면, 봉건영주와 성직자는 자신이 원하는 것을 농민에게서 강제로 빼앗았다.

따라서 소외는 낮은 수준의 생산력, 인간의 토지 종속, 봉건 지배계급의 지배에서 비롯했다. 그러나 이런 형태의 소외에는 한계가 있었다. 농민은 자신의 토지에서 일했고 자신에게 필요한 것을 대부분 개별 가족 단위에서 생산했다. "사람도 토지에 속박돼 있었지만, 토지도 인간에 속박돼 있었다. … 농민(중세 시대의 농노조차)은 적어도 노동 생산물의 50퍼센트, 때로는 60~70퍼센트를 소유했다."[12] 봉건사회의 사회적 관계는 지배와 종속의 관계였지만, 명백히 사람들

---

* 가문의 문장과 역사를 연구하는 학문.

간의 사회적 관계였다. 마르크스는 《자본론》에서 "개인들이 노동을 하면서 맺게 되는 사회적 관계는 어쨌든 그들 사이의 인격적 관계로 나타나지, 사물[노동 생산물] 사이의 사회적 관계로 위장되지는 않는다" 하고 썼다.[13]

그러나 봉건제의 속박과 자본주의의 동역학은 매우 달랐다. 부르주아지는 돈으로 모든 것을 사고팔 수 있는 사회를 원했다. "판매는 소외를 실천하는 것이다."[14] 그런 사회는 야만적 인클로저를* 통해 탄생했다. 그래서 역사상 처음으로 사회의 다수가 생산수단과 생활 수단을 직접 이용하지 못하게 됐다. 그 결과 생존을 위해 새로운 형태의 착취, 즉 임금노동에 종사할 수밖에 없는 무토지 노동자계급이 등장했다. 자본주의는 "인간관계, 생산도구, 생산 원료의 근본적 변화"를 가져왔다.[15] 이런 근본적 변화 때문에 삶의 양상 전체가 변했다. 심지어 시간 개념조차 크게 바뀌었다. 17세기에만 해도 장난감이던 시계가 노동시간을 측정하거나 근무 태만을 헤아리는 수단이 됐다. 왜냐하면 "산업 규율이 요구하는 노동 윤리와 시간 엄수 습관을 추상적 시간으로 측정하는 것이 중요"했기 때문이다.[16]

사람들은 자신이 무엇을 생산하고 어떤 선택을 할지 결정할 권리를 더는 행사하지 못했다. 사람들은 노동 생산물에서 분리되기 시작했다. 피터 라인보는 18세기 런던의 역사를 다룬 《런던의 교수형》에서 노동자들이 스스로 자기 생산물의 주인이라고 생각했다고 설명했다. 18세기 후반의 "사법 공격" 같은 혹독한 탄압을 겪은 뒤에야 노

---

* 공유지에 울타리로 경계선을 쳐서 사유지로 만드는 것.

동자들은 자신이 생산한 것이 공장을 소유한 자본가의 것이라는 사실을 수긍했다. 18세기에 대다수 노동자들은 임금을 화폐로 받지 않았다. "러시아의 농노 노동, 미국의 노예노동, 아일랜드의 농업 노동, 런던의 도시 노동은 사실은 물물교환이었다."[17] 그러나 19세기에 임금노동이 다른 지급 방식들을 대체했다. 이제 노동이 시장에서 사고팔리는 상품이 된 것이다. 자본가와 노동자는 형식상 서로 독립적이지만 실제로는 단단히 연결돼 있다. 생산은 집이 아니라 새로운 규율 시스템이 적용되는 공장에서 이뤄진다. 공장에서는 노동의 기계화 때문에 인간과 기계의 관계가 바뀌었다. "인간 독창력의 훌륭한 산물인 기계가 노동자들에 대한 전제적 지배의 원천이 됐다."[18] 마르크스는 《자본론》에서 장인이나 숙련공의 노동과 공장 노동자의 노동을 비교했다.

수공업과 매뉴팩처에서는 노동하는 사람이 도구를 이용하지만, 공장에서는 기계가 인간을 이용한다. 전자의 경우는 인간에서 노동 도구의 운동이 시작되지만, 후자의 경우는 기계의 운동을 인간이 따라야 한다. 매뉴팩처에서 노동하는 사람은 산 메커니즘의 일부다. 공장에서는 노동하는 사람과 독립해 있는 생명 없는 메커니즘이 작동하고, 인간은 단지 산 부속물일 뿐이다.[19]

공장 생산에서 가장 중요하고 파괴적인 특징 중 하나는 분업이었다. 자본주의 전에도 사회적 분업이 존재했다. 서로 다른 사람들이 서로 다른 부문의 생산이나 기술에 참가했다. 자본주의가 등장하면서 각 생산 부문 내에 세부적 분업이 생겨났다. 이런 분업 때문에 노동자들은 특정 임무와 원자화된 활동으로 부문화돼야 했다. 그 결과 노동자들은 자신의 한두 가지 능력만을 실현할 뿐, 다른 능력은 모두 희생해야 했다. 해리 브레이버먼은 이런 분업의 결과를 다음과 같이 지적했다. "사회적 분업은 사회를 세분하지만 작업장 내 분업은 인간을 세분한다. 사회의 세분은 개인과 종種의 능력을 발전시키지만, 인간의 세분은 인간의 능력과 필요를 고려하지 않고 이뤄지므로 인간과 인간성을 해치는 범죄다."[20] 19세기에 산업화를 비판한 존 러스킨도 비슷한 지적을 하면서, 분할되는 것은 인간이므로 노동 분업은 틀린 말이라고 썼다.

이런 체제에서 노동자는 생산수단을 소유한 자본가에게 점점 종속된다. "따라서 [노동자는] 지적으로나 육체적으로나 기계 수준으로 전락하고, 인간에서 추상적 활동과 욕망 덩어리로 전락한다. 그리하여 인간은 또한 시장 가격과 자본 투자의 변동, 부자의 변덕에 점점 더 휘둘리게 된다."[21] 노동자는 자본주의와 무관하게 살아갈 수 없게 됐다. 노동을 한다는 것은 인간기계가 된다는 뜻이었다. 노동을 못 하는 것은 살아도 사는 게 아닌 삶을 뜻했다. 노동을 못 한다면, 자본이 노동자를 버린다면, 노동자는 생매장당하는 것이나 다를 바 없다고 마르크스는 주장했다. "자본이 존재해야 노동자도 존재할 수 있고 살아갈 수 있다. 자본이 노동자와 무관하게 노동자의 삶의 내용을 결정하기 때문이다."[22] [노동자로서는] 선택의 여지가 없다. 노동은 생존 문제이기 때문이다. 따라서 노동은 강요된 노동이 됐고, 노동자는 노동하지 않는 것을 선택할 수 없고 무엇을 어떻게 만들지도 선택할 수 없다. 마르크스는 다음과 같이 말했다.

노동이 노동자에게 외적ꟷ的인 것이고 그의 본질적 속성이 아니라는 사실, 따라서 노동자는 노동할 때 자기 확신을 갖지 못한 채 자기 자신을 부정하고, 비참하고 불행하다고 느끼고, 정신적·육체적 에너지를 자유롭게 발전시키지 못하고, 자신의 육체를 학대하고 정신을 파괴한다는 사실이다. 그래서 노동자는 노동하지 않을 때만 자신을 느끼며, 노동하고 있을 때는 자신을 느끼지 못한다. 노동하지 않을 때는 집에 있는 것처럼 편안하고 노동할 때는 집을 떠난 것처럼 불편하다. 따라서 노동자의 노동은 자발적인 것이 아니라 강요된 것이다. 노동자의 노동은 강요된 노동이다. [자신의] 필요를 충족시키는 것이 아니라 외부의 필요를 충족시키는 수단일 뿐이다. 노동의 낯선 성격은 육체적 강제나 그 밖의 강제가 사라지자마자 노동을 전염병 피하듯 피하게 된다는 사실에서 잘 나타난다.[23]

공장 체제에서 노동의 파편화는 또 다른 면이 있다. "작업장에서 단편적 노동을 하는 세분화된 노동자[의 등장은] 가치를 생산하는 계급이 집단적이 됐다는 뜻이다. 왜냐하면 혼자서 온전한 상품을 생산하는 노동자는 없기 때문이다."[24] 이런 집단성은 자본주의 생산방식에 반대하는 끊임없는 투쟁이나 기계의 통제를 받지 않고 오히려 기계를 통제할 권리를 확보하려는 노력으로 빈번하게 나타났다. 후자의 경우 가장 유명한 것은 19세기 초의 러다이트 반란이었다. 반란이 아주 광범하게 확산되자 이를 분쇄하기 위해 군대가 투입됐는데, 이때 출동한 군대는 웰링턴 장군의 지휘하에 워털루 전투에 파병

된 군대보다 더 많았다.

소외의 네 가지 측면

자본주의의 발전은 되돌릴 수 없음이 입증됐고, 전에는 상상할 수 없었던 규모의 소외가 나타났다. 《경제학·철학 수고》(1844년 수고 또는 파리 수고로도 알려져 있다)에서 마르크스는 자본주의 사회에서 소외가 만연하는 구체적 방식을 네 가지로 정리했다.

노동 생산물로부터의 소외: 노동자는 자신이 생산한 재화로부터 소외당한다. 다른 사람, 즉 자본가가 노동자의 생산물을 소유하고 처분하기 때문이다. 어느 사회에서든 사람들은 창의력을 발휘해 자신이 사용하고 교환하고 판매할 재화를 생산한다. 그러나 자본주의에서는 이것이 소외된 활동이 된다. "노동자가 자기 생산물을 이용해 생존을 유지하거나 더 나은 생산 활동에 참가할 수 없기 때문이다. … 노동자가 필요하다고 해서(아무리 절박하게 필요할지라도) 자기 손으로 생산한 것에 손댈 자격이 생기는 것은 아니다. 노동자의 생산물은 모두 다른 사람의 소유물이기 때문이다."[25] 그 결과 노동자들은 영양실조에 시달리면서도 시장에 내다 팔 환금換金작물을 경작하고, 자신이 입주하지도 못할 주택을 짓고, 구입할 수 없는 자동차를 생산하고, 신을 수 없는 신발을 만든다.

사실상 노동 생산물이 노동자를 지배하므로, 마르크스는 노동자가 자기 생산물로부터 소외되는 현상이 증대할 것이라고 주장했다. 이사크 일리치 루빈은 《마르크스의 가치론에 대한 소론》이라는 훌륭한 책에서 상품생산의 양적 측면과 질적 측면을 살펴본다. 첫째, 노동자는 자신이 만들어 낸 가치에 못 미치는 임금을 받는다. 노동자가 생산한 몫을 기업주가 독차지한다. 따라서 노동자는 착취당한다. 질적으로도, 노동자는 창의적 노동을 자신의 생산물에 투입하지만 그 대가로 창의적 노동을 받을 수는 없다. 루빈이 설명하듯이, "창의력의 대가로 노동자는 임금이나 급료, 즉 얼마간의 화폐를 받고 이 돈으로 노동 생산물을 구입할 수 있지만 창의력을 구입할 수는 없다. 창의력의 대가로 노동자는 재화를 얻는다."[26] 노동자는 이런 창의성을 영원히 잃어버린다. 자본주의에서 노동이 노동자에게 자극이나 활력을 주지 못하고, 또 "미개척 영역으로 통하는 문을 열어 주지 못하고", 오히려 노동자의 에너지를 소진시키고 피로감만 주는 까닭이다.

이렇게 죽은 노동이 산 노동을 지배하는 것을 두고 마르크스는 《경제학·철학 수고》에서 다음과 같이 주장했다. "노동자의 소외는 노동이 대상이자 외부적 실재가 된다는 뜻일 뿐 아니라, 노동이 노동자의 외부에, 노동자와 무관하게, 노동자에게 낯설게 존재하고, 점점 자율적인 힘으로서 노동자와 대면한다는 뜻이기도 하다. 즉, 노동자가 대상에 불어넣었던 생명이 적대적이고 낯설게 노동자와 대면한다."[27] 마르크스는 이것을 자본주의의 고유한 현상으로 봤다. 전자본주의 사회에서는 열심히 일하면 대개 더 많이 소비할 것이라고 기대할 수 있었다. 자본주의에서는 노동자가 열심히 일할수록 자신에게 적대적인 체제의 힘을 강화시킨다. 노동자 자신과 노동자의 내면세계는 더 가난해진다. "재화를 더 많이 생산할수록 노동자는 저가 상품이 된다. 사물 세계의 가치가 증대하면 인간 세계의 가치가 떨어진다."[28]

노동과정으로부터의 소외: 마르크스가 파악한 소외의 둘째 요소는 생산과정에 대한 통제력 상실이다. 노동조건, 노동이 조직되는 방식, 노동이 우리에게 미치는 육체적·정신적 영향에 대해 우리는 발언권이 없다. 노동과정에 대한 통제력 상실은 우리의 창의적 노동능력을 대립물로 바꿔 놓는다. 그래서 노동자의 "활동은 수동적이고, 힘은 무기력하고, 생식능력은 거세당하고, 노동자 자신의 육체적·정신적 에너지와 개인 생활은 자신을 거역하는 활동이고 자신과 무관하며 자신의 것도 아니다. 도대체 활동이 없는 삶이 무슨 의미가 있는가?"[29] 노동과정은 노동자의 통제력을 벗어났을 뿐 아니라 노동자에게 적대적인 세력의 통제를 받는다. 왜냐하면 자본가와 관리자가 우리에게 더 열심히, 더 빨리, 더 오래 일하도록 강요하기 때문이다. 게다가 해리 브레이버먼이 지적하듯이, "노동의 구매와 판매를 바탕으로 한 사회에서는 작업을 분할하는 것이 임금 비용을 절약한다."[30] 그래서 기업주들은 노동과정을 더 잘게 나누는 데 관심이 있다. 그 결과 엄격하고 반복적인 과정이 노동자의 개인적 재능이나 기술을 가려 버린다. 마르크스는 다음과 같이 지적했다.

공장 노동은 신경계를 극도로 소진시키고 다양한 근육 활동을 없애며 육

체적·지적 활동의 자유를 완전히 빼앗아 버린다. … 일개 개별 공장노동
자의 전문 기술은 공장 메커니즘에 포함되고 그 메커니즘과 함께 지배자
의 힘의 일부가 되는 과학, 거대한 물리력, 집단 노동 앞에서 부차적인 것
이 되고 만다.[31]

마르크스 시대 이래 현대의 생산방식은 노동과정의 분열을 증대
시켰다. 현대적 생산조직은 지금도 조립라인 방식을 바탕으로 한다.
과학 연구를 이용해 생산과정을 작업 공정별로 분할한다. 그 결과
첫째, 단순 작업을 하는 화이트칼라 직업이 생겨나고, 관리자가 생
산과정에 대한 통제력을 독점하게 됐다. 자본주의가 처음부터 파괴
하려 한 "사고와 행위, 구상과 실행, 손과 마음의 통일은 이제 과학
과 다양한 공학 수단이 동원돼 체계적으로 분해되고 있다."[32] 노동시
간과 작업 공간 등 노동조건은 이미 결정돼 있다. "아주 세부적 동작
에 이르기까지 모든 작업 공정을 관리자와 엔지니어가 구상·설계·
측정하며 훈련을 통해 업무 표준에 적합하게 만든다. 이 모든 것은
사전에 결정된다."[33] 노동자는 기계 취급을 받는데, 그 목표는 노동
의 주관적 요소를 객관적이고 측정할 수 있고 통제할 수 있는 과정
으로 바꾸는 것이다. 루카치는 《역사와 계급의식》의 몇몇 훌륭한 구
절에서 점증하는 노동과정의 합리화와 기계화가 우리 의식에 끼치는
영향을 다뤘다. 다음 인용문이 보여 주듯이, 그의 분석은 예언적이
며 오늘날 화이트칼라 노동의 모습을 매우 정확하게 묘사한다.

노동과정의 합리화로 말미암아 노동자의 인간적 본질과 특수성은 합리

적 예측에 따라 기능하는 추상적인 특수 법칙과 대비되는 오류의 원천으로만 여겨진다. 객관적으로든 노동과 관련해서든 인간은 이 과정의 진정한 주인이 아니다. 그렇기는커녕 인간은 기계 시스템에 통합된 기계의 일부다. 그는 이 기계 시스템이 이미 자체적으로 존재하고, 인간과 무관하게 기능하며 좋든 싫든 그 법칙에 따라야 한다는 것을 깨닫게 된다.[34]

동료 인간으로부터의 소외: 셋째, 노동자는 같은 인간으로부터 소외된다. 이 소외는 부분적으로는 계급사회 구조에 필연적으로 뒤따를 수밖에 없는 적대에서 비롯한다. 노동자는 자신의 노동을 착취하고 생산물을 통제하는 사람들로부터 소외당한다. 마르크스는 다음과 같이 지적했다.

인간의 활동이 자신에게는 고통이지만, 틀림없이 다른 사람에게는 즐거움과 기쁨을 제공한다. … 따라서 그가 자신의 노동 생산물, 즉 자신의 대상화된 노동을 자신과 무관한, 낯설고 적대적이고 강력한 대상으로 여기게 되면, 그와 그 대상의 관계는 다른 사람(자신에게는 낯설고 적대적이고 강력하고 무관한)이 지배하게 된다. 그 자신의 활동이 자유롭지 못한 활동이라면, 그는 다른 사람의 지배·강압·속박 속에서 그를 시중드는 활동을 하는 것이다.[35]

게다가 노동자는 자신이 생산한 상품의 구매와 판매를 통해 타인과 관계를 맺는다. 노동자는 생활 속에서 노동을 통해 의식주 등을 만드는 수천 명과 날마다 접촉한다. 그러나 자신이 구매해 소비하는 상품들을 통해서만 그들을 알 뿐이다. 이 때문에 에른스트 피셔는 노동자가 다른 사람을 "동등한 권리를 지닌 동료"가 아니라 "상사나 부하, 지위가 있는 사람, 크고 작은 권력체"로 본다고 지적했다.[36] 노동자들은 개인들로서가 아니라 다른 생산관계의 대리인, 자본·토지·노동의 인격화로서 다른 사람과 관계를 맺는다. 버텔 올먼이 썼듯이, "우리는 서로를 개인이 아니라 자본주의의 연장선으로 이해한다. '부르주아 사회에서 자본은 독립적이고 인격이 있는 반면, 살아 있는 인간은 의존적이고 인격이 없다.'"[37] 개별 생산자의 상품은 비인격적 형태로 나타난다. 누가 어디에서 어떤 특정 조건에서 생산했는지는 관심이 없다. 상품생산이 뜻하는 바는 누구나 "다른 사람의 생산물을 사용하지만, 정작 자신의 노동 생산물로부터는 소외된다"는 것이다.[38]

마르크스는 대량 상품생산이 인간의 능력을 계발하는 것이 아니라 이윤을 위해 인간의 능력을 착취하면서 새로운 욕구를 끊임없이 창출한다고 설명했다.

자신의 이기적 욕구를 충족시키기 위해 다른 사람 위에 군림하며 낯선 권력을 확립하려는 노력은 모두 … 비인간적이고 교활하고 부자연스럽고 비현실적인 욕망을 추구하는 약삭빠른 노예를 만든다. … 그[뚜쟁]는 자기 이웃의 가장 타락한 욕구 충족을 도와 주고, 그의 요구에 영합하고, 그의 불건전한 욕망을 부추기고, 모든 약점을 이용해서 성교의 대가로 돈을 뜯어낸다.[39]

우리는 남을 이해타산의 렌즈를 통해 본다. 우리의 능력과 필요는 돈벌이 수단으로 변질되고 우리는 다른 사람을 경쟁자나 부하나 상사로 생각한다.[40]

인간 본성으로부터의 소외: 넷째 요소는 마르크스가 "유적類的 존재"라고 부른 것으로부터의 소외다. 우리가 인간일 수 있는 것은 주위 세계를 의식적으로 창조할 수 있기 때문이다. 그러나 자본주의에서 우리의 노동은 강요받고 강제된 노동이다. 노동은 개인적 선호나 집단적 이익과 아무 관계도 없다. 자본주의 분업은 생산능력을 엄청나게 증대시켰지만, 부를 창출하는 사람들은 그 혜택을 받지 못한다. 마르크스는 《경제학·철학 수고》에서 이 과정을 묘사했는데, 그것은 체제에 대한 감동적인 고발이다.

노동은 부자에게는 경이로운 것을 만들어 주지만 노동자에게는 궁핍을 가져다준다. 노동은 궁전을 만들어 내지만 노동자는 오두막에 산다. 노동은 아름다움을 만들어 내지만 노동자를 불구로 만든다. 노동은 기계 작업으로 대체되지만, 일부 노동자들은 야만적 노동으로 내몰리고 다른 노동자들은 기계가 돼 버린다. 노동은 지혜를 생산하지만 노동자에게는 어리석음과 백치병을 선사한다.[41]

인간은 사회적 존재다. 인간은 이익 증진을 위해 집단으로 행동할 능력이 있다. 그러나 자본주의에서 그 능력은 자본주의가 만들어 낸 사적 소유와 계급 분열 속으로 가라앉는다. 인간은 생산을 의식적으로 계획하고 생산과 사회의 발전 필요성을 일치시킬 능력이 있다. 그러나 자본주의에서 그 능력은 무계획적인 이윤 추구로 뒤바뀐다. 그래서 의식적으로 자연을 개조하지 못하고, 인간 행위의 결과를 통제할 수도, 심지어 예측할 수조차 없다. 예컨대, 산업 전반에서 끊임없이 개발되는 비용 절감을 위한 새로운 생산기술은 산성비나 오존층을 파괴하는 가스를 발생시킬 수 있다.

마찬가지로, 작업장의 생산성을 향상시킨 자본가는 의도치 않게 이윤율을 떨어뜨리고 자기 계급 전체의 이윤율도 둔화시킨다.[42] 그리고 어느 기업의 특정 제품이 대박을 터뜨릴 수 있지만, 그러면 다른 기업들의 시장이 타격을 받는다. 수요를 충족시키는 것이 아니라 시장의 공급과잉을 일으킨다. 노동자가 더 많이 생산하지만, 그 생산물이 팔리지 않는다는 뜻이다. 과거 사회에서는 결핍·기근·흉작으로 고통을 겪었다. 자본주의에서 경제 침체가 뜻하는 바는 노동자들이 "너무 많이 생산해서 더 적게 소비한다는 것이다. 그리고 노동자들이 더 적게 소비한다는 것은 노동자들의 노동이 덜 생산적이어서가 아니라 너무 생산적이기 때문이다."[43] 우리가 겪는 경제 위기는 자연적인 것이 아니다. 우리의 잠재적인 생산능력을 억제하는 것은 바로 우리의 사회조직이다.

상품 물신성은 무엇인가?

상품의 지배는 우리 사회에 너무 만연해 있어서 도저히 피할 수 없는 자연스러운 일처럼 보인다. 마르크스가 지적했듯이, 인간이 성취한 것 전체와 생산물 전체가 상품으로 나타난다. "자본주의 생산양식이 유력한 사회의 부는 '상품의 방대한 집적'으로 나타난다."[44] 자본주의는 상품생산이 일반화한 최초의 체제다. 이 체제에서 상품은 "사회 전체의 보편적 범주"가 된다.[45] 상품생산의 득세는 우리가 만든 세계를 경험하는 방식에 영향을 미친다.

상품의 신비: 모든 사회에서 인간은 노동으로 만든 재화로 필요를 충족시킨다. 그래서 마르크스는 자본주의하의 상품을 분석하고는 "상품은 우리 외부에 있는 대상으로, 그 속성에 의해 인간의 온갖 욕망을 충족시켜 주는 재화다" 하고 주장했다. 그리고 그 욕망이 위胃에서 생겨나는지 환상에서 비롯한 것인지는 전혀 문제가 되지 않는다고 주장했다.[46] 상품은 사용가치가 있어야 하지만, 그와 동시에 교환가치도 있어야 한다. 자본주의 사회에서 인간들의 다양한 욕구는 상품 구입을 통해서만 충족될 수 있다. 상점에서 식료품을 사고, 자동차나 버스표를 사서 여행하고, 책·텔레비전·컴퓨터를 구입해 지식을 얻는다. 그러나 상품의 이런 유용성보다 압도적으로 중요한 것은 교환가치이며 인간 욕구의 충족은 시장의 작동과 분리되지 않는다.[47]

시장에서 상품의 유통은 생산과정보다 훨씬 더 신비롭게 은폐된다. 생산과정에서는 노동자들이 자신이 생산하는 상품과 얼마간 직접적인 관계를 맺는다. 상품들이 시장으로 보내져 화폐로 교환되고 그 다음에 다른 상품들과 교환되면서 이 관계는 사라진다. 마르크스가 썼듯이, "직접적 생산과정과 유통 과정의 통일인 실제 생산과정은 새로운 구성물을 만들어 내는데, 이 구성물 속에서는 내적 연관의 맥뼈이 점차 사라지고, 생산관계들은 서로 무관하게 되고, 구성 가치들은 서로 무관한 형태로 굳어진다."⁴⁸ 마르크스는 상품유통에 의해 개별 생산자들 간의 관계가 그들이 생산한 상품들 간의 관계로 바뀐다고 설명했다. 개별 생산자들은 서로 분리돼 있지만, 각자의 상품에 완전히 의존한다.

> 상품 소유자들은 자신들을 독립된 사적 생산자로 만드는 분업 때문에, 사회적 생산과정과 이 과정에서 그들이 맺는 관계가 자신들의 의지로부터 독립된 것이 된다는 것을 깨닫게 된다. 또, 그들의 상호 독립성은 자신들의 생산물을 통한 전면적인 상호 의존 체제로 보완되고 있다는 사실도 깨닫게 된다.⁴⁹

자본주의 체제에서 개인은 노동력이나 생산도구 같은 것을 소유해야만 생산관계에 참가할 수 있다. 그 결과 개인들 자신이 아니라 "마치 사물이 스스로 생산관계를 확립할 능력과 덕목이 있는 것처럼 보인다."⁵⁰ 개인들이 상품 소유자로서만 생산과정에 참가하므로 상품은 사회적 특성을 획득한다. 마르크스는 이 과정을 다음과 같이 묘사했다. "그러므로 생산자들에게는 그들의 사적 노동 사이의 사회적 관계가 … 개인들이 각자 노동과정에서 맺는 직접적인 사회관계로 나타나는 것이 아니라 사물을 통한 개인 사이의 관계로 그리고 사물들 사이의 사회적 관계로 나타나는 것이다."⁵¹ 그래서 마치 시장 자체가 인간의 행위와 무관하게 가격 등락을 일으키고 노동자들을 한 생산 부문으로 밀어 넣거나 다른 생산 부문에서 밀어내는 것처럼 보인다. "사회는 사물이라는 사회적 형태를 통해 개인들에게 영향을 미친다."[52] 이것은 소외된 관계의 다른 측면을 포함하는데, 마르크스가 주장했듯이, "경제 무대에 등장하는 인물들은 경제적 관계의 인격화일 뿐이고, 그들은 이 경제적 관계의 담당자로서 서로 상대한다."[53]

마르크스는 인간관계가 사물화物化하는 과정 전체, 즉 인간의 능력이 생명 없는 대상에 귀속되고 사회조직이 인간 의지와 무관하게 나타나는 과정을 상품 물신성으로 설명했다. 상품 물신성은 자본주의의 성장과 함께 강화됐다. "자본주의 생산양식이 개인·가정·사회의 필요를 전부 떠맡고, 그런 필요를 시장에 종속시켜 자본의 요구에 부응하도록 개조한다."[54] 오늘날 텔레비전과 자동차뿐 아니라 섹스와 예술, 노동 등 갖가지 시장이 존재한다. 에른스트 피셔가 썼듯이, "우리는 점차 상품 세계의 생활에 익숙해진다. 이 세계의 특징은 아마 휴양지 전단지와 신제품 광고 모델일 것이다. 우리는 싸게 팔려고 내놓은 소외된 대상들의 소란 속에서 살고 있다. 그래서 필요한 물건(또는 유행하는 물건)을 마법처럼 상품으로 바꾸는 것이 무엇인지를 거의 묻지 않는다. 또, 네온사인 불빛과 깜빡이 조명이 반짝이는 마녀의 연회가 일상 현실이 돼 버려 그것의 진정한 본질이 무엇인지도 묻지 않는다."[55]

화폐, "보편적 뚜쟁이": 교환가치를 창출하고 상품을 유통시키려면 다른 모든 상품을 대표할 수 있는 상품이 필요하다. 이 상품으로 서로 다른 상품들을 비교할 수 있다. 마르크스는 자본주의가 발전하자 서로 다른 상품들의 가치를 평가하는 문제가 제기됐고, 보편적 상품인 화폐 형태로 그 문제를 곧바로 해결했다고 지적했다. 물리적 대상인 금이나 은이 "인간 노동의 직접적 화신化身"이 된 것이다. 화폐의 발전으로 인간과 생산물의 관계는 인간의 통제나 의식적 행위와 무관한 물질적 형태를 띤다. "이런 상황은 먼저 인간 노동의 산물이 일반으로 상품 형태를 띤다는 사실로 나타난다. 따라서 화폐 숭배의 수수께끼는 상품 숭배의 수수께끼이고 이 수수께끼가 지금 우리 눈앞에서 우리를 현혹하고 있다."[56]

마르크스는 화폐를 인간과 인간의 욕망을 중매하는 "보편적 뚜쟁이"라고 불렀다. 애초 금속의 형태를 띠었던 화폐의 가치는 본질적으로 무가치한 합금 동전이나 지폐에 밀려 오래전에 폐기됐다. 그리고 지금은 화폐로 모든 것을 살 수 있다. 화폐는 현존하는 가장 강력한 상품이다. "화폐는 다른 모든 상품의 겉모양을 벗겨낸 것이자 보편적 소외의 산물이다."[57] 상품유통에서 화폐의 구실은 그 과정과 관련 맺는 인간의 의식을 결정한다. 화폐는 물건의 가치를 나타내고, 스스로 가치를 창출할 수 있는 힘이 있는 것처럼 보인다. 메사로시가 설명하듯이,

> 화폐의 거대한 힘은 자연적 속성 같다. 확실히 화폐에 대한 사람들의 태도는 자본주의적 물신숭배의 두드러진 사례며, 그 절정은 이자를 낳는 자본이다. 이 점에서 사람들은 화폐가 더 많은 화폐를 만드는 자기증식 가치가 있고 … 노동자, 기계, 원료 등 모든 생산요소는 그저 조력자로 그 지위가 격하되며 화폐 자체가 생산자를 부유하게 만든다고 생각한다.[58]

그래서 화폐는 거대한 능력을 갖게 되지만 동전의 이면을 보자면, 인간의 욕망과 능력이 마르크스가 소유 의식이라고 부른 것으로 축소된다. "사유재산은 우리를 매우 어리석고 편협하게 만들어 우리가 그 물건을 갖게 될 때, 그 물건이 자본으로서 존재할 때, 우리가 그 물건을 직접 소유하거나 먹거나 마시거나 입거나 거주할 때, 요컨대 우리가 그 물건을 사용할 때 비로소 그 물건은 우리의 것이 된다."[59] 마르크스는 이런 소유욕이 어떻게 고무되고 부정되는지도 설명했다. "노동자는 생존에 필요한 만큼만 소유할 수 있고, 또 노동자의 삶은 오로지 소유를 위한 것이다."[60] 마르크스가 쓴 《경제학·철학 수고》의 한 구절은 이 점에 대해 특별한 통찰력을 보여 준다. 그는 화폐가 어떻게 개성을 없애 버리는지를 설명한다. 자본주의가 개성의 만개를 인정한다고 주장하는 사람들에 대한 멋진 응답이다.

화폐를 매개로 나에게 존재하는 것, 내가 구매하는 것, 즉 화폐가 구매하는 것이 나, 곧 화폐 소유자다. 화폐의 힘이 강해질수록 나도 강해진다. 화폐의 속성은 화폐 소유자인 나의 속성이자 나의 가장 중요한 힘이다. 내가 누구이며 무엇을 할 수 있는지는 결코 나의 개성에 따라 결정되지 않는다. 나는 추남이지만 미녀를 살 수 있다. 따라서 나는 추남이 아니다. 왜냐하면 못생긴 데서 비롯한 불쾌감조차 화폐 덕분에 사라져 버리기 때문이다. 개인으로서 나는 절름발이지만 화폐는 나에게 24개의 다리를 구해 준다. 따라서 나는 절름발이가 아니다. 나는 부도덕하고 부정직하며 파렴치한 개인이지만 화폐가 존경을 받으면 그 소유자인 나도 존경받는다. … 화폐를 통해 나는 인간의 마음이 열망하는 것을 모두 가질 수 있다. 그렇다면 나는 인간의 모든 능력을 소유하고 있는 것은 아닐까? 그렇다면 화폐는 나의 무능을 정반대의 것으로 바꿀 수 있지 않을까?[61]

상품 물신성과 계급: 소외와 상품 물신성은 모든 사회관계에 강력한 영향을 미친다. 부를 소유한 자들도 자신의 통제를 벗어난 세계에서 살고 있으며, 그 속에서 구체적 관계를 형성한다. 그들의 개성은 자본주의의 명령에 파묻힌다. 마르크스가 썼듯이, 부유해지려는 본능은 "수전노에게는 개인적 특징일 뿐이지만 자본가에게는 사회 메커니즘의 결과이며 자본가는 그 메커니즘의 톱니바퀴일 뿐이다."[62] 지배계급이 소유한 막대한 생산력은 상상을 초월한 부를 안겨 주지만, 그들은 체제의 거대한 경제력을 통제할 수 없고, 심지어 체제의 한 부문조차 정확하게 계획할 수 없다. 자본가들은 모순에 빠져 있으며 "자본은 사회적 힘이지만, 그 소유는 집단적이 아니라 사적이므로 자본 운동은 필연적으로 자기 행위의 사회적 함의에 무관심한 개별 소유자들이 결정한다."[63] 자본가는 경쟁자들에게 뒤처지지 않으려고 끊임없이 경쟁하고, 그의 행위들은 개별 기업에만 온전히 합당하므로 그의 행위가 사회 전체로 확대되면 많은 기업을 파산시킬 수 있는 경제 침체를 낳는다. 경제 위기는 체제가 개별 자본가보다 훨씬 강력하다는 반박할 수 없는 증거다. 이것은 왜 위기가 지배계급의 자신감과 이데올로기를 그토록 강타하는지를 말해 준다. 자본가는 자신의 대담한 기업가 정신이 부를 창출한다고 믿고 싶어 하지만 현실에서 그는 "다른 사람이 만든 물결에 올라탄다."[64] 계급투쟁(자본가가 막을 수 없다)은 자본가가 피고용인들의 노동에 얼마나 의존

하는지를 분명하게 보여 주고 (경제 위기와 마찬가지로) 지배계급의 전망에 치명타를 가한다.

마르크스는 《신성가족》에서 지배계급의 이런 상황을 탁월하게 묘사한다.

유산계급과 프롤레타리아계급이 느끼는 인간적 자기 소외는 동일하다. 그러나 전자는 이 자기 소외에서 편안함을 느끼고, 자기 확신을 얻으며, 그 소외 속에서 자신의 고유한 힘을 깨닫는다. 유산계급은 소외 속에서 인간의 존재감 비슷한 것을 느낀다. 프롤레타리아계급은 자기 소외 속에서 무력감을 느낀다. 그들은 소외 속에서 자신의 무기력과 비인간적 존재의 현실을 경험한다.[65]

그래서 소외가 비록 자신들에게 심각한 영향을 줄지라도 지배계급은 체제 내 객관적 지위 때문에 자신들이 마음껏 휘두를 수 있는 권력과 야만성뿐 아니라 소외도 낳는 이 체제를 언제나 옹호할 수밖에 없을 것이다. 그래서 루카치는 지배계급이 자본주의의 상품 물신성을 절대 극복할 수 없다고 주장했다. 부르주아지는 자신이 하는 착취자 구실이나 체제 옹호자 구실을 거부하지 않고서는 자본주의의 진정한 성격을 결코 인식할 수 없다. 따라서 자본가들은 자본주의 사회제도들의 근간이 되는 진정한 사회관계를 알고 싶어 하지 않는다. 오히려 그들은 생산관계가 자연적이고 불가피한 것이라고 계속 믿고 싶어 한다. 반면, 노동자들은 비록 상품 물신성의 영향을 심각하게 받긴 해도 자본주의의 현실에 영원히 눈감지는 않는다고 루카치는 지적했다. 루카치는 오히려 노동계급의 반자본주의 투쟁이 사회의 부를 생산하는 데서 노동계급이 하는 진정한 구실을 드러내므로 노동계급만이 자본주의에서 사물화의 베일을 벗길 수 있는 위치에 있다고 주장했다. 계급투쟁이 일어나면 노동자들은 더는 자신을 고립된 개인으로 보지 않는다. 그래서 노동의 사회적 성격을 자각할 수 있게 된다. 루카치는 노동자들이 상품 물신성 이면에 있는 현실을 힐끗 보는 것이 혁명적 사회변혁의 필요성을 이해하는 데 도움이 될 수 있다고 암시한다. "그래서 인간의 성취가 그의 전체 개성과 분리돼 상품으로 바뀌는 과정을 보면서 오직 프롤레타리아만이 혁명적 의식에 도달할 수 있는 것이다."[66]

마르크스 이론의 유용성과 오용

소외 개념은 마르크스주의에서 핵심적이지만 논쟁적인 면도 있다. 소외 문제를 다룬 마르크스의 핵심 저서인 《경제학·철학 수고》가 1932년에 드디어 출간되자, 이 책은 헤르베르트 마르쿠제와 장 폴 사르트르를 포함해 '서구 마르크스주의'로 알려진 전통에 커다란 영향을 미쳤다.[67] 그러나 서구 마르크스주의는 소외론을 관념론과 섞어 버렸다. 서구 마르크스주의는 소외를 사회 편제가 아니라 심리학의 관점으로 설명했다. 1950년대 후반에 등장한 신좌파는 스탈린주의의 이론과 실천에 반발했지만, 신좌파의 일부 필자들은 스탈린주의라는 목욕물과 함께 마르크스주의라는 아기도 내다 버렸다. 그들은 마르크스주의의 일부 핵심 관점, 예컨대 사회구조를 형성하는 데서 경제구조가 주된 구실을 한다는 것과 자본주의의 핵심에는 객관적인 계급 적대가 놓여 있다는 것을 기각했다. 페리 앤더슨이 썼듯이, "서구 마르크스주의의 공통된 전통으로 가장 두드러진 특징 하나는 아마도 대대로 이어 온 유럽 관념론의 지속적인 보존과 영향일 것이다."[68] 소외는 현대 생활의 불행, "고독한 군중", "원자화된 도시인들이 이렇다 할 목표나 의사결정 권한이 없는 사회 시스템의 압력에 짓눌려 부서지고 마비됐다고 느끼는 것"을 설명하는 데 한정됐다.[69] 소외는 사회 편제가 인간에 미치는 영향을 이해하는 것이 아니라 주되게 심리 상태를 뜻하는 것이 됐다.

이 시기에 일부 분야에서 유행한 혼란스러운 소외 개념의 전형은 에릭 조지프슨과 메리 조지프슨이 편집한 《고립된 인간: 현대 사회의 소외》다. 이 책은 1962년에 초판이 나온 뒤 1968년까지 8쇄가 인쇄됐다. 조지프슨 부부에게 소외는 "우리 시대의 특징인 무시당하는 삶들의 침묵하는 절망"을 묘사하는 것이고, 소외를 겪는 사람들의 긴 명단에는 여성, 이주자, 성소수자, 마약 중독자, 청년, 예술가 등이 있다.[70] 그러나 조지프슨 부부는 소외를 심리 상태로만 이해해 소외는 "특이한 종류의 심리적·사회적 혼란, 예컨대 패배, 불안감, 사회적 무질서, 절망, 몰개성, 불안정, 무관심, 사회의 해체, 고독감, 원자화, 무력감, 무의미, 고립, 염세론, 신뢰나 가치 상실과 관련된다."[71] 소외가 특정한 심리 문제일 뿐이라면, 소외의 해결책도 개인의 의식에서 찾을 수밖에 없다. 소외가 주되게 정신 상태라고 한다면, 사회조직의 근본적 변화 없이도 소외를 치유할 수 있다. 에리히 프롬은 각종 소외가 자본주의 사회에서 깨질 수 있는 "환상의 사슬"이라고 주장했다. 왜냐하면 각종 소외는 "다양한 고정관념"에서 비롯하기 때문이라는 것이다.[72]

그러나 소외에 대한 마르크스의 저작들, 《경제학·철학 수고》, 《정치경제학 비판 요강》, 《자본론》을 보면 마르크스에게 소외는 단지 정신 상태가 아니었음을 알 수 있다. 개인 정신의 근원은 사회 전체의 조직 방식에 있다. 어떤 마르크스주의자는 다음과 같이 설명했다. "소외된 개인의 생활은 질적으로 똑같다. 그의 종교 활동, 집안일, 정치 등은 그의 생산 활동만큼이나 뒤틀리고 잔인해진다. … 이런 감옥의 담장 밖에는 인간의 활동 영역이 존재하지 않는다."[73] 마르크스의 이론은 생산과정이 사회 전체를 형성하는 방식을 이해하는 데 반드시 필요한 방법을 제공한다. 두 가지 활동 분야가 소외와 관련해 특별히 논쟁적이다. 첫째, 지적 또는 정신적 노동의 지위와 소외된 생산의 창의성이다.

이 글에서 설명한 분업은 노동과 창의성의 날카로운 분리로 이어진다. 노동은 엄격히 통제받고, 개별 업무들로 세분된다. 각각의 과정에서 창의적 요소들은 수많은 파편으로 흩어져 사라진다. 노동 자체는 상품이며 그 가치는 생산에 들어간 노동시간, 예컨대 노동자의 훈련과 교육에 들어간 시간의 양에 따라 결정된다. 그래서 숙련 기술자나 엔지니어는 미숙련 노동자보다 임금을 더 많이 받을 것이다. 브레이버먼이 썼듯이, "이런 식으로 어떤 사람의 노동시간은 무한한 가치가 있는 반면 다른 사람의 노동시간은 거의 가치가 없는 양극화한 구조가 거의 모든 노동과정에서 나타난다."[74] 그러나 지식 노동자들의 노동시간이 가치 있다고 해서 그들이 보편적 소외 형태로부터 자유롭다는 뜻은 아니다. 그 반대로, 현대 자본주의의 특징 하나는 지식의 상업화다.[75] 마이크로칩이나 컴퓨터 소프트웨어 설계는 콩 통조림이나 자동차와 꼭 마찬가지로 자본가의 재산이다. 자본가들은 육체노동을 이용해 부를 쌓는 것과 똑같은 방식으로 정신노동을 전유해서 부를 쌓는다.

사회적 분업은 지식 노동자들이 사회의 새로운 진실을 발견할 잠재력을 갉아먹는다. 프란츠 야쿠보프스키가 썼듯이,

사회적 분업은 경제에서뿐 아니라 사회생활과 사고 전반에서 일련의 하위 영역을 만들어 낸다. 이 영역들은 독자적 법률 장치들을 자율적으로 발전시킨다. 전문화의 결과로 개인의 영역은 각각 자체의 고유한 특정 대상의 논리에 따라 전개된다.[76]

지적 활동은 이런 한계 안에서 사회 전체와 고립된 채 이뤄진다. 결국 개별 학문은 "자신의 구체적 현실의 토대를 이루는 방법이나 원리를 이해할 수 없게 된다."[77] 새로운 기술과 방식을 개발할 수 있는 우리의 잠재력은 모두 경쟁에 종속된다. 자본주의 사회구조 자체가 우리의 지적 발전이 사회의 실제 운동과 완전히 동떨어진 사실을 추적하도록 강요한다. 유용한 발전이 불가능한 건 아니지만 발전을 억제하고 제약하는 틀 내에서 연구가 이뤄진다.

자본주의 사회에서는 예술의 생산과 소비도 동일한 과정을 밟는다. 유진 런이 《마르크스주의와 모더니즘》이라는 탁월한 책에서 설

명했듯이, 부르주아 사회는 예술의 자유를 제공하기도 하고 빼앗기도 한다. "예컨대, 분업과 인간 활동 방식의 기계화 때문에, 또 질보다 양을 더 중시하기 때문에 부르주아 사회("봉건적" 속박에 비해 진보했지만)는 여러 예술 형식에도 해롭다."[78] 과학자와 지식인과 마찬가지로 예술가도 인간 창의성이 상품으로 바뀌는 일반적 과정에서 자유로울 수 없다고 마르크스는 주장했다. 첫째, 다른 노동자들과 마찬가지로 예술가도 자신의 돈벌이 능력에 의존한다. "부르주아지는 지금까지 경외심과 존경을 받던 직업들의 후광을 벗겨 버렸다. 부르주아지는 의사, 변호사, 성직자, 시인, 과학자를 임금노동자로 바꿔 놓았다."[79] 둘째, 런은 상품생산이 예술의 진로에 결정적 영향을 미친다고 지적한다. 예술 작품이 시장에서 판매된다는 사실이 작품 구상과 창작을 결정한다. 마르크스는 유진 수의 소설을 비평하면서 이와 관련한 사례 하나를 제시했는데, 그는 "부르주아 사회가 의도하는 윤리적·정치적 가정이 작가에게 미치는 영향을 강조한다."[80] 예술도 결코 상품 물신성에서 벗어날 수 없다. "한 가지 형태의 정신적 신비화(예술은 물질적 현실에 초연하다는 낭만적 예찬)가 상업의 확대로 서서히 무너지자 새로운 물신성, 즉 상품 물신성이 그것을 대체했다."[81] 이것은 또한 새롭고 도전적인 문화 발전이 어떻게 단순한 상품으로 빠르게 체제에 통합되는지를 보여 준다. 그렇다고 해서 예술 작품들이 콩 통조림과 똑같은 지위로 몰락할 수 있다는 뜻은 아니다. 예술은 우리의 상상력과 감성을 자극한다. 예술은 사회에 대한 이해를 높이고 구체적 현상 이면에 있는 모순을 들춰낼 수 있다. "예술은 사회 현실을 뒤덮고 있는 이데올로기의 연기를 꿰뚫어 볼 수 있다." 일부 예술가들은 온 힘을 다해 자본주의를 넘어서고자 하는 반면, 다른 이들은 현존 체제에 대한 예찬을 선택한다. 그러나 그때조차 그들의 창작품은 자본주의의 구체적 현상을 꿰뚫을 수 있다. 런이 썼듯이,

예술은 넘쳐 나는 소외를 반영하기만 하는 교환가치[상품]로 환원될 수 없다. 예술은 비록 그 후광을 잃어버렸다 해도, 여전히 소외된 사회·경제 상황을 진단하고 지적할 수 있다. … 모든 예술은 자본주의가 충족시킬 수 없는 미학적 즐거움과 교육 욕구를 창출하는 능력이 있다. 비록 점점 더 시장의 영향을 받지만 예술의 창작과 소비는 상대적으로 자율적이며 공장 노동이나 순전한 상품과 똑같지 않다.[82]

마르크스의 소외론과 관련한 둘째 논쟁은 노동 영역 밖에 있는 활동을 분석하고 체계적으로 설명하는 문제다. 이런 활동은 어쩔 수 없어서 하는 것이 아니라 좋아서 하는 활동이다. 노동의 세계가 우리를 녹초로 만들고 비참하게 만들고 적대적인 것이 될수록 사람들은 노동 밖의 삶에 자기 에너지를 쏟는다. 체제가 발전하면서 우리의 욕구와 기대를 키우는 새로운 시장이 끊임없이 생겨난다. 예컨대, 날씬한 몸매와 젊음을 보장해 준다는 상품들, 게임, 자연 체험, 예술의 향유 같은 욕구를 개발해 온 거대 산업들을 생각해 보라. '레저산업'과 '연예 산업'이 있다는 사실이야말로 노동과 여가의 분리로 자유 시간에 공백이 생겨났음을 보여 준다. "그래서 일과 후 시간 때우기도 시장에 의존하게 되고, 시장은 규격화된 도시환경에 적합하

고 생활 자체의 대체물 노릇을 하는 활력 없는 오락과 여흥, 볼거리를 엄청나게 발전시킨다."[83]

1990년대 생활의 뚜렷한 특징은 개인과 가정이 사적私的인 세계로 후퇴한 것이다. 특정한 라이프 스타일의 선택이야말로 개인적 성취를 위한 진정한 기회를 제공하는 것처럼 보인다. 그래서 패션, 요리, 휴가, 정원 가꾸기를 다루는 텔레비전 프로그램과 잡지에 대한 관심이 늘고, 디아이와이* 시장이 선풍적 인기를 끌고 있다. 가정과 집은 그 자체로 그리고 자연스럽게 여가 활동이 됐다. 그와 동시에, 가정과 집은 시장의 우선순위에 종속돼 갔다. 우리의 자유 시간을 늘릴 수 있는 상품은 모두 가정을 정서적 안식처가 아니라 소비 단위로 만들 뿐이다. "현대의 가정용품과 서비스산업이 발전함에 따라 가사 노동의 부담이 줄어들면서 가정생활의 공백도 커진다. 즉, 인간관계의 부담이 없어질수록 애정도 사라진다. 사회생활이 복잡해질수록 공동체적 관계의 흔적도 모두 사라지고 오로지 금전 관계만이 남는다."[84]

더욱이 메사로시는 사적인 생활로의 후퇴가 자본주의의 지배력을 강화했다고 설명한다. "사생활과 개인 자율을 예찬하는 것은 이중적 기능을 한다. 객관적으로는 주류 권력자들에 대한 하층계급의 도전을 예방한다. 주관적으로는 (개인을 조종하는 자본주의 사회의 메커니즘이 신비화하는) 고립되고 무기력한 개인으로 도피해서 거짓 성취감을 느끼게 만든다."[85] 메사로시는 또한 소외가 진실한 인간관계를 이룰 능력을 빼앗아 간다고 지적한다. 우리는 제한된 사적인 개

---

* DIY. 소비자가 직접 만드는 제품.

인 생활 영역에서 인간성 상실에 대한 보상을 구할 수밖에 없다. 그러나 이것은 서로 소외를 강화할 뿐이다. "자율성에서 치료책을 찾는 것은 틀렸다. 우리의 고통은 자율성의 결여가 아니라 오히려 사회구조(생산양식)에서 비롯한 것이다. 사회구조는 인간을 서로 고립시켜 인간으로 하여금 사회구조를 숭배하도록 강요한다."[86]

자본주의가 우리에게서 빼앗아 간 창의력을 표현하려는 노력이 소외를 근절할 수는 없다. 소외의 근절은 사회 전체의 변혁에 달려 있다. 우리는 개인 생활과 여가 시간을 계획하고 준비하지만, 우리가 사는 세계의 모습을 결정할 집단적 능력을 개인적으로 발휘할 수는 없다. 라이프 스타일과 여가 활동으로 소외에서 해방될 수는 없으며 소외의 바다에서 자유의 섬조차 만들어 낼 수 없다. 소외의 근원이 자본주의 사회이므로 그 사회에 맞선 집단적 투쟁만이 소외를 근절하고 날로 발전하는 우리의 막대한 능력을 의식적으로 통제할 수 있으며 노동을 다시 삶의 중심으로 확립할 수 있다. 마르크스가 《자본론》에서 썼듯이, "물질적 생산과정, 즉 사회적 생활 과정은 자유롭게 결합된 인간들이 하는 생산으로 바뀌고 그들이 의식적·계획적으로 통제하게 될 때 비로소 그 신비의 베일을 벗을 것이다."[87]

마르크스주의 정치학의 기본 개념

마르크스주의 차별론

애비 바칸

혁명기에는 부르주아 체제가 수많은 사람들에게 강요한 비참하고 고립된 삶이 사라진다. 혁명은 자본주의 사회에서 차별받는 모든 이들의 영혼을 해방시킨다. 사람들은 체제 그 자체에 집단으로 도전하기 시작한다.[1]

이 말은 1917년 러시아 혁명에 대해 쓴 것이 아니라 혁명의 물결이 비극으로 끝난 1973년 칠레에 대해 쓴 것이다. 칠레의 저항은 결국 충분히 전진하지 못했고 피노체트와 미국 CIA가 벌인 반혁명적 피의 숙청으로 분쇄됐다.

그러나 아주 간단한 이 말은 마르크스주의 차별론의 정수를 잘

출처: "Marxism, Oppression and Liberation", *Marxism* no 2, 2004.
옮긴이: 차승일.

요약하고 있다. 사회주의 정치의 기본 원칙은, 차별에서의 해방이 자본주의에서 해방되려는 투쟁과 병행한다는 것이다. 그러나 이 사상은 매우 간단하기도 하지만 전혀 간단하지 않기도 하다. 오늘날 차별에 맞선 투쟁과 마르크스주의의 관계는 좌파들 사이에서 가장 뜨거운 쟁점이라 할 수 있다.[2]

차별받는 사람들의 투쟁과 마르크스주의 정치가 밀접하게 연결된 때가 있었다. 차별에 맞선 투쟁은 여러 면에서 1960년대 좌파의 전형적인 특징이었다. 인종차별에 반대한 미국의 공민권운동, 베트남전쟁에 반대한 운동, 체 게바라와 피델 카스트로의 쿠바 혁명을 방어하는 운동과 함께 한 세대의 혁명가들이 성장했다. 1960~1970년대에는 미국과 캐나다와 서구 사회 전체에서 여성해방운동이 분출해 지독하게 보수적인 1950년대의 사회적·성적 상식들을 깨뜨렸다. 1969년 뉴욕에서 일어난 스톤월 항쟁은 현대 동성애자 해방운동을 탄생시켰다.

캐나다 연방 정부에 대항한 퀘벡해방전선FLQ은 자신들의 투쟁을 전 세계 차별받는 사람들의 투쟁의 일부로 여겼다. 1970년에 연방군 탱크가 계엄령하에서 퀘벡으로 진격하자(이 잔인한 탄압을 테러 근절을 위한 보안 조처라고 둘러댔다) 전국의 사회주의자들이 퀘벡 억압 반대 투쟁에 동참했다. 같은 시기에 아메리카 원주민들의 레드파워 운동은 캐나다 정부의 인종차별적·제국주의적 정책에 도전했고, 북아메리카 국경이 타당하지 않다며 반대했다.

그러나 최근에는 이런 단결 투쟁은 물론이고 협력적 대화조차 찾아보기 힘들다. 사실, 오늘날 차별에 관한 주류 이론은 명백히 마르크스주의와 동떨어져 있다. 일부는 마르크스주의에 반대하는 입장이고 대부분은 비마르크스주의 입장이다. 예를 들어, 세드릭 로빈슨은 마르크스주의 방법과 전망이 근본적으로 인종 해방 이론으로는 적절하지 않다고 생각한다.[3] 마르크스주의는 인종차별에 맞서는 전략적 수단으로 부적합하다는 것이다. 로빈슨은 흑인 단일 민족주의와 코넬 웨스트의* 급진적 민주주의 개념을 조합한 사상을 대안으로 제시했다.[4] 해방을 위한 투쟁은 노동계급의 자력 해방과 혁명적 변화를 주장하는 고전 마르크스주의에서 멀어졌다. 포스트모더니즘은 마르크스주의 차별론을 비롯해 마르크스주의의 기본 입장에 대체로 반대했다. 예를 들어, 하워드 위넌트는 다음과 같이 주장했다.

현존하는 모든 정치적·문화적 프로젝트의 인종적 측면을 밝히는 데 필요한 논리를 제공하는 분명한 단일 원칙이나 중심 과정은 더는 존재하지 않는다. 인종차별적 질서 전체에 맞선 총체적 도전에서 비롯한 중심 갈등이 없다 보니 인종적 범주, 의미, 정체성은 결국 '탈중심화'한다.[5]

여성해방운동을 보면, 보편적 가부장제 이론(남성들이 공동으로, 체계적으로 여성을 지배하는 조건 속에서 남성 권력이 작동한다는 견해에 바탕을 둔다)이 1980~1990년대에 널리 확산됐다.[6] 여성학은

---

* Cornel Ronald West(1953~): 미국 프린스턴대학교 종교학과 교수이자 시민권 활동가다. 1960년대 공민권운동을 연구했으며, 미국 사회에서 인종·성·계급이 한 구실에 대해 책을 많이 썼다. 대표적 저서로 *Black Theology and Marxist Thought*가 있다.

점차 대학교 교과과정에 편입됐는데, 이는 기존의 고등교육·연구 과정에 스며 있는 여성 차별을 고려하면 그 자체로 환영할 만한 일이고 그만큼 성취하기도 힘든 일이었다. 그러나 이렇게 제도화하는 과정에서 차별에 맞선 투쟁을 마르크스주의 방법과 분리하는 페미니즘 이론이 많아졌다. 인종차별에 반대하고 제3세계주의를 받아들이는 일부 페미니스트들은 여성이 모두 같은 처지에 있다는 생각에 적극적으로 도전했고, 특히 백인 부유층 여성들의 경험을 일반화한 주류 견해에 반대했다. 여성해방운동이 인종차별에도 도전해야 한다는 견해를 정립하려는 광범한 문헌들이 출판됐다.[7] 일부 저자들은 특히 보편적 가부장제 이론에 도전했다.[8] 그러나 차별을 만들어 내는 체제에 맞서 남성과 여성, 흑인과 백인, 동성애자와 이성애자가 단결해 노동계급 운동을 건설해야 한다는 전략적 발상은 사실상 사라졌다. 오히려 사람들은 차별의 다양한 형태를 각각 별개의 정체성으로 여겼고, "환원 불능의 다원적인 것", 즉 "노동계급을 중심으로 한 포괄적 운동으로 … 도저히 통합될 수 없는 변별적 투쟁 영역"으로 생각했다.[9]

이런 정치적 유산遺産을 배경으로 반자본주의·반전 운동이 떠올랐다. 새 천 년 초에 국제 반자본주의 운동이 출현한 이후 차별에 반대하는 분노가 표출되고 그 영향력도 커졌다. 게다가 반인종주의와 반제국주의는 2003년에 미국이 벌인 이라크 전쟁에 반대하는 대중운동과 함께 영향력이 커진 주요 사상이다. 강력하고 억압적인 국제 자본주의 체제라는 공통의 적에 맞서 단결해 싸워야 한다는 정서가 새로운 좌파의 기본 전제가 됐다. 서로 다른 차별을 가로질러 광범한 연대를 구축해야 한다는 정서가 커지고 있다.

그러나 차별에 맞서 싸우는 방법을 제시하는 이론들은 오늘날 연대의 분위기에 뒤처져 있다. 이런 주장들에는 1980년대와 1990년대 초 좌파들의 특징인 분열의 흔적이 공통으로 담겨 있다.[10] 국제 연대의 정치를 바탕으로 단결한 대중운동을 효과적으로 건설하자는 많은 사람들의 염원은 분열에 분열을 거듭한 사상의 유산과 뚜렷이 대비된다.[11] 전체적으로 보면, "정체성 정치"(이를 단일한 사상 체계라고 하기는 어렵지만)는 좌파적 관점에서 차별의 중요성을 인식한 주요 이론적 학파였다. 그러나 이들은 완고한 보수 이데올로기의 반격에 맞서 차별 반대 투쟁의 여지를 확보하기는 했지만,[12] 핵심적인 전략적 문제들을 제기하지도 못했고 자본주의 체제에 맞선 급진적이고 단결된 대중행동에 대한 염원을 사로잡지도 못했다.[13] 나오미 클라인은 그 좌절감을 다음과 같이 요약했다.

> 1990년대 중엽의 베네통 광고들은 전형적인 인종차별에 도전하는 재치 있고 아름다운 광고와 인간의 고통을 상업적으로 이용하는 괴기한 광고 사이를 오락가락했다. … 그리 오래전 일은 아니지만 한때 대중매체를 개혁하면 세상이 더 정의로워질 것으로 생각했던 활동가들이 보기에, 다음의 사실이 매우 분명해졌다. 즉, 정체성 정치는 체제를 전복하는 것은 고사하고 체제에 맞서 싸우려 하지도 않았다. 기업 이미지광고라는 새로운 산업에 관한 한 정체성 정치는 이 산업에 자양분이 됐다.[14]

갖가지 차별에 반대하는 일관된 이론과 전략의 결핍은 운동이 단결하는 데 위험 요소였고 이런 상황에서 차별에 대한 마르크스주의 사상이 다시 쟁점으로 떠올랐다. 많은 활동가와 좌파 문헌은 차별에 맞서는 데 마르크스주의가 무능하다고 생각한다. 이런 생각은 스탈린주의의 오래된 유산을 생각하면 이해할 만하다. 공산당 활동가들은 특히 1930년대에 차별받는 사람들의 투쟁이 전진하는 데서 혁혁한 공을 세우기도 했다.[15] 그러나 스탈린 체제가 득세한 1929년부터 국가자본주의 체제가 붕괴한 1989년까지 60년 동안 소련은 마르크스주의 전통을 주창했지만, 차별에서 해방되기 위해 헌신하는 사람들에게 결코 고무적인 본보기가 될 수 없었다. 스탈린주의는 마르크스주의 전통이나 이 전통을 따른 러시아 혁명 초기의 실천과는 아무 관련이 없었다. 오히려 스탈린주의는 이런 해방운동을 탄압하는 반혁명적 운동으로 시작됐다.[16] 1960년대 각국의 해방운동은 공산당 바깥에서 또는 공산당에 반대하며 성장했는데, 당시 공산당은 스탈린주의 때문에 완전히 보수화했다.[17]

사실, 마르크스주의는 차별에 맞선 투쟁에서 교훈을 이끌어 낸 이론이다. 어떤 의미에서 마르크스주의는 인간 해방, 즉 차별·소외·착취로부터의 해방에 관한 과학이다. 차별을 제대로 이해한다면, 즉 차별은 무엇인지, 차별은 어떻게 노동계급과 가난한 사람들 내부에서 분열을 조장하는지, 차별에 어떻게 맞설 수 있을지를 이해한다면, 차별에 맞선 투쟁과 자본주의에 맞선 투쟁이 본질적으로는 서로 연관돼 있으며, 각 투쟁의 전진이 서로 영향을 주고받는다는 점을 명확히 알 수 있다.

아래에서는 마르크스주의와 차별에 대해 일반적으로 살펴보겠다.

특정 형태의 차별과 이에 도전하는 특정한 전략에 초점을 두지 않고, 어디까지나 이것들을 일반화된 차별 이론의 사례로 다룰 것이다. 특정 형태의 차별과 이에 도전하는 특정한 전략은 마르크스주의와 차별을 논의하는 데 중요한 요소이기는 하지만 이 글에서는 차별 일반에 초점을 맞출 것이다.

마르크스주의와 차별

카를 마르크스와 프리드리히 엥겔스는 이미 150년 전에 자본주의가 어떻게 작동하는지 분석하는 길을 닦았을 뿐 아니라 계급사회에서 인류가 해방되는 데 필요한 현실적 전략도 제시했다. 이 과정에서 마르크스와 엥겔스는 차별론의 요소들을 연구했다.

마르크스와 엥겔스는 자본주의에서의 차별을 이해하는 데 핵심은 차별이 계급 문제이고 노동계급의 여러 부문을 서로 반목시킨다는 점을 이해하는 것이라고 거듭 주장했다. 노동계급의 일부는 지배계급과 자신을 동일시하는 거짓 이데올로기 때문에 자신이 다른 부문보다 우월하다고 생각하게 된다. 차별은 계급 지배에 도움이 되고 사회적 해방을 위한 계급투쟁의 발목을 잡는다.

예를 들어, 흑인 노동자를 차별해 이득을 얻는다고 생각하는 백인 노동자는 자본의 일을 거드는 셈이다. 백인 노동자는 자신의 일자리와 집을 빼앗아 가고 거리에 범죄와 타락을 불러오는 적敵이 자기 계급 내부의 흑인이라고 배운다. 다른 예를 들면, 남성 노동자는 남성이 여성보다 우월하다고 배우고 그 결과 차별이 유지된다.

그러나 마르크스와 엥겔스는 자본주의에서 벌어지는 차별을 이해하는 데서 더 나아갔다. 그들은 계급사회를 통틀어 차별이 어떻게 발전했는지를 고찰했다. 《공산당 선언》에서 말했듯이 그들은 계급투쟁의 역사 속에서 모든 "피억압 계급"을 살펴봤다. 마르크스와 엥겔스는 지배자들이 어떻게 지배할 수 있게 됐는지를 정확히 규명해서 인간 해방을 위한 전략을 도출하고자 했다.

마르크스와 엥겔스의 기본 입장은 다음과 같이 요약할 수 있다. 지배계급은 자신들의 경제적 권력(이하 경제력)에 의존하는데, 그들의 경제력은 사회적으로 확립된 실정법으로 뒷받침되고 사회 전체의 생산수단에 바탕을 두고 있다. 이 경제력이 계급 지배의 궁극적 특징이고 결정적 토대다. 그러나 계급사회에서 경제력만 작용하는 것은 아니다. 사상·법률·국가기구 등도 작용하는데, 그 작용 방식은 시기나 구체적 상황에 따라 다양하다. 심지어 생산양식이 똑같은 사회에서도 그렇다. 차별은 계급 지배의 이 둘째 요소의 특징이다. 차별은 계급 지배에 필요한 상부구조의 일부다. 스탈린주의 저술가들이나 1970년대 비평가들의 해석과는 반대로, 마르크스와 엥겔스는 생산과정과 직접 관련 없는 차별의 의미를 축소하거나 깎아내리지 않았고, 오히려 이런 여러 관계들이 어떻게 상호작용하는지, 즉 어떻게 서로 의존하거나 모순을 일으키는지를 이해하고자 했다.[18]

마르크스는 차별을 두 가지 형태로 나누었다. 첫째는 계급 차별이고, 둘째는 계급의 일부가 겪는 특정한 차별이다. 계급 차별은 피착취자들이 살아가면서 겪는 경험의 일종이지만, 실업자들처럼 직접 착취당하지 않는 사람들도 차별을 경험한다. 예를 들어, 마르크스는 "피억압 계급들"이라는 말을 자주 사용했는데, 프롤레타리아·실업자·농민·소작인·노예·농노 등을 뜻했다. 노동계급을 서로 이간질하는 특정 차별은 노동자들을 서로 경쟁시켜서 착취와 차별에 저항하는 집단적 능력을 약화시킨다. 그러나 착취와 이윤지상주의 체제인 자본주의 사회의 생산관계는 이런 경향과 반대로 기능하기도 한다. 그래서 노동자들을 집단적 공동 행동으로 내몰고 노동자와 사용자가 서로 대립하게 만든다.

차별과 관련해서 생각해 보면 자본주의에는 모순된 경향들이 기본으로 존재한다는 점을 알 수 있다. 자본주의는 한편으로 계급 내부의 특정 차별에 바탕을 두고 노동자를 서로 분열시키는 동시에, 다른 한편으로 노동자들이 한 계급으로서 공통의 차별을 경험하게 만드는 경향이 있는데, 여기서 노동자들은 자신들의 이해관계가 같다는 것을 알게 된다.

지배계급은 특정 집단에 대한 특정 차별을 부추겨 피억압 계급을 분열시켜야 하는데, 피억압 계급이 단결하면 지배계급의 지배력이 끝장나기 때문이다. 특정 차별 자체는 계급적이지 않다. 인종·성·국적·종교 등 비경제적 기준에 바탕을 두고 있기 때문이다. 이런 형태의 차별은 계급을 초월해서 적용되며, 계급과 무관하게 차별받는 집단의 성원에게 영향을 미친다. 그러나 이런 분열 때문에 가장 큰 대가를 치르는 사람들은 가장 차별받는 계급이다. 그리고 거기서 득을 보는 것은 지배계급이다.

마르크스와 엥겔스

마르크스와 엥겔스는 차별에 대해 체계적으로 정리해 하나의 책으로 펴내지는 않았다. 이것이 마르크스와 엥겔스가 차별을 진지하게 고민하지 않았다고 비난받는 이유의 하나다. 그러나 마르크스와 엥겔스가 차별을 다룬 방식 자체가 차별의 본질적 특징을 보여 준다. 즉, 차별은 언제나 역사적으로 특수하다는 것을 말이다. 역사적 특수성은 마르크스와 엥겔스가 쓴 글들의 일반적 특징이기도 한데, 그들의 글은 대체로 당시에 벌어진 논쟁을 바탕으로 쓰였다.

따라서 마르크스와 엥겔스가 차별을 잘 이해하지 못했다는 생각은 틀렸다고 할 수 있다. 사실, 제국주의와 식민주의,[19] 국가와 가족의 기원,[20] 유대인 문제,[21] 아일랜드 민족 문제,[22] 노예제[23] 등의 쟁점을 다룬 글에서 모두 차별이라는 주제가 거듭 등장하기 때문이다. 마르크스와 엥겔스가 거듭거듭 반복한 논지는 어떤 집단이든 계급의 일부가 차별당하면 계급투쟁 전체가 발목 잡힌다는 것이었다.

마르크스는 프랑스에서 노예무역을 재개하려는 "리틀 나폴레옹[나폴레옹 3세]"의 시도에 대해 다음과 같이 말했다. "프랑스를 노예무역국으로 바꾸는 것이 프랑스를 노예화하는 가장 확실한 방법이다." 1847년에 엥겔스는, 프로이센에 맞서 들고일어난 1830년 폴란드 항쟁을 기념하는 행사에서 연설해 달라는 부탁을 받고 다음과 같이 연설했다. "다른 국민을 억압하는 국민은 자유로워질 수 없습니다." 1870년에 마르크스는 영국의 아일랜드 지배를 보며 다음과 같이 말했다. "다른 민족을 노예로 삼는 민족은 자신이 찰 족쇄를 만드는 셈이다."《자본론》에서 마르크스는 미국의 노예제를 언급하며 다음과 같이 썼다. "흑인들이 낙인찍히는 곳에서 백인 노동자는 해방되지 못한다."

차별과 계급사회를 분석하면서 마르크스와 엥겔스가 그저 일반적 개념을 나열한 것은 아니었다. 거기에는 당면한 전략적 함의도 있었다. 마르크스와 엥겔스가 연구한 차별은 모두 당시에 벌어진 투쟁이나 논쟁과 관계있었다. 마르크스와 엥겔스는 차별에 맞선 투쟁을 조직하는 것은 계급사회에서 모든 사람에게 민주적 권리가 평등하게 보장되도록 싸우는 것이기도 하지만, 결국에는 계급사회 자체를 없애려고 싸우는 것이기도 하다는 점을 이해했다. 따라서 계급사회 내부의 분열인 차별을 제거하려고 노력해야 할 뿐 아니라, 차별을 만들어 내고 차별에 의존하는 계급사회 자체도 없애려고 노력해야 한다는 것이다.

《가족, 사유재산, 국가의 기원》에서 프리드리히 엥겔스는 여성 차별의 기원을 자세히 설명했는데, 그는 여성 차별이 계급사회와 국가가 탄생하는 역사적 과정의 일부라고 설명했다. 이 책은 마르크스의 공책과 계급 출현 이전의 사회 편제를 연구한 초기 저작들에 바탕을 뒀는데, 뉴욕 주에서 거주하던 이로쿼이족 원주민을 연구한 루이스 모건의 책이 두드러진 보기였다. 《가족, 사유재산, 국가의 기원》은 당시 여성 차별과 해방에 관한 가장 선진적인 책이었다. 오늘날에는 인류학 지식도 더 진보했고 예전보다 훨씬 더 복잡하고 정확한 자료 연구 기술도 발달했는데, 최근 밝혀진 사실을 보더라도 사회 편제와 여성 차별의 관련성은 배격되기는커녕 오히려 확증됐다.[24]

여성의 보통선거권을 요구하는 운동이 일어나기 전인 1880년대에 마르크스와 엥겔스는 계급사회 내부의 특수한 여성 차별 구조를 파악했다. 마르크스와 엥겔스는 여성 차별의 근원이 자본주의가 출현하기 수천 년 전에 생겨났지만, 자본주의의 임금노동 관계 속에서 핵가족이라는 재생산 형태로 통합됐다고 생각했다. 또한 엥겔스는 완전한 양성평등은 인류 발전에 필요한 현실적 목표지만, 자본주의라는 굴레 안에서는 실현될 수 없다고 생각했다. 여성 차별의 폐지는 계급사회의 지배에 도전하는 데 필수적인 일부였다.

마르크스와 엥겔스는 유대인 차별을 반대하는 투쟁에도 참여했다. 1843년에 "유대인 문제에 대하여"라는[25] 짧은 논문에서 마르크스는 종교의 자유가 해방의 전제 조건이기는 하지만 진정한 해방은 여기서 멈추지 않는다고 주장했다. 이처럼 마르크스는 종교적 표현의 자유를 유대인에게 보장하는 민주주의적 권리를 무조건 분명히 지지했다. 그러나 마르크스는 또한 유대인이든 유대인이 아니든 모든 사람이 진정으로 자유로워지려면 종교적 감정이 피억압자에게 위안을 주는 상황 자체가 사라져야 한다고 주장했다. 해방은 현세의 삶이 고통과 빈곤에서 진정으로 자유로워져서 사후에야 일상의 억압에서 벗어나리라고 믿지 않아도 되는 상황을 이룰 수 있냐에 달려 있었다.

이미 1843년에 마르크스는 개인이 국가의 간섭을 받지 않고 종교적 신앙을 선택할 수 있는 민주적 권리가 해방의 전제 조건이라고 생각했다. 그러나 그게 다가 아니었다.

정치적 해방은 확실히 큰 진보다. 이것은 사실, 인간 해방의 종착역은 아니지만 기존 질서의 틀 안에서 도달할 수 있는 인간 해방의 종착역이기는 하다. 여기서 말하는 해방은 당연히 진정한 해방, 실질적 해방이다.[26]

마르크스의 차별론 가운데 주목할 만한 또 다른 사례는 자살에 대한 글에서 찾아볼 수 있다. 이 글은 마르크스가 직접 쓴 것이 아니라 한 프랑스 경찰관의 유작遺作을 독일어로 번역한 것이다.[27] 경제학자, 사전 편찬인, 시인이었다가 경찰 행정관과 법률 기록 보관인을 지낸 푀셰는 자신이 죽은 후에야 자기 글을 출판하라고 신신당부했고, 결국 그가 죽은 지 8년 후에 이 책이 출판됐다. 푀셰는 해방된 사회라고들 하는 혁명 후의 프랑스에서도 자살로 내몰린 사람들이 계속 죄인 취급받는 것에 분개했다. 마르크스는 이 주장에 매력을 느꼈고 프랑스의 자살 사건들에 대한 푀셰의 글을 선별해 번역하고 편집해서 유럽의 더 많은 독자들에게 소개했다.

마르크스는 다음과 같은 푀셰 말을 인용했다. "혁명이 모든 압제를 무너뜨린 것은 아니었다. 제멋대로 폭력을 휘두르는 악마가 가족 안에 있고, 그 악마가 일으키는 위기는 마치 혁명과도 비슷하다."[28] 그리고 "사람들은 개인의 삶에 존재하는 악마에게서 벗어나는 최후의 방안으로 자살보다 나은 것이 없다고 생각한다."[29] 마르크스가 강조한 구절에서 푀셰는 특히 부르주아 도덕이 여성의 삶에 끼치는 영향을 언급했다. 푀셰는 자신이 기록한 자살들에 대해 다음과 같이 생각했다.

자살은 사랑이 연인들의 자연스러운 감정과는 관계가 없다고 생각하는 사회적 조건, 즉 수전노가 금을 긁어모으듯 질투심 많은 남편이 아내를 자신의 재산 목록 가운데 하나로 여겨 아내에게 족쇄를 채우는 것이 허용 되는 사회적 조건을 바탕으로 하고 있다.[30]

마르크스는 자살 사례 네 개를 분석하는 데 책의 많은 부분을 할 애했는데, 그중 세 개는 젊은 여성의 자살이었다. 퐈셰는 희생자를 비난하는 사회, 흔히 부도덕한 성적 행동을 이유로 무고한 여성들을 자살로 내모는 사회에 분개했다.

첫째 사례는 약혼자와 함께 밤을 보낸 여성인데, 이 여성은 혼전 성관계를 했다고 낙인찍혀 공개적으로 비난받았다. 수치심 때문에 이 여성은 센 강에 몸을 던졌다. 둘째 사례는 결혼한 여성인데, 이 여성은 남편의 학대 때문에 목숨을 끊었다. 셋째 사례는 18살 소녀인데, 이 소녀는 이모부와 성관계를 맺은 후에 임신한 사실을 알고 의사를 찾아가 낙태를 요청한다. 의사는 요청을 거절하며 자신은 이 일에 연루되기 싫다고 말하는데, 나중에 소녀가 자살한 사실을 알게 된다. 소녀는 의사가 낙태 시술을 해 주지 않으면 자살할 수밖에 없다고 말했는데, 말대로 실행한 것이다.[31]

《마르크스의 자살론》 영어판 편집자인 케빈 앤더슨은 다음과 같이 요약한다.

1844년 이후 마르크스가 간직한 혁명적 휴머니즘이 이 책에서 더 빛을 발한다. 마르크스는 순진하게 자신의 운명에 만족하는 당대 부르주아 캉디

드들의* 수준으로 노동계급의 수준을 끌어올리는 것이 인간 해방이라는 생각을 조롱한다. 오히려 마르크스는 인간관계의 전면적 변혁을 강조한다. 그는 사회 계급을 폐지하고 소외된 노동을 근절하자고 주장하며 차별의 또 다른 형태인 가족제도를 비판한다.[32]

차별에 관한 마르크스의 매우 훌륭한 관점은 아일랜드 민족 차별과 미국 남북전쟁기의 노예제와 인종차별에 대해 쓴 글에서 볼 수 있다. 이 두 사례에서 마르크스는 자본가계급의 이해관계와 인종차별을 부추기는 것, 특히 이를 이용해 노동계급을 분열시키는 것 사이의 상호작용을 강조했다. 마르크스는 인종차별 이데올로기가 어떻게 상식이 되는지를 밝혔는데, 첫째 사례는 영국 노동자가 계급의 차이를 잊고 영국 제국주의 국가와 자신을 동일시하는 것이었고, 둘째 사례는 미국 남부 노동자가 남부 농장주와 자신을 동일시하는 것이었다.

마르크스는 자본을 분석한 자신의 일반 이론이 특정 노동자 집단 사이의 실제 관계에 구체적으로 어떻게 적용되는지를 매우 분명하게 요약했다. 마르크스는 자본이 노동자들을 서로 이간시킨다(노동자들이 임금을 대가로 자본가에게 자신의 노동력을 팔겠다고 서로 경쟁하게 만든다)는 것과 노동자들 사이의 이런 경쟁이 구체적인 정치적·사회적 관계와 상호작용한다는 것을 이해했다. 이런 형태의 사회

---

* 프랑스어로 순진하다는 뜻으로, 이 세상이 최선의 세상이라고 믿는 낙천적 세계관을 조롱하고 사회적 부정·불합리를 고발하는 볼테르 소설의 주인공이다.

적 관계들은 자본주의 체제의 경제법칙과 직결된 관계들과 연관되지만 그와 독립적이기도 하다. 차별적 사상과 실천은 노동자들 사이의 경쟁을 강화하고 심화시킨다.[33] 그런데 차별로 득을 보는 자들은 언뜻 보면 노동계급 내의 차별받지 않거나 차별하는 특정 부문처럼 보이지만, 사실은 지배계급이다.

마르크스와 엥겔스는 세계가 어떻게 변하는지 이해하는 방법을 확립했다. 즉, 해방을 위한 혁명적 전략에 필요한 독창적 수단을 제공했다. 더 구체적으로 말하면, 마르크스와 엥겔스는 서로 다른 세 형태의 인간관계, 즉 인간이 겪는 고통의 세 가지 형태를 설명했다. 소외와 착취와 차별이 그것이다. 이 셋은 상호작용하지만, 서로 같지 않고 같은 방식으로 작동하지도 않는다. 이런 견해에서 출발한 마르크스와 엥겔스는 자본주의가 창출한 노동계급이 역사적으로 유일무이한 존재인데, 그들이 고통받기 때문만이 아니라 사회 해방을 위한 운동을 단결시킬 잠재력이 있기 때문에 그렇다고 주장했다.

소외

소외는 헤겔과 독일 관념 철학에서 나온 개념인데, 이는 인간(모든 인간)과 그들 자신의 잠재력 사이의 전반적 간극을 말한다. 계급사회에서 사는 사람은 모두 소외를 겪는다. 이 소외 개념은 마르크스와 엥겔스가 1840년대에 쓴 글들과 《자본론》(《자본론》은 마르크스 생전에는 제1권만 완성됐다)의 초고 격인 《정치경제학 비판 요강》

에서 매우 분명히 드러난다.[34]

마르크스는 자신의 지적 활동에서 소외론을 전제 조건이나 배경 음악처럼 생각했다. 마르크스는 인간의 고통이 자연스러운 것이라거나 피할 수 없는 신의 섭리라거나 인간의 활동 영역 밖에 있는 그 무엇이라고 생각하는 관념에 도전하고자 했다. 자본주의 사회에서 적나라하게 드러나는 모순들은 인간의 소외가 어느 정도인지를 보여 준다.

자본주의는 인류 역사상 가장 풍족한 시기로, 전 세계 인구의 의식주를 충분히 공급할 수 있는 물질적 잠재력이 존재한다. 그러나 그와 동시에 가난과 굶주림도 날마다 증대한다. 오늘날에는 모든 사람의 생활 조건을 향상시킬 수 있는 막대한 잠재력이 존재하지만, 핵전쟁이나 자원 고갈의 가능성도 동시에 존재한다.

마르크스는 이런 모순을 자본주의 체제의 유년기에 발견했다.

한편, 과거 인간 역사의 시대에는 생각할 수도 없었던 산업과 과학의 힘이 인간의 삶에 나타났다. 다른 한편, 로마제국의 공포를 능가하는 쇠퇴의 징후도 존재한다. 우리 시대에는 모든 것이 모순투성이처럼 보인다. 인간의 노동을 덜어 주고 생산성을 높여 주는 놀라운 힘을 가진 기계가 있는데도 우리는 아사와 과로를 목격한다. 부의 최신 원천이 빈곤의 원천으로 둔갑하는 것을 보면 귀신이 곡할 노릇이다.[35]

마르크스는 인간 소외에는 몇 가지가 있다고 생각했다. 노동 생산물로부터의 소외, 노동과정 자체로부터의 소외, 계급 사이 또는 계급 내부에 적개심이 만연한 데서 비롯하는 동료 인간으로부터의 소외, 마지막으로 세계를 의식적으로 창조하는 인간의 능력인 인간 본성(또는 마르크스의 표현으로는 "유적類的 존재")으로부터의 소외가 그것이다.[36]

독일 관념 철학의 생각과 달리 소외가 신성한 정신의 산물이 아니라 인간의 행위 때문에 생겨난다면, 인간의 행위로 인간의 소외를 끝장낼 수 있을 것이다. 마르크스는 인간이 겪는 고통의 물질적 근원을 이해하기 위해 구체적인 역사적 조건 속에서 인간의 고통을 살펴봤다. 마르크스는 이런 조건에서 비롯한 모순들을 이해했고, 그 속에서 모든 소외가 사라진 세계의 가능성, 즉 인간의 노동이 인류의 잠재력을 확대하는 동시에 자연 세계도 보호하는 방식으로 자연 세계와 상호작용하는 세계의 실현 가능성을 봤다. 마르크스의 소외론이 기여한 핵심 하나는 소외를 역사적 산물로 봤다는 점이다. 따라서 마르크스는 인간이 정치적 민주주의나 법적 평등에서 멈추지 않고 소외에서 완전히 해방될 수 있다고 생각했다.[37]

마르크스의 차별론을 이해할 때 소외와 관련된 핵심 논점은 다음과 같다. 첫째, 계급사회에서든 계급 출현 이전의 사회에서든 소외는 모든 계급에 적용된다. 둘째, 소외는 인간이 겪는 다른 형태의 고통, 특히 착취나 차별과 다르다. 그러나 소외는 착취나 차별과 대립하는 것이 아니라 착취와 차별 내에서, 그리고 착취와 차별을 통해 드러난다. 인간의 필요 충족을 위해 운영되는 사회, 즉 진정한 사회주의 사회에서 인류의 잠재력이 온전히 발현하지 않는 한 소외는 지속될 것이다.

착취

착취는 소외와 다른 것으로, 엄밀히 말해서 물질적 관계이지, 계급 사회 내 모든 인간이 처한 일반적 조건은 아니다. 착취는 잉여생산물을 추출하는 것으로 측정할 수 있다. 잉여생산물은 인간의 노동이 자연과 상호작용해 만들어 낸 생산물의 일부로서, 사회에서 당장 소비되고 남은 것을 말한다. 특별히 자본주의 체제에서 잉여생산물은 특정 사회관계, 즉 자본주의 착취의 결과물이다. 이런 형태의 불평등한 관계(착취), 특히 자본주의 착취 형태는 마르크스가 한평생 연구한 주제다.

사람들은 흔히 마르크스가 불평등한 인간관계를 죄다 착취로 여겼다고 생각한다. 이것은 마르크스를 오해한 것이다. 마르크스가 자본주의 사회의 착취를 분석하는 데 심혈을 기울인 것은 자본주의 착취가 역사적으로 특수한 소외 형태이고 인류 역사에서 계급 분열을 가장 적나라하게 드러내기 때문이었다. 또한, 자본주의 착취 체제의 "운동 법칙"(마르크스와 엥겔스는 이렇게 불렀다)을 이해하면 모든 계급사회의 주요 모순을 밝힐 수 있기 때문이었다.

마르크스가 주목했듯이, 자본주의 착취는 자본 사이의 분열을 바탕으로 하고 있고 이에 따른 경쟁 때문에 특정 자본 단위가 살아남으려면 생산을 확대해야 한다. 자본주의 착취는 또한, 생산 시스템이 양대 계급으로 나뉜 것을 바탕으로 하고 있다. 여기서 말하는 양대 계급이란 생산수단, 즉 사회에 필요한 모든 재화를 만드는 수단을 소유하고 통제하는 자본가계급과 그러지 못한 노동계급을 뜻한다. 자본가가 얻는 이윤은 오로지 노동계급을 착취하는 데서 생겨나는데, 노동계급은 집단적 노동으로 잉여가치를 창출한다.

노동계급은 인류 역사상 가장 집단적으로 노동하는 계급이다. 마르크스와 엥겔스가 "자본주의의 무덤을 파는 사람들"이라고 부른 노동계급은 노동할 능력, 즉 자본가에게 판매할 노동력 외에는 아무것도 소유하지 못한 계급이므로 마르크스와 엥겔스는 노동계급이 "근본적 사슬"에 매여 있다고 말했다. 계급으로서 노동계급이 자본주의 착취에 도전할 수 있는 힘은 집단행동에서 나온다. 노동계급의 집단적 인간 본성이 분명하게 드러나면, 거대한 혁명적 전환을 통해 단지 지배계급에 맞서는 데서 멈추지 않고 인간 노동의 생산물을 통제하고 인간의 필요에 따른 생산을 조직하는 데까지 나아갈 가능성이 있다.

마르크스주의 차별론의 관점에서 본 자본주의 착취의 핵심은, 착취가 가장 극단적이고 잔인한 형태의 고통이기도 하지만, 자체 모순 때문에 해방을 성취할 수 있는 인간의 잠재력, 즉 노동계급의 자주적 행동을 보여 주기도 한다는 점이다. 마르크스와 엥겔스는 사회주의를 노동계급의 자주적 행동으로 봤다.

차별

이제 차별을 살펴보자. 차별은 마르크스와 엥겔스가 연구한 인간관계 가운데 이론화가 가장 덜 된 부분이다. 그렇지만 차별은 그들의 방법에서 매우 중요하다. 차별은 이데올로기적 요소와 물질적 요소를 모두 포함하고 계급의 경계를 뛰어넘는다. 또한 역사적으로 특수하다.

마르크스는 착취가 대체로 객관적인 특정 패턴이나 법칙을 따른다고 봤다. 그러나 착취와 달리 차별은 그렇지 않다. 착취는 잉여가치를 뽑아내는 경제적 과정, 즉 체제의 토대에서 작용하는 핵심적 운동 법칙을 말한다. 차별은 특정 계급사회, 역사적으로 특수한 계급사회가 운영되는 방식, 즉 지배계급의 지배 방식의 일부다. 차별은 다양하고 정치적·법률적·민족적으로 특정한 조건의 영향을 받는다. 사회 상부구조의 일부인 차별은 착취와 함께 작용하며, 착취가 구체적으로 일어나는 특정 형태를 나타낸다.

차별은 지배계급 내 특정 부문의 효과적 지배 능력을 강화해 준다. 그러므로 같은 지배계급 내 경쟁자들을 겨냥해 차별이 이용되기도 한다. 예를 들어, 마르크스 당시의 식민지 억압이나 오늘날의 제3세계 억압과 제국주의가 그렇다. 제3세계 빈국의 자본가계급은 세계 자본가계급의 일부이지만, 다른 자본가 지배계급인 서구 지배계급에게 억압당하고 이들의 이해관계에 종속된다. 그러나 억압은 특정 민족이나 지역 내의 노동계급을 약화시키고 분열시키는 데 이용되기도 한다.

마르크스와 엥겔스는 특정 차별 형태가 어떻게 노동계급을 약화시키고 분열시키는지, 어떻게 지배계급에게 득이 되는지를 연구했다. 마르크스와 엥겔스는 차별이 자본가계급의 지배에 대한 노동계급의 저항 능력에 걸림돌이 된다고 역설했다.

중요한 점으로, 마르크스와 엥겔스는 차별자와 피차별자의 관계가 착취자와 피착취자의 관계와 같지 않다고 주장했고, 특히 계급의 일부가 당하는 특정 차별을 고려한다면 그렇다고 주장했다. 물질적 착취에 바탕을 둔 사회 분열 형태는 노동자와 기업주를 분리시키는데, 자본주의는 노동자 착취에 바탕을 둔 이윤 증대를 위해서라면 수단과 방법을 가리지 않으려 한다. 백인 노동자, 흑인 노동자, 남성, 여성, 농민, 장인 등의 삶과 몸은 모두 자본주의가 확산되면서 산업의 확장에 종속됐다.

자본주의 사회의 노동자는 또한 다른 노동자와 경쟁해야 하는 처지에 놓여 있어서 서로 싸워야 하는데, 이 때문에 노동자들은 공통의 착취자에 맞서 단결하기 힘들어진다. 자본주의가 출현하기 전에 생겨난 차별(여성 차별, 유대인 혐오, 중세 제국들의 식민 통치)은 [자본주의] 초기 성장기의 신흥 자본가계급에게 유용한 도구였다. 그러나 자본주의가 성장하면서 새로운 형태의 차별이 개발되기도 했는데, 노예무역과 이민자 통제를 포함하는 근대 인종차별이나 동성애자 차별이 그것이다.[38]

마르크스와 엥겔스가 자본주의 사회의 특정 차별을 이해하는 데 중요하게 여긴 것은 차별이 계급적 쟁점이라는 점, 즉 차별이 피착취계급을 이간질한다는 점이었다. 지배계급과 자신을 동일시하게 만드는 거짓된 이데올로기적 메커니즘을 통해 피착취 계급의 일부는 자신의 처지가 다른 피착취자들보다 낫다고 생각하게 된다. 사소한 물질적·사회적·정치적 이점이 이런 특권 의식을 부추길 수 있고 흔히 부추긴다. 그러나 이런 이점은 부분적이고 부수적일 뿐 일반적이지는 않다. 오히려 이런 이점은 피착취자들이 분열한 결과다. 생산과정에서든 생산에서 배제된 산업예비군 사이에서든 말이다. 특정 차별 형태는 같은 계급 내 노동자들을 서로 경쟁시키려는 착취자들이 만들어 내는 것이다.

이런 경쟁 심화는 착취계급의 의지에 부분적으로만 달려 있다. 착취의 조건이 노동자들을 분열시키는 경향과 모순되기 때문이다. 즉, 체제가 성장하고 생산성이 향상되면서 노동자들은 비슷한 노동조건으로 내몰린다. 착취자들은 항상 피착취자 집단을 분열시킬 방법을 모색한다. 이처럼 특정 차별은 [피착취] 계급의 단결과 계급의식[의 발전]을 저해하고 착취와 노동계급 전체에 대한 차별을 바탕으로 한 계급 분단선을 흐리는 데 일조한다. 마르크스주의 관점에서 중요한 것은, 차별이 피차별자들의 계급 이익을 저해하는 동시에 피착취 계급 내 차별자들의 이익도 저해한다는 점이다. 따라서 차별은 착취라는 더 근본적인 불이익을 감춘다. [착취라는] 숨어 있는 현실을 대번에 알아 채기는 어렵다. 지배계급은 이런 현실을 감춰야만 하고, 이런 과정에서 차별이 핵심 구실을 한다.

1870년 4월 9일 영국 자본주의와 아일랜드 억압의 관계에 대해 쓴 편지에서 마르크스는 특히 자본주의 체제에서 억압, 특히 민족주의와 결합된 인종차별이 어떻게 작용하는지를 설명했다. 약간 길지만 인용할 만한 내용이다.

영국의 모든 산업·상업 중심지에서 노동계급은 두 적대 진영, 즉 영국 프롤레타리아와 아일랜드 프롤레타리아로 분열해 있다. 평범한 영국 노동자는 아일랜드 노동자를 자신의 생활 조건을 악화시키는 경쟁자로 여겨 미워한다. 아일랜드 노동자와의 관계에서 영국 노동자는 자신이 지배 민족의 일원이라고 느끼고, 아일랜드를 억압하는 자국 귀족과 자본가들의 도구로 전락하며, 자신에 대한 귀족과 자본가들의 지배를 강화시킨다. 영국 노동자는 아일랜드 노동자에 대한 종교적·사회적·민족적 편견을 갖고 있다. 이런 태도는 전에 미국의 노예 주₩에서 "가난한 백인"이 "흑인"을 대하는 태도와 매우 비슷하다. 아일랜드 노동자는 아일랜드 노동자대로 영국 노동자가 아일랜드를 지배하는 영국의 공범이고 어리석은 도구라고 생각한다. 이런 적대 관계는 언론, 설교, 만평 등 한마디로 지배계급의 온갖 수단을 통해 인위적으로 유지되고 강화된다. 이런 적대 관계는 왜 영국 노동계급이 자신의 조직이 있는데도 무기력한지를 알려 주는 비결이다. 이것이 자본가들이 권력을 유지하는 비결이다. 자본가계급은 이를 완전히 잘 알고 있다.[39]

여기서 마르크스는 인종차별 이론의 핵심인 세 요소를 제시한다. 첫째, 자본주의는 노동자들 사이에서 경제적 경쟁을 부추긴다. 둘째, 영국의 백인 노동자들이 인종차별 이데올로기에 끌리는 것은 노동계급을 분열시키려고 애쓰는 지배계급 이데올로기 때문이다. 셋째, 노동계급 내 소수 인종(위 사례에서는 아일랜드 노동자)이 차별당할 때 다수 인종의 힘도 약해진다.[40]

더 구체적으로 말해, 아일랜드인들이 차별당하면 영국 노동자들의 이익도 침해된다. 흑인 노동자들이 차별당하면 백인 노동자들도 고통받는다. 여성이 차별당하면 남성도 고통받는다. 유대인들이 차별당하면 비유대인들의 종교적 자유도 침해당한다.

　노동계급의 한 부문이 다른 부문에 대해(숙련직이 미숙련직에 대해, 캐나다인이 이민자에 대해, 남성이 여성에 대해, 이성애자가 동성애자에 대해, 백인이 흑인에 대해) 느끼는 그릇되고 일시적인 특권 의식을 체제가 본래 제공하는 물질적 혜택과 혼동해서는 안 된다. 차별 집단의 개인은 다른 노동자에 대한 우월감을 느낄 수 있고, 실제로 그렇게 느낀다. 그러나 이런 우월감만 느끼는 것은 아니다. 사람들은 공통의 착취와 차별을 경험하기도 하며, 이는 모순적인 동력을 창출하고 집단적으로 단결하는 방법에 대한 구체적인 전략적 문제도 제기한다.

　듀보이스는 1935년의 미국 남부를 다룬 글을 쓰면서, 남북전쟁이 끝난 뒤 옛 노예와 백인 급진파가 인종차별을 뿌리 뽑으려 했던 이른바 급진적 재건이 실패한 후 생겨난 백인 노동자와 흑인 노동자의 분열을 분석했다. 듀보이스는 다음과 같이 썼다.

　오늘날 세계에는 [이 두 집단처럼] 사실상 똑같은 이해관계를 가졌으면서도 서로 너무 끈질기게 싫어하고 두려워하고 따로 놀아서 어느 쪽도 공통의 이해관계가 없다고 생각하는 두 노동자 집단은 십중팔구 없을 것이다. 백인 노동자들이 낮은 임금을 받기는 하지만 모종의 공적·심리적 임금으로 보상받는다는 사실을 기억해야 한다. … 반면에, 이런 식으로 흑인들은 공공연한 모욕에 시달린다. … 이 결과로 두 집단의 임금은 낮게 유지된다. 백인들은 흑인 노동자가 자신의 일자리를 뺏을까 봐 두려워하고, 흑인들은 항상 백인 대체 인력 투입 위협에 시달린다.[41]

사회의 생산관계가 잉여 축적과 직결되는 사회의 근저에는 피차별자들이 착취를 당하면서 공통의 경험을 하는 경향이 있고, 이 때문에 특정 집단에 대한 특정 차별이 와해되는 경향이 있다. 그래서 예를 들어, 남성만큼 많은 여성이 공적 영역에서 일하게 되면서 현대 자본주의의 성별 분업(여성은 집안일을 하고 남성은 바깥일을 한다는)은 대거 와해돼 왔다.

그러나 이것은 모순의 한쪽 측면일 뿐이다. 착취 과정과 직결되지 않는 종류의 사상과 사회적 관계들이 계속 노동자들을 분열시킨다. 예를 들어, 선진 자본주의 사회에서 여성의 노동시장 진출이 늘었지만, 여성은 여전히 개별 가족 안에서 아이와 노인을 돌보고 집안일을 해야 하는 부담이 있다. 체제는 계속해서 억압적인 핵가족, 이성애자 부부 가족, 여성 차별적 가족이 주요 사회적 단위라고 가정한다. 서방 선진국들에서 전에는 복지국가의 책임으로 여겨지던 사회복지 서비스 제공이 신자유주의 시장 정책과 맞물리며 개별 가족으로 떠넘겨지는 경향이 커졌고, IMF의 지시로 구조조정 프로그램을 실행한 제3세계에서도 그랬다. 여성은 밖에서도 일해야 하지만 집안일도 해야 해서, 대체로 여성 차별에 시달리는 동시에 노동자로서 착취당하는 이중고를 겪는다. 핵가족이라는 기본 구조를 거스르는 사회적 결합, 예컨대 동성애자 가족은 계속 심한 차별을 당한다.

차별과 착취의 관계는 밀접하기도 하고 느슨하기도 한데, 이는 구체적인 역사적 조건에 달려 있다. 노예제 사회에서 차별과 착취는 매우 밀접했다. 마르크스는 미국 남부 플랜테이션 농장에서 일하는 노예들의 경험을 집중적으로 연구했다. 역사적으로 인종차별과 노예제는 밀접히 연관됐다. 그러나 분석적으로 보면 노예노동은 계급 착취의 구체적 형태고, 아프리카에서 잡혀 온 사람들에 대한 인종차별은 노예제라는 구체적 조건하의 사회적·이데올로기적·정치적 차별이었다. 계급 차별은 플랜테이션 농장에서 혹사당하는 노예의 삶 구석구석에 영향을 미쳤다.

오늘날, 현대 자유민주주의라는 조건에서 인종차별은 노예제와 곧바로 연결되지 않는다. 대부분의 나라에서 임금노동이라는 경제적 조건과 인종차별의 관계는 매우 느슨하고, 인종차별은 공식적으로 법에서 금지하고 있다. 그래서 남아프리카공화국 같은 제3세계 나라들에서는 차별받는 인종 출신자들이 지배계급으로 완전히 변신하기도 한다. 서방에서는 콜린 파월이나 콘돌리자 라이스가 미국 지배계급의 핵심부에 들어가기도 한다. 캐나다의 자유당 의원 헤디 프라이나 총독이었던 에이드리엔 클라크슨도 마찬가지다.

그러나 이런 차별 완화는 자본주의가 발전하면서 자동으로 나타난 현상이 아니다. 자유주의적 분석의 함의와는 다르게, 시간이 지나면 자본주의가 필연적으로 자유를 신장시킨다는 것은 사실이 아니다. 미국 남부나 남아프리카공화국의 아파르트헤이트 체제 같은 곳에서는 수십 년 동안의 투쟁 끝에 법률적 자유를 얻을 수 있었다. 게다가 2001년 9·11 이후 분위기를 틈타 전 세계에서 인종차별적 이민 통제와 인종적 프로파일링*이 증가했다. 조지 W 부시가 테러를 근절하겠다며 벌인 "상시적 전쟁"의 한 측면에는 제3세계 나라에 대

---

* 경찰이 피의자를 조사·심문할 때 유색인종을 차별하는 관행.

한 구식의 식민지 지배가 있었다. 인종차별과 체제의 경제적 이해관계가 밀접해졌다.

또한, 노예제가 없어졌지만 인종차별은 자본주의 체제의 본질적 일부다. 현대 임금 체제는 인종차별을 이용해서 임금 노동계급을 분열시키고 약화시키려 한다. 인종차별과 관련한 차별과 착취의 관계는 노동인구 내에서 이주 노동자가 이용되는 방식을 봐도 알 수 있다. 이주 노동자들은 국제적으로 그리고 선진 자본주의 나라 안에서 자본주의를 위한 산업예비군 노릇을 한다. 예를 들면, 오늘날 캐나다에서는 제3세계 출신 이주민이 많은 저임금 일자리 영역에서 사용자들이 인종차별적 행동을 하는 사례가 늘고 있다. 캐나다 고용시장에서 원주민들이 겪는 차별도 마찬가지다.[42]

차별에 저항하기

마르크스주의 관점에서 보면 인종차별, 성차별, 동성애자에 대한 편견, 국수주의적 민족주의, 종교적 우월주의 따위의 사상은 모두 자본가들이 자신들의 사회 장악력과 이데올로기적 헤게모니를 분명하게 드러내는 방식이다. 차별에 도전하는 것은 사회주의를 위한 투쟁에서 하나의 선택 사항이 아니라 사회주의의 성공을 위한 필수 전제 조건이다.

자본주의의 고질병 같은 차별에 저항하는 것은 가능하다. 그동안 민족 해방, 유색인종 해방, 여성해방, 동성애자 해방, 종교적 소수자의 권리 쟁취 등을 위한 피차별자들의 대중운동이 있었고, 많은 운동이 매우 성공적으로 개혁을 획득했다. 이런 투쟁들은 흔히 말만 번지르르한 자본주의적 자유민주주의의 위선에 도전하며 시작됐다. 그런 민주주의는 만인의 평등을 약속했지만, 전과 비교해 약간 나아졌을 뿐이다.

자본주의 체제는 법적 평등에서는 괄목할 만한 개혁을 선사하기도 했는데, 이는 운동을 가라앉히고 흡수하려는 노력의 일환이었다. 자본가 지배계급은 언제나 노동자들을 분열시켜야 하지만, 특정 시기, 특정한 역사적 상황에서 특정 지배계급이 언제 어떻게 어떤 집단을 차별할 것인지를 결정하는 문제에서는 상당한 정치적 선택의 여지가 있는 것도 사실이다.

사회주의자들은 이에 무관심해서는 안 된다. 사실, 사회주의자들은 모든 형태의 차별에 맞서 개혁을 쟁취하려는 운동을 적극적이고 비타협적으로 건설해야 한다. 그리고 이와 마찬가지로 중요하게, 자본가 지배계급이 이런 개혁을 원칙적으로 추진하리라고, 그래서 이런 개혁이 안전할 것이고 손상되거나 뒤집히지 않으리라고 생각하는 것은 오류일 것이다. 또, 차별과 관련해서 지배계급의 선택에 한계가 있으므로 체제는 아래로부터 대중의 압력을 받는데, 차별에 반대하는 수많은 사회운동의 발전이 이를 잘 보여 준다. 그러나 바로 그런 한계 때문에 체제는 피차별자들에게 보장해 줬던 권리를 다시 빼앗기도 한다. 개혁은 자본주의에서도 보장될 수 있고 실제로 그랬지만 다시 뺏길 수도 있고 실제로 그랬다.

그러나 아래로부터의 대중운동이 차별의 정치를 좌우하는 유일한 요인은 아니다. 결정적 요인이기는 하지만 말이다. 차별적 사상과 실천은 피억압 계급을 내분에 빠뜨리기도 하고, 세계 지배계급을 분열시키기도 한다. 다시 말해, 차별의 정치와 실천은 모든 층위에서 계급 분열을 흐리고 같은 계급 내에서 새로운 분열을 조장하면서 계급들을 분열시킨다.

마르크스와 엥겔스가 여러 글에서 차별과 계급사회를 분석하면서 일반적 개념만 나열한 것은 아니다. 마르크스와 엥겔스는 차별에 맞선 투쟁이 계급사회에서 민주주의적 평등권을 쟁취하는 싸움일 뿐 아니라, 최종으로는 계급사회 전체를 제거하는 싸움이기도 하다고 주장했다. 마르크스와 엥겔스에 따르면, 차별에 도전하는 목적은 자본에 반대하는 것이기도 하지만 노동계급 내의 차별하는 부문이 차별적 사상을 받아들이는 데 도전하는 것이기도 하다. 차별에 도전하는 것은 자기 해방을 위한 투쟁에서 노동계급이 단결하는 데 꼭 필요한 전제 조건이다. 피차별자들에게 자본주의 내의 평등은 착취와 소외가 지속되는 평등일 뿐이다.

아마 이런 주장은 이론적으로는 쉽게 수긍할 수 있을 것이다. 그러나 차별 때문에 심각하게 분열해 있는 노동계급을 실제로는 어떻게 단결시킬 것인가? 사람들이 차별과 그 함의를 자동으로 받아들이는 것은 아니다. 그것은 노동계급 내부의 격렬한 이데올로기 투쟁의 결과다. 차별을 가장 첨예하고 가장 직접적으로 당하는 사람들은 차별에 도전하기 위해 독자적으로 조직할 것이고 그리해 왔다. 피차별자들은 [같은 계급의] 차별자 부문이 차별을 명료하게 깨달을 때까지 기다리지 않고 싸움에 나섰고, 앞으로도 그럴 것이다.

"민중의 호민관" 볼셰비키

오늘날 차별에 맞서 싸우는 활동가들에게 볼셰비키 전통의 이론과 실천은 차별에 맞선 투쟁에 필요한 교훈의 산실이다. 1917년 러시아 혁명은 마르크스주의 방법을 이론에서 실천으로 끌어올렸고, 그래서 마르크스와 엥겔스의 기여를 훨씬 풍부하게 발전시켰다. 러시아 혁명은 또한 제국주의 시대에 자본주의 국가에 맞서 싸우는 역사적 선례도 남겼다. 물론 1900년대 초와 현재의 조건이 현격하게 다르기는 하지만, 자본주의 체제의 윤곽이 근본적으로 달라졌다는 생각은 별로 근거가 없다. 당시 러시아의 노동자와 농민은 차별 때문에 심각하게 분열해 있었다. 1917년 러시아 혁명에서 ⅤⅠ 레닌과 레온 트로츠키와 볼셰비키 혁명정당은 마르크스와 엥겔스가 발전시킨 차별론을 받아들여 실제 투쟁에서 이를 적용하고자 했고, 노동자들이 일으킨 혁명을 성공으로 이끌었다. 이 기간의 교훈을 간략하게 살펴보겠다.

특히 레닌은 마르크스와 엥겔스의 차별론을 당시 러시아 상황에 적용했다. 레닌 앞에 놓인 과제는 먼저 노동계급을 단결시키고 나서, 특정한 차별 형태에 따라 심각하게 분열해 있는 농민과 노동계급의 공동 투쟁을 위한 기반을 마련하는 것이었다. 유대인 차별, 민족 차별, 여성 차별은 모두 노동계급을 단결시키려는 볼셰비키의 활동에 특히 심각한 장애물이었다. 따라서 바로 이런 쟁점들을 바탕으로 차별을 설명하고 차별에 도전한 볼셰비키의 유산이 가장 분명히 발전했다.

차별에 도전하는 데서 볼셰비키가 세운 해방의 전통 가운데 핵심 요소는 무엇이었는가? 레닌과 트로츠키는 일반적 차별 이론에서 더 나아가 마르크스주의 방법을 발전시켰고, 이를 구체적 전략·전술로 적용했다. 피차별자들의 운동 밖에 있는 혁명가들이 차별적 이데올로기의 영향을 받은 노동자와 피차별자들을 모두 사회주의 정치로 설득하는 데서 어떤 구실을 해야 하는가 하는 문제에서 볼셰비키의 정치적 기여가 단연 중요했다. 이것은 다음과 같이 두 가지로 요약할 수 있다. 첫째, 혁명가들은 "민중의 호민관"이 돼야 하고, 둘째, 차별에 따른 분열을 뛰어넘어 조직적 단결을 위해 투쟁해야 한다는 것이다.

이 두 가지는 서로 연결돼 있으며 하나가 없으면 다른 하나도 의미가 없다. 차별과 관련된 볼셰비키의 이론과 실천을 이끈 일관된 핵심 원칙은 노동계급이 차별적 사상(의 희미한 그림자조차도)을 조금치도 받아들이지 못하도록 헌신해야 한다는 것이었는데, 차별적 사상은 노동계급 내부의 피차별 부문을 속죄양으로 삼기 때문이었다. 이런 분열을 조장하는 지배계급에 맞서 노동계급 내부의 피차별 부문과 차별 부문을 실제로 단결시키는 것이 차별에 도전하는 데서 핵심이었다.

레닌은 볼셰비키의 창당 문서라고 할 수 있는 《무엇을 할 것인가?》에서 혁명적 운동이 차별받는 사람들의 호민관이 돼야 한다고 주장했는데, 다른 말로 하면 모든 형태의 차별에 맞서 비타협적 지도력을 보여야 하고, 가장 큰 목소리를 내야 한다는 것이었다. 레닌은 이 주장을 발전시켜 노동계급 혁명정당의 논거로 삼았다. 레닌은 당시 러시아 좌파 사이에서 만연해 있던 견해에 도전했는데, 그들의 주장인 즉슨 차르 치하에서 여전히 불법이던 노동조합과 노동조합 의식만으로도 혁명 조직의 본보기로 충분하다는 것이었다. 레닌은 혁명적 노동자들의 적이 경제적 착취 관계만은 아니라고 주장했다. 혁명 조직은 악랄한 차르 체제를 비롯해서 지배계급 권력의 다양한 정치적 표현들에도 맞서야 한다는 것이었다.

차르 체제는 차별을 자행했고 통상 주로 차별에 의존했는데, 그 차별은 흔히 종교적·민족적 박해의 형태로 나타났다. 차별의 모든 측면에 도전해야 하는데, 노동계급이 직접 이런 차별을 당할 때뿐 아니라 어떤 계급의 어떤 부문이라도 차별에 희생될 때는 그래야 한다[고 레닌은 강조했다]. 그렇게 하려면 독자적인 혁명적 사회주의 조직을 건설하고, 독자적으로 혁명적 목소리(특히 신문)를 내야 한다. 레닌은 마르크스주의 이론과 혁명적 실천으로 특별히 단련된 혁명가들은 노동조합 지도자와 달라야 한다고 강조했다. 당시에는 마르크스주의적 혁명가들을 사회민주주의자라고 불렀는데, 레닌은 사회민주주의자들이 노동조합 지도자와는 완전히 다른 구실을 하는 "민중의 호민관"이 돼야 한다고 주장했다.

한마디로 말해, 노동조합 서기는 모두 "사용자와 정부에 맞서는 경제적 투쟁"을 수행하고 돕는다. 이것은 아직 사회민주주의[정치]가 아니라는 점, 사회민주주의자의 이상은 노동조합 서기가 아니라 민중의 호민관이어야 한다는 점, 민중의 호민관은 모든 형태의 폭정과 차별에 대처할 수 있어야 하며, 그런 폭정과 차별이 어디서 나타나든지, 즉 인민의 어느 계층이 영향을 받든지 그래야 한다는 점, 민중의 호민관은 이런 것을 모두 종합해 경찰 폭력과 자본주의 착취에 대해 하나의 그림을 제시할 줄 알아야 한다는 점, 민중의 호민관은 모든 기회(아무리 작은 기회라도)를 활용해 자신의 사회주의적 신념과 민주주의적 요구를 설명해서 모든 사람이 프롤레타리아 해방을 위한 투쟁의 국제적·역사적 중요성을 명확히 이해하도록 할 수 있어야 한다는 점이 매우 중요하다.[43]

러시아 혁명은 국제 여성의 날에 시작했는데, 이날은 세계 사회주의 운동이 여성 노동자들의 투쟁을 기념하고자 정한 노동계급 여성들의 기념일이었다. 당시는 제1차세계대전 중이었고 식량 공급이 부족했다. 페트로그라드에서 여성들은 빵 배급을 요구하는 반란을 일으켰고, 국제 여성의 날(구력으로는 1917년 2월 23일이었다)에 여성 방직 노동자들이 이날을 기념하며 빵 배급을 요구하는 파업을 벌이기로 결정했다. 다른 공장 노동자들도 자기 지역 여성들의 행동을 본받았다.

투쟁이 확산되면서 여성 노동자와 남성 노동자가 서로 연대했다. 차르 국가의 탄압이 거세지자 노동자들이 단결해서 투쟁을 전진시킬 방안을 둘러싸고 논쟁이 벌어졌다. 이 과정에서 가장 선진적인 남성 노동자들이 여성 노동자들을 방어했다. 이것은 단순한 입발림 말이 아니라 싸움에서 승리하기 위한 단호한 결정이었다. 차별에 도전하는 데서 러시아 혁명이 이룬 성과는 역사상 전례가 없는 것이었고, 레닌은 혁명을 "차별받는 사람들의 축제"라고 묘사했다. 그러나 비극이게도 이 성과들의 생명은 짧았다.

러시아 혁명은 14개 제국주의 국가의 공격을 받았고, 나라는 황폐해졌고, 산업은 파괴됐고, 남성과 여성 가릴 것 없이 가장 헌신적인 노동자들이 사회주의 혁명의 성과를 지키다가 죽었다. 이런 폐허 위에서 스탈린주의와 국가자본주의(관료주의적으로 끔찍하게 변질된 새로운 형태의 자본주의)가 생겨났다. 노동자 운동이 이룬 성과는 모두 뒤집혔고, 가정에서 다음 세대 노동자를 기르는 일은 다시 여성의 몫이 됐다.

피차별자들이 일군 성과는 스탈린 치하 러시아에서 무無로 돌아갔다. 국가자본주의는 노동계급의 단결을 분쇄하려고 과거의 분열을 부활시키고 새로운 분열도 개발했다. 여성, 동성애자, 유대인 노동자, 소수민족의 처지도 혁명 전으로 되돌아갔다. 억압적 관행이 부활하면서 이른바 "마르크스주의" 사상은 관료 국가 지배계급의 구미에 맞게 뒤틀리고 왜곡돼서 도저히 알아볼 수 없을 지경이었다.

해방을 향해

차별에 효과적으로 맞서 싸우려면 차별을 조장하는 체제에 도전해야 한다. 자본주의는 노동계급의 내분에 의존한다. 자본주의를 발전시키려는 세력들은 차별적 사상과 실천을 대중에게 유포하려고 끊임없이 노력한다. 이것은 전략적 지향, 동맹, 구체적 요구의 면에서 실천적인 결론을 암시한다.

그런 전망에는 당연히 조직적 함의가 있다. 그런 전망은 노동계급의 운동을 단결시키려는 운동 건설을 요구하는데, 그것은 모든 형태의 차별에 도전하는 데 헌신하는 운동이다. 그것은 또한, 국가에 도전하는 혁명이 일어나기 전에는 모든 형태의 차별에 도전하는 사람이 소수일 것이라는 뜻이다. 따라서 차별에 도전하는 사람들을 모두 단결시키는 혁명적 조직은 모든 피차별 "민중의 호민관" 구실을 할 책무가 있다.

차별의 형태가 다양하기는 하지만, 차별과 소외와 착취는 모두 자본주의 체제의 고질병 같은 것이다. 오늘날 차별에 맞선 투쟁은 새로운 형태로 일어나고 마르크스·엥겔스·레닌·트로츠키가 예상치 못한 새로운 논쟁도 벌어진다.

그러나 오늘날 차별에 반대하는 활동가들과 사회주의자들이 이런 쟁점들을 맨 처음 다루는 사람들은 아니다. 우리는 우리보다 앞선 사람들의 어깨를 짚고 내다볼 수 있다. [그렇게 해서 얻은 지혜에 따르면,] 차별로부터의 해방은 체제를 타도할 때만, 노동자와 가난한 사람들을 내부적으로 이간시켜 번영하는 체제를 타도할 때만 이룰 수 있다. 그러나 차별에 도전하는 "혁명이 일어나기를 기다리기"만 한다면 혁명은 결코 일어나지 않을 것이다. 오히려 지금 차별에 맞서는 것이 혁명적 단결의 전제 조건이다.

오늘날 현대 자본주의 사회의 노동계급은 차별에 맞서 단결해야한다는 것을 많이 깨우쳤다. 그러나 차별적 사상과 실천을 많이 받아들이기도 했다. 사회주의자들은 차별받는 사람들의 호민관으로서모든 차별에 반대해 가장 분명하고 가장 큰 목소리를 내야 한다. 그러나 자본주의에서는 완전한 해방을 이룰 수 없으므로 효과적으로 차별에 맞서려면 체제 전체에 맞서는 운동의 일부가 돼야 한다. 결국 마르크스주의 차별론은 행동 지침이 되지 못한다면 아무 의미가 없을 것이다. 차별을 이해하는 진정한 목적은 차별을 제거하고 자유로운 새 세계를 건설하는 것이다.

2부
마르크스주의는
차별을 어떻게 설명하는가?

마르크스주의는 차별을 어떻게 설명하는가?

여성 차별

실라 맥그리거

우리는 모순된 시대를 살고 있다. 현대 사회에서 여성의 삶은 엄청 나게 달라졌지만 예전 그대로인 것도 많기 때문이다. [영국에서] 여성은 노동인구의 거의 절반을 차지한다. 노동조합원 중 여성은 절반을 조금 넘는다.[1] 2009년 이후 남성 실업률은 0.32퍼센트 상승한 반면 여성 실업률은 19.1퍼센트나 상승했다(비록 남성 실업자가 여성 실업자보다 많지만 말이다).[2] 여성은 남성보다 소득이 적은데도 2010년 이후 조지 오즈번이* 삭감한 예산 149억 파운드 가운데 110억 파운드 정도가 여성 관련 예산이었다.[3] 상황이 이렇기 때문에 2011년 11월

출처: "Marxism and Women's Oppression Today", *International Socialism* 138(Spring 2013).
옮긴이: 차승일.

* 보수당 소속 재무 장관.

30일 정부의 연금 공격에 맞서 영국 역사상 가장 많은 여성 노동자가 파업을 벌이고, 2012년 10월 24일 여성 지원 예산 삭감에 맞서 수많은 여성이 의회 로비를 점거하며 "가부장제 타도하자" 하고 외친 일은 크게 놀랍지 않다.

[영국 총리] 데이비드 캐머런은 동성 결혼을 합법화했지만 동시에 결혼율을 높이기 위해 기혼자에게만 세금 혜택을 주려 하고 임신중절 허용 시기를 앞당겨야 한다는 주장을* 찬성하기도 한다.[4] 캐머런은 "현대적"으로 보이기 바라지만 가난은 개인의 책임이라며 가난한 사람들을 비난하고 복지 예산을 삭감해 그 부담을 여성과 가족에게 떠넘긴다. 한편 영국성공회는 여성이 주교가 되는 것을 허용하지 않는다. 야한 문화Raunch culture가 곳곳에서 활개 치지만 2011년과 2012년에 벌어진 슬럿워크SlutWalk처럼** 노골적 성차별에 반대하는 항의 운동도 일어난다.[5] 지미 새빌의 아동 성추행·성폭행 추문은*** 큰 분노를 불러일으켰고, BBC 등 주요 기관에서 추잡한 성차별적 문화가 여전함을 보여 줬다. 인도에서는 2012년 12월 16일 23세 여성이 버스에

---

* 영국 주류 정치에서는 임신중절권 제약의 일환으로 임신중절 허용 시기를 임신 24주에서 12주로 줄이는 것이 논의되고 있다.

** 2011년 캐나다 경찰관이 "성폭력 당하지 않으려면 헤픈 여자처럼 입지 말아야 한다"고 말한 것에 항의해 벌어진 시위다. 시위 참가자들은 헤픈 옷을 입고 행진하며 여성이 무슨 옷을 입든 성폭력이 정당화될 수 없다고 주장했다.

*** 지미 새빌(1926~2011)은 1960년대부터 1990년대까지 영국 방송사 BBC의 유명 프로그램을 진행한 방송인이다. 2012년 10월, 지미 새빌이 생전에 여성들에게 성추행과 성행위 강요를 일삼았고 피해자는 수백 명에 이르며, 그중에는 14~16세의 미성년자도 있었음이 한 다큐멘터리를 통해 폭로됐다.

서 집단 강간을 당하는 끔찍한 일이 벌어지자 이에 항의하는 대규모 시위가 전국에서 일어났다.

혁명적 사회주의자는 착취와 차별에 맞서는 투쟁에 모두 참여해 그 투쟁이 최대한 성장하도록 애쓴다. 그것이 긴축정책에 맞서는 것이든, 성폭력에 맞서는 것이든, 전쟁의 악영향에 맞서는 것이든, 경찰의 인종차별에 맞서는 것이든, 파시스트 조직의 성장에 맞서는 것이든 상관없이 말이다. 동시에, 혁명적 사회주의자들은 착취와 차별이 낳는 특정 효과에 맞서는 투쟁을 건설하면서도 그 투쟁이 착취라는 사슬 자체를 끊어 내는 데까지 나아가도록 애쓴다. 온갖 형태의 차별을 만들어 내는 것이 착취이기 때문이다.

그러므로 투쟁에 개입하는 것은 항의 운동이나 파업을 어떻게 효과적으로 건설할 것인지 하는 실천적 문제인 동시에 해당 투쟁에 함께하는 사람들이 개별 투쟁뿐 아니라 사회 전체를 혁명적으로 변혁해야 한다는 것을 이해하도록 설득하는 이데올로기적 문제다. 특정 쟁점을 둘러싼 투쟁에 나설 때 사람들의 머릿속에는 사회에 관한 여러 사상이 뒤섞여 있고, 투쟁의 목표와 그 목표를 이룰 최상의 방법에 대해 혼란을 겪기 마련이다. 모든 투쟁에는 투쟁의 전진 방안을 둘러싼 논쟁이 내재한다. 성차별에 맞서는 투쟁도 예외가 아니다.

1975년 제임스 화이트 빌에* 맞서 낙태법(1967년)을 방어하는 투쟁이 처음 일어났을 때 전국임신중절권캠페인NAC 안에서 논쟁이 벌어

---

* 제임스 화이트 빌(1922~2009)은 영국 노동당 정치인으로 강경한 낙태 반대론자였다. 그는 낙태법(1967년)이 규정한 허용 범위를 축소하려 애썼다.

졌다. 임신중절권 제약에 맞서는 것을 계급적 문제로 볼지를 둘러싼 논쟁이었다. 여성 사회주의자들은 임신중절권 제약이 노동계급 여성은 물론이고 노동계급 남성에게도 영향을 끼치는 계급적 문제이므로 노동조합이 나서야 한다고 주장했다. 이 논쟁에서 여성 사회주의자들이 승리했고 이런 접근은 1979년에 영국 노총TUC이 임신중절권을 제약하려는 존 코리의 법안에 반대하는 시위를 성공적으로 조직하도록 만들었다.

여성들은 남녀가 모두 조합원으로 있는 노동조합뿐 아니라 광원노조나 금속노조 등 남성만으로 이뤄진 지부에서도 임신중절권 옹호 문제를 제기했다. 이들은 여성이 자기 몸을 통제할 권리는 노동조합의 쟁점이라고 남성 조합원들에게 주장했다. "뒷골목 낙태로 돌아갈 수 없다"는 구호는 무료로 합법적인 임신중절수술을 받을 수 없으면 노동계급 여성이 가장 큰 고통을 겪는다는 사실을 압축적으로 표현했다.[6]

오늘날 남성과 여성은 성차별에 반대해 슬럿워크에 참가하고, 임신중절권을 옹호하고, 긴축정책이 여성에게 끼칠 구체적 해악에 반대해 항의 운동에 참가한다. 그중 상당수(어쩌면 거의 모두)는 '가부장제'가 문제의 근원이라고 생각하고 이를 '상식'처럼 여긴다. 가부장제 개념은 신축적이고 모호해서 국가뿐 아니라 개별 남성의 행동, 성차별, [제도적] 차별, 노동조합의 행태를 설명하는 듯 보인다. 또한 여성 차별을 설명하는 사상에 대한 관심이 늘고 있어서 (1970년대에 등장한) 가사 노동에 임금을 지급하라는 주장이 다시 주목받기도 하고 마르크스의 《자본론》을 이용해 여성 차별을 설명하려는 시도도 있

다. 그러나 여성 차별을 이해하는 데서 프리드리히 엥겔스가 한 기여는 흔히 무시된다.[7]

이 글의 목적은 세 가지다. 첫째, 여성 차별의 뿌리를 이해하는 데서 엥겔스가 한 기여를 살펴볼 것이다. 둘째, 자본주의의 핵심인 축적 드라이브가 어떻게 노동계급 여성의 사회적 지위와 노동계급 가족의 성격을 변화시켰는지 살펴볼 것이다. 마지막으로 여성해방을 위해 [여성이] 임금노동자가 되고 노동계급 투쟁에 참여하는 것이 왜 중요한지를 주장할 것이다.

여성 차별의 기원과 엥겔스

남성과 여성의 관계는 인간관계에서 매우 핵심적이다. 마르크스는 다음과 같이 썼다. "인간과 인간의 직접적이고 자연스럽고 필수적인 관계는 '남성과 여성의 관계'이기도 하다."[8] 그러므로 남성과 여성의 관계는 그 사회가 얼마나 "인간답고" 평등한지를 보여 주는 척도다. 그런데 여성 차별은 가장 오래된 차별이고, 인간의 삶에서 가장 사적인 영역인 가족에 뿌리내리고 있어 가족 내 남성, 여성, 아동의 관계에 영향을 미치기 때문에 극복하기 가장 힘든 차별일 것이다.[9] 이 때문에 많은 사람들은 모든 인간 사회에 남녀 불평등이 존재했다고 본다. 그래서 여성 차별이 '인간 본성'이라거나 적어도 모든 형태의 사회에 내재해 있는 특징이라고 가정한다. 마르크스와 엥겔스가 활동하던 시절에나 오늘날에나 여성 차별이 항상 존재했다는 것이 상식처럼 받아들여진다.

그러나 마르크스와 엥겔스는 인간의 진화를 역사적으로 봐야 한다고 강조했다. 인간은 사회적 존재로 역사에 등장했다. 그리고 헤더 브라운이* 주장하듯이, "남성과 여성은 항상 특정한 사회관계의 영향을 받는 구체적 환경 속에서 상호작용하며 존재했다."[10] 마르크스와 엥겔스는 찰스 다윈의 진화론에 큰 영향을 받았다. 1876년 엥겔스는 《유인원에서 인간으로 진화하는 데서 노동이 한 구실》이라는 짧은 소책자에서 인간이 "사교적" 존재로 등장했고 도구 사용이 인간의 진화를 이끌었다고 주장했다.[11] 그 뒤 엥겔스는 《가족, 사유재산, 국가의 기원》을 써서 여성 차별은 역사의 특정 시점에 발생한 것이지 항상 존재한 게 아니라고 주장했다.

어떤 저술가들은 마르크스는 기꺼이 참고하려 하지만 엥겔스는 보지 않으려 한다. 예를 들어, 헤더 브라운은 자신의 탁월한 저서 《젠더와 가족에 관한 마르크스의 관점》에서 가족에 관한 엥겔스의 주장을 거부한다. 브라운은 엥겔스가 경제결정론에 빠져서 여성 차별을 사유재산과 연결시키고 "공적 영역과 사적 영역을 구분"하지 못했다고 비판한다.[12] 사유재산이 크게 발전하지 못한 [고대] 그리스·로마 사회와 국유재산을 기초로 한 소련 같은 사회에서도 여성 차별이 있었으므로 엥겔스의 분석은 근본적 결함이 있을 수밖에 없다고 브라운은 주장한다.

---

* 《젠더와 가족에 관한 마르크스의 관점》의 저자로, 이 책에서 여성 차별에 관한 마르크스의 저술들을 소개하며 마르크스가 여성 차별에 깊은 관심을 기울였음을 보여 줬다.

첫째, 토니 클리프가* 소련 사회를 분석하면서 발전시킨 국가자본주의 이론은 자본주의가 개별 자본가의 사적 소유권에만 기반해 유지된다는 관점을 거부한다. 또, 소련 등 국가가 생산수단을 소유하고 통제하는 사회에서는 국가가 국제 무대에서 다른 자본가들과 경쟁을 벌이는 하나의 자본가로서 기능했고, 그 사회의 노동자들은 생산수단을 통제하지 못했으므로 서방의 노동자들과 마찬가지로 하나의 계급으로서 착취당했다. 그러므로 소련에서 이뤄진 노동력 재생산은 다른 자본주의 사회에서 이뤄지는 노동력 재생산을 분석할 때와 같은 방법으로 분석할 수 있다.[13]

둘째, 엥겔스는 [《공산주의의 원리》에서] 공산주의가 되면 "양성 관계는 순전히 개인적인, 당사자 둘만의 일이 될 것"이라고 주장하는데, 브라운은 엥겔스의 주장처럼 되면 여성이 집안에 남겨질 수 있고 "사회가 더 공동체적으로 운영되더라도 일부 여성은 집안에 남겨져 가사 노동을 할 것"이라고 결론 내렸다.[14] 엥겔스는 같은 책에서 모든 개인들이 연합해서 사회가 나아갈 방향을 결정하는 사회에서는 여성과 아동이 더는 경제적으로 남성에게 의존하지 않을 것이라고 말한다.[15] 엥겔스가 [노동력] 재생산이 어떻게 조직될지 상술하지 않은 것은 사실이다. 그러나 그는 생산이 어떻게 조직될지에 대한 청사진도 제시하지 않았다. 이를 고려하면 [양성] 관계가 "개인적인 일"이 될 것이라는 엥겔스의 진술은 [여성이 계속 가사 노동에 얽매일 것임을 뜻하는 것

---

* 소련과 동유럽을 면밀히 분석해 이 사회들이 사회주의가 아니라 자본주의의 한 형태라는 결론을 내렸다. 1955년에 이런 견해를 담아 《러시아의 국가자본주의》[국역: 《소련은 과연 사회주의였는가?》, 책갈피, 2011]를 썼다.

이 아니라 개인적 관계가 개인의 선택을 기초로 할 것이라고 해석하는 편이 확실히 나을 것이다.

아쉽게도 리스 보걸은* 자신의 저서 《마르크스주의와 여성 억압》에서 여성 차별에 대한 엥겔스의 분석을 "결함 있는 정식화"로 취급한다.[16] 그 비판 중 일부는 맞을 수도 있겠지만, 보걸은 여성 차별을 역사적으로 설명한 중요한 글을 제쳐 버리는 우를 범한다. 엥겔스의 주장은 더 중요하게 다뤄져야 한다.

호모사피엔스사피엔스가 출현하기까지 [인류 진화의] 길은 길었고 그 시작은 300만~700만 년 전으로 거슬러 올라간다.[17] 1994년 크리스 하먼은** 엥겔스의 두 저서 《유인원에서 인간으로 진화하는 데서 노동이 한 구실》과 《가족, 사유재산, 국가의 기원》을 비평했다. 하먼은 인류와 가장 가까운 피그미 침팬지[일명 보노보]와 고릴라의 행동에 관한 당시의 연구 결과를 탐구해 여러 특징을 지적했는데, 그중 두 가지, 즉 사회적 협력의 수준과 성적 접촉을 시작하는 데서 여성이 하는 구실은 인류 진화 과정에서 양성 관계가 어떻게 발전했는지를 다루는 논의에서 특히 중요하다. 하먼은 "수컷이 암컷과 특별한 관계를 맺으려 할 때는 암컷의 협력이 무엇보다 중요하다"고 지적했

---

* 미국의 마르크스주의 페미니스트다. 《마르크스주의와 여성 억압: 단일한 이론을 향해》의 저자로 자본주의에서 노동계급 가족이 노동력을 재생산하는 방식을 이론화했다.

** 영국 사회주의노동자당SWP의 지도적 당원이었다. 대표작으로 《민중의 세계사》(책갈피, 2004)가 있다. 여성 차별과 관련해 쓴 소책자로는 《여성 해방과 맑스주의》(노동자연대, 2007)가 있는데, 《크리스 하먼 선집》(책갈피, 2016)에도 실려 있다.

다.[18] 필리프 브르노와 파스칼 피크는 인류 진화 과정에서 양성 관계가 어떻게 발전했는지를 살펴본 저서에서 오랑우탄의 성행위를 다룬다. 진화의 측면에서 피그미 침팬지보다 인간과 거리가 더 먼 오랑우탄이 단지 번식이 아니라 욕구 충족을 위해 교미를 한다는 점이 크게 눈에 띈다. "오랑우탄은 수십 미터 나무 위에서 얼굴을 마주 보고 교미한다. 놀라운 사실은 오랑우탄이 교미하기 전에 서로 몸을 부드럽게 쓰다듬거나 애무하고 상대방의 성기를 손이나 입으로 자극하는 등 상대방을 만족시키려는 예비 행동을 한다는 것이다."[19] 브르노와 피크는 이처럼 기쁨을 추구하고 제공하는 행위는 상대방의 필요와 욕구를 이해하는 능력이 있음을 전제로 한다고 주장하는데, 이것은 합리적인 듯하다.[20]

유인원이 인간으로 진화하는 과정을 설명하는 일은 복잡하고 어렵다. 드문드문 발견되는 뼛조각을 근거로 우리 선조가 어떻게 살았는지를 분석할 수밖에 없기 때문이다. 그럼에도 인간 사회나 인간관계의 진화를 이해하는 데 유용한 인간의 특징은 분명히 존재한다.

1) 직립보행과 그에 따른 취약함

2) 지속적 육류 섭취

3) 정교한 도구 제작과 사용

4) 배란, 발정과 무관한 성행위[21]

5) 온몸이 '성감대'인 신체

6) 긴 임신 기간

7) 연약한 영유아, 성인이 되기까지 필요한 긴 시간과 사회화

이런 특징은 인간이 사회적 존재이자 짝을 이루는 경향이 있는 존재로 진화했음을 선명히 보여 준다. 성이 단지 번식을 위한 것이 아니라는 사실은 동성 간 성행위가 존재했을 가능성을 강력히 시사한다. 다른 영장류들이 [성적] 욕구를 보이고 상대방의 욕구에 반응한다는 점은 무의식적 가정(수컷(남성)의 성행위는 약탈적이고 길들여져야 한다는 생각)을 경계해야 한다는 사실도 보여 준다.

《가족, 사유재산, 국가의 기원》에서 엥겔스는 그 당시 제시된 증거를 토대로 양성 간에 위계나 차별이 없는 평등주의적 수렵·채집 사회가 존재했다고 주장한다. 이와 비슷하게 평등주의적으로 사는 인간 집단이 비교적 최근까지 있었다는 증거가 있고, 이 저널[《인터내셔널 소셜리즘》]의 여러 글에 상세하게 소개된 바 있다.[22] 이런 사회들에 관한 연구 결과에서 중요한 특징을 몇 가지 이끌어 낼 수 있다. 첫째, 공동체의 생존과 복리를 위한 남성과 여성의 자율적이고 필수적인 기여가 평등주의적 관계를 뒷받침한다는 점이다. 명백히 여성만 할 수 있는 출산을[23] 제외한 성별 분업이[24] 존재하는지, 얼마나 광범하게 존재하는지와 무관하게 말이다. 둘째, 출산은 여성의 자율성을 가로막는 장애물이 아니다. 셋째, 육아는 생물학적 부모만이 아니라 집단이 공동으로 책임졌다. 넷째, 적어도 일부 수렵·채집 사회에서 구성원들은 어떤 '성별' 역할을 맡을지 선택할 수 있다.[25] 다섯째, 이런 공동체는 공공적 성격이 강해서 구성원들의 상호작용이 지근거리에서 일어난다. 핵가족을 기반으로 구성원들의 상호작용이 은밀한 곳에서 일어나는 오늘날과 다르게 말이다.

마르크스주의자들은 이런 특징에 덧붙여 여성 차별이 어떻게 생겨났는지도 분석할 수 있어야 한다. 엥겔스는 농업의 출현과 그에 따른 식량의 생산방식 변화에 주목했는데, 이런 변화 덕택에 시간이 지날수록 잉여가 충분히 생겨나 식량 생산에 직접 참가하지 않는 집단이나 계급을 부양할 수 있었다고 봤다. 그런데 많은 수렵·채집 사회가 풍요롭고 인간 생존에 적합했다면 왜 이런 변화가 일어났을까?[26] 그리고 이런 변화가 어떻게 남성 중심의 지배계급을 출현시키고 모든 계급의 가정에서 여성의 종속을 낳았을까?

하먼은 식량의 생산방식 변화, 금속 사용, 다양한 업무의 출현, 무역의 발생, 인구와 전쟁의 증가 등의 변화가 누적돼 사회에 끼친 영향을 상세히 분석해 기원전 3000년 무렵 메소포타미아 지역에서 계급사회가 탄생한 과정을 설명한다.[27] 하먼은 농업에서 남성의 업무와 관련한 기술 변화, 예컨대 소에 쟁기를 씌워 땅을 일구는 일 등이 어떻게 생산력을 향상시킨 동시에 생산에 대한 여성의 통제권을 남성에게 이전했는지도 설명한다. 이런 변화에 더해, 일정한 곳에 정착한 농업 사회에서는 출산이 점점 더 중요해지고, 저장된 잉여를 지키기 위한 체계적 전쟁이 일어나고, 무역이 생겨나면서 여성의 자율성이 줄어들었을 것이다. 그 뒤 여성이 남성에게 종속되는 가족이 생겨나 잉여와 잉여를 생산하는 수단을 통제하고 보호했다.[28]

지배계급을 비롯해 전사, 성직자, 무역업자 등 다양한 전문직 종사자들을 부양할 만큼 충분한 잉여를 생산하는 계급사회가 출현하자 수렵·채집 사회라는 '황금기'로 되돌아갈 길이 사라졌다. 이때부터 대다수 남성과 여성은 착취받았고 모든 여성은 차별받게 됐다. 이를 보며 엥겔스는 가족의 출현을 계급사회와 국가의 탄생과 연결시켰다. 그러나 이것도 역사적으로 살펴봐야 한다. 엥겔스는 《가족, 사유재산, 국가의 기원》의 가족을 다룬 장에서 사랑과 욕구의 성격이 고대와 중세에 각각 달랐음을 설명하면서 자본주의 사회를 타도하면 지금의 생활 방식도 변할 수 있다고 예상한다.

자본주의 생산이 전복된 뒤 성의 관계가 어떻게 형성될지에 대해 우리가 짐작할 수 있는 것은 부정적 측면, 즉 주로 사라지게 될 측면이다. 그렇다면 새롭게 등장하는 것은 무엇일까? 새로운 세대가 자라면 그 답을 알 수 있을 것이다. 새로운 세대의 남성은 평생토록 여성의 굴종을 돈으로 사거나 다른 사회적 권력을 이용해 여성을 굴복시킨다는 것이 어떤 것인지 전혀 모를 것이다. 새로운 세대의 여성은 진정한 사랑 말고 다른 이유로 남자에게 자신을 허락한다는 것이 어떤 것인지 전혀 모를 것이고 또한 경제적 불이익이 두려워서 사랑하는 사람과 헤어진다는 것이 어떤 것인지도 전혀 모를 것이다. 이런 새로운 세대가 사는 사회에서는 오늘날 누구나 당연하게 여기는 규범을 조금도 신경 쓰지 않을 것이고, 사람들은 독립적으로 행동하고 개별 행동에 관한 여론을 스스로 조성할 것이다. 이것이 다일 것이다.[29]

가족은 생산양식을 초월해 존재하는 고정된 제도가 아니라 사회와 계급에 의해 형성되는 재생산 형태다. 엥겔스는 걸출한 미국인 인류학자 루이스 모건의 말을 인용하며 《가족, 사유재산, 국가의 기원》의 가족을 다룬 장을 마친다.

가족이 네 가지 연속된 형태를 거쳐 변해 왔다는 사실을 받아들이면, 지금의 다섯째 형태가 미래에도 영원히 지속될까 하는 의문이 생긴다. 그 답은 사회가 진보하고 변하는 만큼 가족도 진보하고 변한다는 것뿐이다. 가족은 사회제도의 산물이고 그 사회제도의 성격을 반영한다.[30]

자본주의와 가족

자본주의는 매우 역동적인 체제여서 생활 방식을 "끊임없이 혁명적으로 바꾼다." 마르크스와 엥겔스는 초기 자본주의를 분석 대상으로 삼을 수밖에 없었다. 이들은 초기 자본주의가 노동계급의 삶에 끼친 영향을 관찰하며 노동계급 가족의 토대가 사라졌다고 결론 내렸다. "마르크스와 엥겔스는 첫째, 노동계급에게 재산이 없었기 때문에 사유재산과 재산 소유권은 도시 노동계급과 별 상관 없는 문제라고 말했다. 둘째, 여성과 아동이 대거 공장에 고용됐기 때문에 여성이 남성에게 의존할 필요가 사라질 것이라고 생각했다."[31]

게다가 마르크스는 후대 마르크스주의자들에게 별 도움이 되지 않는 다음과 같은 진술을 남겼다. "노동계급을 유지하고 재생산하는 것은 자본의 재생산에 필수적인 조건이다. 그러나 자본주의는 큰 노력 없이 이 일을 노동자들의 자기 번식 충동에 맡길 수 있을 것이다."[32] 이 진술은 너무 간결한 면이 있고 일부 사람들은 마르크스를 환원론자 취급할 수 있겠지만, 다음의 세 가지를 분명히 해야 한다. 첫째, 남성·여성·아동은 전쟁과 기근처럼 매우 참담한 상황에서도 의식주를 마련하려 노력한다는 사실이다. [이런 상황에서도] 남성과 여성은 출산으로 이어지는 성적 관계를 맺는다. 둘째, 마르크스와 엥겔스는 산업화가 노동계급의 삶과 노동조건에 끼친 파괴적 영향에 치를 떨고 그것을 상세히 서술했지만 산업화가 노동계급의 재생산 능력에 끼칠 영향을 이해하지는 못했다.[33] 그래서 자본가계급이 옛 가부장적 가족의 특정 요소들을 끌어다 "새로운 노동계급 가족에 재결합시키는" 식으로 사회에 개입하기 시작했음을 포착하지 못했다.[34] 셋째, "노동자들의 자기 번식 충동"처럼 마르크스가 본성에 관해 언급한 말은 역사적으로 봐야 하고 사회적·역사적 맥락 속에 자리매김해야 한다. 인간은 먹고, 마시고, 잠자고, 다른 사람과 관계를 맺어야 하지만 그 방식은 사회가 속한 구체적 시간과 장소에 따라 항상 다르다.[35]

마르크스와 엥겔스는 19세기 중반에 노동계급 가족이 재건될 가능성을 보지 못했기 때문에 그들의 예측은 틀렸다. 그러나 여성의 고용이 낳을 효과에 대한 예측은 옳았다. 20세기 중엽 이후 지금까지 여성의 대거 고용은 양성 관계에 결정적 영향을 끼쳤고 19세기 말에 출현한 노동계급 가족 모형을 상당히 약화시켰다.

사회주의 페미니스트와 학술 마르크스주의자들은 마르크스와 엥겔스가 노동계급 가족에 대한 분석을 [충분히] 내놓지 못했다는 것을 근거로 이 둘을 비판한다. 그 밖에도 많은 사람들이 마르크스와 엥겔스를 비판한다. 줄리엣 미첼은* "여성 문제가 가족 분석에 가려 중

---

* 정신분석학 교수이자 사회주의 페미니스트다.

요성을 잃었다"고 주장했다.[36] 리스 보걸은 마르크스와 엥겔스가 "당시의 성차별적 시야에 갇혀 나오지 못했다"고 말하며 마르크스가 "자신의 가족 내에서 빅토리아 시대의 전형적 남편이자 아버지로 행동했다"고 덧붙였다.[37] 게다가 엥겔스는 《가족, 사유재산, 국가의 기원》에서 동성애를 경멸하듯 언급했다는 이유로 이성애를 과도하게 강조하고 동성애를 혐오했다고 자주 비난받는다.[38] 보걸도 엥겔스의 진술 탓에 사회주의 페미니스트들이 '이중체계'론을* 발전시켰다며 엥겔스를 비판한다.

혼히 이런 비판은 마르크스와 엥겔스가 계급과 착취는 설명할 수 있(었)지만 여성 차별은 설명하지 못(했거나 못)하므로 가부장제 이론 같은 다른 도구가 필요하다는 결론으로 이어진다. 이는 애석한 일인데, 사회주의 페미니스트와 마르크스주의 페미니스트들이 엥겔스의 진술을[39] 끌어다가 이중체계론을 정당화하는 것은 엥겔스의 진술에 그런 함의가 있어서가 아니라 그들이 여성 차별을 인식하는 방식에서 비롯하는 것이기 때문이다. 보걸은 이중체계론을 지지하지 않지만 보걸의 분석은 계급을 초월한 여성들의 동맹을 추구하는 것으로 나아갈 수 있는 약점도 있다.[40]

그러나 마르크스와 엥겔스는 자본주의를 이해하는 역사적 도구와 이론적 설명을 남겼고, 그 덕분에 후대의 마르크스주의자들은 마르크스와 엥겔스의 가족 분석에서 나타난 한계를 극복할 수 있었

---

* 여성 차별을 자본주의와 별개로 작동하는 '가부장제'의 산물로 설명하며 상품생산, 착취의 영역과 사사화私事化된 가족의 영역을 분리해 별도로 작동하는 것으로 취급한다.

다. 《자본론》 1권에서 마르크스는 노동력(노동계급) 재생산이 자본에 사활적으로 중요하다는 점을 지적한다.

> 노동력 사용의 대가로 지급된 자본은 현재의 노동자들이 근육과 신경과 뼈와 뇌를 재생산하고 새 노동자들을 기르는 데 소비되는 생존 수단으로 전환된다. … 노동계급의 생산과 재생산은 자본가에게 가장 중요한 생산수단의 생산과 재생산이다. 기계를 보수하는 일이 노동과정 중에 수행되든 그 중간의 휴지기에 수행되든 자본의 생산과 재생산의 한 측면인 것처럼 개별 노동자의 소비도 노동과정 안에서 일어나든 밖에서 일어나든 자본의 생산과 재생산의 한 측면이다.[41]

그러므로 노동자 재생산은 자본축적에 매우 중요하다. 그러나 자본축적 드라이브가 노동자 재생산의 형태를 예정하는 것은 아니다. 국제사회주의 전통에 속한 저술가들은 오래전부터 (영국 등 많은 자본주의 사회에서 여러 역사적 이유로) 노동계급 가족이 노동자 재생산을 담당했다고 주장했고 가족을 사유화된 노동력 재생산 수단으로 규정했다. 그러나 모든 사회에서 항상 그런 것은 아니다. 제2차세계대전 후 서독(1989년까지 독일은 동독과 서독으로 나뉘어 있었다)에서 터키와 이탈리아 출신의 외국인 노동자는 합숙소에서 지냈고 그 가족은 독일에 입국할 수 없었다. 아파르트헤이트 체제가 유지되던 남아프리카공화국에서도 비슷한 제도가 있었다. 게다가 노동력 재생산의 특정 측면들은 (그 수준은 다양하겠지만) 국가가 맡을 수 있고 실제로 그랬다.

캐스 에니스, 아이린 브루걸, 크리스 하먼, 린지 저먼은 모두 노동력 재생산이 매우 중요한 일이지만 꼭 가족이라는 사유화된 형태로 이뤄져야 할 까닭은 없다고 설득력 있게 주장했다.[42] 에니스는 다음과 같이 지적한다.

사람을 달로 보내는 기술의 극히 일부만 적용해도 가사 노동을 없앨 수 있다. 식사 준비를 모두 각자 하지 않고 사회화할 수 있다. 아동과 노인과 환자를 돌보는 새로운 사회적 체계가 마련되면 여성은 자유롭게 자신의 삶을 누릴 수 있을 것이다.[43]

에니스의 다음과 같은 주장도 옳다. "이론적으로 자본주의는 가족이 없어도 유지될 수 있다. … 그러나 가족을 실제로 없애려면 그만큼 근본적 사회 변화가 필요한데 자본주의가 그런 변화를 감수할 것이라고 상상하기 힘들다."[44] [노동력 재생산을 사회화하는 데] 필요한 재원도 어마어마할 테지만, 이것은 가족을 지탱하는 사상에 근본적으로 도전하며 공격하는 것이기도 하다. 전면전이 일어나 최대한 많은 사람을 전선이나 생산 현장에 보내야 하는 상황이 아니라면 이런 일이 일어나기 힘들다. 게다가 서로 끊임없이 경쟁하는 개별 자본가는 가족을 없애려 하지 않을 것이다. 지금 같은 경제 [위기] 상황에서 자본가계급이 가족의 업무를 사회화할 필요성을 느낄 것 같지도 않다.[45] 더욱이 가족은 그 형태가 어떻든 노동력 재생산을 떠맡아 자본의 이익에 복무한다.

가사 노동과 여성 차별

일부 사람들은 여성의 집안일이 잉여가치 생산에 직접 기여하므로 사용자에게 노동력을 판매하는 것과 동일하게 대우받아야 한다고 주장했다. 1976년 아이린 브루걸은 (그 뒤 주디스 해밀턴과 엘레나 댈러스도) 가사 노동에 임금을 지급해야 한다는 요구를 설득력 있게 비판하면서 가사 노동은 '보수가 지급되지 않은 임금노동'[일명 부불 노동]이 아니라고 지적했다. 더 중요한 것은 가사 노동에 임금을 지급하면 오히려 여성을 집안에 잡아 둘 것이라는 점이다. 그보다는 사회적 생산에서 여성 노동자가 가진 힘과 가사 노동을 사회화하려는 투쟁에 집중해야 한다.[47] 마르크스주의 용어로 말하자면, 가사 노동은 사용가치는 있지만 교환가치는 없기 때문에 잉여가치를 생산하는 과정의 일부가 아니다.

가사 노동에 주목하면 남편이나 남성 동거인이 득을 본다고 여겨 십중팔구 남성을 적으로 보게 될 것이다. 가사 노동에 임금을 지급하라는 요구로 이어지는 경우도 있다. 가사 노동에 임금을 지급하라는 요구를 오랫동안 지지한 실비아 페데리치는 《혁명의 영점》서문에서 다음과 같이 주장한다.

자본주의는 노동력 비용을 억제하기 위해 임금을 주지 않는 재생산 노동이 필요하다. 이 부불노동의 원천을 제거하는 운동이 성공하면 자본축적 과정을 끊어 낼 수 있을 것이고, 대다수 여성은 같은 지반 위에서 자본과 국가에 맞설 것이다.[48]

페데리치는 여성이 임금노동자가 되는 것은 해방의 길이 아니라고 주장한다.[49] 이런 주장의 여러 변형이 있는데, 예컨대 패멀라 오디는 마르크스가 가사 노동을 자본주의적 축적의 범주에 넣지 않은 것은 "여성에 대한 남성의 경제적 지배와 헤게모니라는 더 넓은 현상의 일부"라고 주장한다.[50] 가사 노동이 잉여가치를 창출하지 못하더라도 여성 차별은 현실이고, 여성 노동자는 남성 노동자와 '똑같이' 착취당하는데 오디는 이를 보지 못한다. 가사 노동을 주로 여성이 한다고 해서 남성 노동자가 자본의 동맹인 것은 아니다.

가사 노동을 여성 차별의 원인으로 보는 주장은 일관성이 없고 몰역사적이어서 지난 50여 년 동안 일어난 변화를 설명하지 못한다는 문제도 있다. 독신 남성과 여성은 집안일을 스스로 해야 한다.[51] 그렇다면 독신 여성은 차별당하지 않을까? 독신 남성은 적이 아니고 오로지 여성의 남성 동거인만 적일까?

가사 노동과 육아는 부부가 분담한다. 여성의 몫이 여전히 더 많지만 전체적으로 오늘날의 남성은 과거보다 가사 노동과 육아에 더 많이 동참한다. 부부가 모두 전일제로 일하는 경우 가사 노동과 육아는 더 동등하게 분담되지만 남성은 여성보다 더 오래 일하고 직장도 더 멀다. 그리고 집안에 필요한 물품을 만들거나 고치는 일은 대체로 남성의 몫이다.[52] 많은 아버지들은 자신의 아이들과 더 많은 시간을 보내고 싶어 한다. 남성과 여성이 가사 노동과 육아를 평등하게 분담하는 건 필요한 일이지만 이 문제에 집중하게 되면 가사 노동을 최대한 사회화해야 한다는 명백한 해결책을 놓치기 쉽다. 또한 현대 영국의 고통스러운 장시간 노동 문화가 모든 남성과 여성에게 파괴적 영향을 미친다는 사실도 놓치게 된다.

게다가 가사 노동에 임금을 지급해야 한다는 주장의 논리는 두 가지 투쟁, 즉 착취에 맞선 계급투쟁과 가부장제에 맞선 투쟁, 즉 남성에 맞선 여성의 투쟁이 필요하다는 주장으로 이어진다. 이것은 자본을 위해 노동력 재생산을 담당하는 가족제도가 여성 차별의 뿌리고 남성·여성·아동을 위계적 성별 역할에 가두는 덫이라고 보는 [국제사회주의 경향의] 주장과 상당히 다르다. 국제사회주의 경향은 사회적·경제적 변화를 위해 남녀 노동자가 힘을 합치고 [노동력] 재생산 업무를 사회화하는 것이 해결책이라고 주장한다.

노동계급 가족의 탄생

노동계급 가족이 사라질 것이라는 마르크스와 엥겔스의 예상과 달리 노동계급 가족이 재확립되자 이 문제를 둘러싸고 마르크스주의자와 가부장제 이론가들은 첨예하게 논쟁했다. 핵심 쟁점은 남성 노동자가 지배계급에 협력해 여성을 직장에서 내몰고 가족 임금을 도입했는지였다.

대표적 가부장제 이론가인 하이디 하트먼은 다음과 같이 주장했다. "가장 근본적인 가부장제의 물질적 토대는 여성 노동력에 대한 남성의 통제다."[53] 하트먼은 자본과 동맹을 맺은 남성 노동자가 여성을 경제적인 생산 활동에서 배제하고 여성의 성도 통제했다고 주장한다. 남성 노동자가 여성 노동자와 경제적으로 경쟁하기를 꺼리고 여성이 남성의 권위에 도전하는 것을 두려워했다는 것이다. 하트먼은 다음과 같은 주장으로 나아간다. "가부장제가 없으면 노동계급이 단결해 자본주의에 맞설 수 있겠지만 가부장적 사회관계는 한 편(여성)을 희생시켜 다른 한 편(남성)을 매수하는 방식으로 노동계급을 분절했다."[54]

제인 험프리스는 "여성노동보호법, 자본주의 국가, 노동계급 남성: 광산규제법(1842년) 사례 연구"에서 가부장제 이론이 근거로 드는 법률을 자세히 살펴봤다. 광산규제법(1842년)은 여성을 구체적으로 언급한 최초의 여성노동보호법이다. 핵심적으로 험프리스는 지하 작업에 여성이 고용된 광산을 분석했다. 험프리스는 그곳의 남성 광원들이 처자식과 함께 일하기를 선호했는데, 그 이유는 그것이 더 안전한 데다 가족이 아닌 사람과 임금을 나눌 필요도 없었기 때문이었다고 설명한다. 남성 채탄부와 광원의 임금은 '가족' 임금 기능을 했다. 가족 구성원들은 서로 더 잘 보살피고, 더 믿을 만하고, 채굴된 석탄 양을 속이지 않는 데다 부모는 자신의 아이에게 더 관대했다. 남성 광원은 다른 사람의 아들보다 자신의 딸이 고용되는 것을 선호했다.[55]

험프리스는 남성 광원들이 아내와 딸의 독립적 태도를 반대하지 않은 듯했고, 노동계급 여성에 견줘 아내와 딸을 "열등한 가정주부"로 여기지도 않았다고 주장한다.[56] 가족의 평안함은 여성이 일을 하는지 안 하는지보다 소득 수준과 더 관련 있었던 것으로 보인다.[57] '가족 단위'로 일하는 것은 다른 면에서 양성 관계에 영향을 끼쳤다. 남성이 "임금의 상당 부분을 나눠 줘야 하는 조수"보다 아내와 함께 일하기를 바랐기 때문에 결혼 시기가 빨라졌다. 가족 규모도 커졌다. 험프리스는 다음과 같이 덧붙인다. "여성 고용은 조기 결혼을 부추겼을 뿐 아니라 이른바 배우자 선택 기준에도 영향을 끼쳤다. '집안일 수행 능력'이나 '사랑'보다는 체력과 근력이 중요했다."[58] 탄광에서 일하는 젊은 여성들은 당찼다. 한 남성 광원은 광산규제법 (1842년) 입법을 위한 보고서를 작성하는 위원에게 다음과 같이 말했다. "남성이 어린 여성에게 모욕을 주려 하면 그 여성은 그 남성의 얼굴에 주먹을 날릴 것입니다."[59]

탄광 일은 누구에게나 매우 힘들었지만 젖먹이 아이가 있거나 임신한 여성에게 특히 더 힘들었다. 여성들은 흔히 탄광 안에서 출산했고 출산 뒤 며칠 만에 돌아와 일했다. 유산과 사산이 흔했다.[60] 그런데 보고서를 작성하는 위원들은 이런 끔찍한 일이 왜, 얼마나 자주 벌어지는지, [탄광의 노동조건이] 광원들의 건강에 어떤 영향을 끼치는지, 임신하거나 젖먹이 아이를 둔 여성의 건강에 끼치는 영향은 무엇인지보다 여성 광원의 성적 관행에 더 관심이 많았다.[61] 부르주아적 가족·도덕·섹슈얼리티를 경험한 위원들 자신의 부르주아적 태도 때문이었다. 위원들은 반쯤 벗은 남성과 여성이 함께 일하는 모습을 보고 경악했다. "어린 남녀가 흔히 반쯤 나체인 상태로 함께 일하고, 사춘기도 안 된 그들의 성기는 벌써 흥분해 있다. 그 결과 성적 교류가 자주 일어나고 … 여성은 이처럼 정숙과 담쌓은 채 자라고 실제로 정숙함이라는 말을 알지도 못한다."[62]

광산 소유자들은 더 실용적으로 접근했는데, 이들은 여성이 탄광에서 일하지 못하게 되면 남성이 더 규칙적으로 출근하고 부인이 받던 임금을 벌충하기 위해 기꺼이 더 오래 일할 것이라고 확신했다.[63] 달리 말해, 여성의 노동을 금지하는 여성노동보호법이 남성 노동자를 길들이는 데 도움이 된다는 판단이었다.

험프리스의 분석이 지적하듯이, 1840년대 남녀 노동자의 처지와 각 계급의 이해관계, 즉 개별 광산 소유자와 전체 자본가의 관점과 남녀 노동자의 관점을 구체적이고 세심하고 역사적으로 살펴보는 연구가 중요하다. 이 요소들이 모두 광산규제법 제정에 기여했다. 그러므로 가부장적 [사회] 구조가 남성 광원, 광산 소유자, 부르주아를 결속시켰다는 하트먼의 이론은 현실의 검증을 견디지 못하는 근거 없는 신념이다.

다른 유형의 가부장제 이론(이데올로기, 가부장적 국가, 생물학적 차이 등을 기초로 한다)들도 세심한 역사적 계급 분석의 관점으로 살펴보면 금세 허물어진다고 평가할 수 있다. 역사적으로 모든 가부장제 이론의 목표는 (남성에 맞서 여성이 계급을 가로질러 단결하자는 주장을 뒷받침하기 위해) 계급적 분석을 성에 기초한 분석으로 대체하려는 것이었다.[64]

토니 클리프와 특히 린지 저먼은 노동계급 가족이 어떻게 그리고 왜 생겨났는지를 상세하게 분석했다.[65] 클리프와 저먼은 19세기 노동계급과 노동계급 가족을 연구한 역사가들의 문헌을 폭넓게 탐구했다. 클리프와 저먼은 노동계급 가족이 위로부터 도입됐지만 남녀 노동자도 크게 저항하지 않았다고 설명한다.

이처럼 자본가계급과 노동계급의 이해관계가 우연히 일치했다. 그러나 일부 페미니스트들의 주장과 달리, 그 원인은 가부장적 수렴 때문이 아니었다. … 노동계급 남성과 여성은 단지 더 나은 삶을 절실하게 바랐을 뿐이다.[66]

클리프와 저먼은 남성과 여성이 서로 관계 맺기를 바라고 흔히 괜찮은 조건에서 아이를 낳고 기르고 싶어 한다고 가정했는데, 이 가정은 타당하다. 초기 자본주의가 초래한 조건은 말 그대로 남성·여성·아동의 삶을 파괴했고 저먼이 지적하듯이 "바로 이런 조건에서 여성노동보호법을 제정하고 가족 임금을 실시하라는 요구가 나왔다."[67]

여성에게 끼친 영향

린지 저먼은 19세기 중반 영국에서 시행된 가족 임금(여성은 가정주부가 되고 남성은 계속 일하러 나간다는 가정에 기반했다)이 역효과를 낳기도 했다고 주장한다.

그러나 노동계급 가족의 문제를 풀 해법으로 등장한 가족 임금은 매우 불충분하고 시대에 역행했다. 가족 임금은 여성이 살기 위해 남성에게 의존해야 하고 남성이 여성보다 노동할 권리를 훨씬 더 많이 갖는다는 것을 함축했다.[68]

게다가 가족 임금 탓에 성별 분업을 기초로 한 남녀의 성별 역할이 발전했다. 남성은 가장으로서 직장에 나가고 여성은 가정주부로서 육아와 가사 노동을 맡는다는 것인데, 이런 성별 역할의 근거는 여성이 아이를 낳을 수 있다는 것이었다. 남성·여성·아동으로 이뤄진 핵가족은 성별 역할과 (아동을 서열 맨 밑에 두는) 위계적 관계를 고착화했다. 가족은 안식처이자 감옥이 됐고, 유대감과 갈등의 원천이 됐다.

1848년 차티스트운동이 패배하자 24시간 운영하는 보육 시설, 카페, 식당 등을 보급해 노동력 재생산을 사회화하도록 지배계급을 강제할 가능성은 완전히 사라졌다.[69]

[오히려] 지배계급은 가족을 노동력 재생산 수단으로 보존하려 했다. 이 기간에 국가는 성적 규범도 통제하려 상당히 애썼다. 이는 노동계급에게 부르주아적 가족생활 규범을 덧씌우려는 지배계급의 공세였다. 개정 구빈법(1834년)은 구빈원 바깥에서는 비혼모를 돕지 못하게 규정해 그 전에는 흔히 있었던 혼전 성관계 관행을 바꾸는 데 일조했다. 1880년대에는 여성의 성관계 동의 연령을 높이고, 음란물, 성매매, 동성애를 규제하는 법률들도 제정됐다. 이것은 (적어도 여성에게는) 결혼한 부부의 침실만을 합법적인 성관계 장소로 확립하려는 움직임의 일부였다.[70]

이런 조처에도 불구하고 노동계급 가족의 현실은 이데올로기와 거리가 있었다. 남편의 임금이 충분치 않았기 때문에 많은 노동계급 여성은 여전히 직장에 나가야 했다. 힐러리 랜드는 다음과 같이 주장한다.

기혼 여성은 가정에 경제적 기여를 한다고 여겨지지 않았고, 설사 한다 해도 그 일은 '생산적 노동'으로 간주되지 않았다. 남성이 가족 임금을 번다고 가정했다. [그러나] 현실에서 모든 남성이 처자식을 부양할 만큼 충분히 버는 것은 아니었다. 찰스 부스와 시봄 라운트리가 19세기에서 20세기로 전환하던 시기에 실시한 빈곤 설문 조사는 불규칙하고 불충분한 임금이 빈곤을 일으키는 중요한 요인임을 보여 줬다. 실제로 저임금은 노동계급 가정의 빈곤을 일으키는 가장 큰 요인이었다. 예를 들어, 부스는 런던 이스트엔드* 거주민의 30퍼센트는 남편의 임금에만 의존해 살아갈 수 없다고 추산했다. 경제학자 아서 볼리는 1911년 인구조사 결과를 토대로 노동계급 가족의 41퍼센트만 남편의 임금에 의지해 살았다고 계산했다. 평균적으로 남편의 임금은 가족 소득의 70퍼센트를 차지했다.[71]

이런 상황 때문에 어쩔 수 없이 "기혼 여성은 가족 소득에 기여할 방법을 찾아야 했는데, 공장에 취직하기는 힘들었으므로 세탁, 가정부, 하숙 치기, 아이 돌보기 등 모두 가사 노동의 연장선 위에 있는 일을 하며 적은 임금을 받아야 했다."[72]

전후 장기 호황기부터 지금까지

마르크스와 엥겔스는 《공산당 선언》에서 다음과 같이 썼다.

---

* 가난한 노동자들이 많이 거주하는 런던 동부 지역.

부르주아는 생산도구를 끊임없이 혁신하지 않고서는, 그리하여 생산관계와 나아가 사회관계 전체를 혁신하지 않고는 존재할 수 없다. 반면 이전 사회에 존재한 산업 계급의 첫째 생존 조건은 기존 생산양식을 그대로 보존하는 것이었다. 생산의 지속적 혁신, 모든 사회적 조건의 끊임없는 교란, 영속적 불안과 동요가 부르주아 시대를 앞선 모든 시대와 구별해 준다. 아주 오랫동안 존중된 편견과 여론, 경직되고 얼어붙은 관계들은 모두 쓸려 나가고, 새로 만들어진 것조차 미처 자리를 잡기도 전에 모두 낡은 것이 되고 만다. 견고한 것은 모두 녹아 공기 중으로 사라지고, 신성한 것은 모두 더럽혀진다.[73]

1930년대에 시작해 1970년대 초까지 이어진 자본주의의 장기 호황기는 어마어마한 변화를 불러왔고, 그 변화는 지금까지 계속되고 있다. 21세기 여성·아동·남성의 삶은 1세기 전에 견줘 많은 면에서 몰라보게 바뀌었다.

이 시기에 일어난 다른 중요한 변화와 제2물결 여성운동, 성소수자 운동 등 사회운동과 노동계급 투쟁의 영향을 살펴보기 전에, 여성이 직장에 나가면서 생긴 역할 변화를 먼저 살펴볼 가치가 있다. 또한, 장기 호황이 여성과 가족에 끼친 영향은 여성이 육아와 가사노동을 가장 많이 책임지고 있음을 이해하는 속에서 살펴봐야 한다는 점도 강조할 가치가 있다. 여성이 직장에 나간다는 것은 차별과 착취를 당한다는 것이고, 여성의 직장 생활은 여성이라는 사실에서 비롯하는 차별과 착취에서 비롯하는 차별의 영향을 크게 받는다.

[장기 호황기에] 여성에게 일어난 핵심 변화는 임금노동자로서 노동시

장에 진입했다는 점이다. 이 추세는 1930년대에 시작해 제2차세계대전의 여파로 속도가 붙었다(이에 관한 유명한 영화로 〈기계공 로지〉가* 있다)가 종전 뒤 잠시 동안 둔화됐다. 그 뒤에 다시 속도가 붙어 장기 호황기 내내 지속됐고, 1973년 경제 위기를 비롯한 여러 경제 위기를 거치면서도 지금까지 유지되고 있다. 경제 위기는 "성별과 무관"하기 때문에 어떤 사업장이 문 닫을지를 결정하는 주된 요인은 그 사업장에서 여성이 일하느냐 남성이 일하느냐가 아니라 어떤 [산업] 부문이 위기에 빠져 있느냐다. 1980년대 광산·제철소·항만이 문을 닫았는데, 주로 남성이 실직했다. 오늘날에는 사정이 다른데, 공공 부문에서 여성 노동자의 비율이 더 높고, 정부가 복지를 삭감해 공공 부문을 공격하고 있기 때문이다.

오늘날 여성은 더는 산업예비군이 아니라 임금노동자의 영속적 일부다. 1971~2011년 [영국에서] 여성의 경제활동 참가율은 59퍼센트에서 74퍼센트로, 고용률은 56퍼센트에서 69퍼센트로 증가했다. 같은 기간 남성의 경제활동 참가율은 95퍼센트에서 83퍼센트로, 고용률은 92퍼센트에서 75퍼센트로 떨어졌다. 여성 고용률은 1990년대부터 지금까지 비슷한 수준을 유지해 왔고, 이는 다른 OECD 나라 가운데 낮은 편이다.[74]

동시에 여성은 여전히 가사 노동과 육아 책임을 더 많이 맡고 있기 때문에 어머니와 가정주부로서의 역할은 여성의 직장 생활에 큰

---

* 제2차세계대전이 길어지면서 전에는 남성만 일하던 작업장에서 여성도 일하게 됐고, '기계공 로지'는 이런 여성 노동자를 뜻하는 말로 쓰였다.

영향을 미친다. 여성은 집안에 있을 때나 직장에 나가서나 차별당한다. 이 때문에 여성의 삶은 그가 독신이든, 기혼이든, 남성과 동거하든, 이혼했든, 동성애자든 상관없이 차별의 영향을 크게 받는다. 여성 차별은 이 사회에 구조적으로 존재한다. 여성은 여전히 남성과 평등한 임금을 받지 못한다. 여전히 전일제 여성 노동자의 시간당 임금은 전일제 남성 노동자의 시간당 임금보다 14.9퍼센트 적다.[75] 그나마 그 격차가 2011년보다 1.28퍼센트 줄어든 것이다. 남성과 여성의 임금 격차는 부문에 따라 다른데, 은행 부문에서는 33퍼센트, 금융 부문에서는 55퍼센트까지 벌어진다.[76]

시간제 여성 노동자의 임금과 남성 노동자의 임금 격차는 더 크다. 시간제 여성 노동자의 임금률이 전일제 여성 노동자의 임금률보다 낮기 때문이다. 2005~2006년 시간제 여성 노동자의 임금률은 전일제 여성 노동자보다 26퍼센트 적었다. 1975년에는 그 차이가 10퍼센트밖에 안 됐는데 말이다. 그 이유 중 하나는 다른 유럽 나라들에 견줘 영국에서 '시간제 임금 불이익'이 더 크다는 것이다. 전보다 더 많은 여성들이 출산 후 시간제 일자리로 옮겨 간다.[77] 출산 후 여성들은 흔히 저숙련 일자리에 취직되고 이 때문에 전일제로 일하던 때보다 적은 임금을 받는다. 시간제 일자리는 저숙련·저임금 부문에 더 많다.

전일제 여성에 견줘 시간제 여성은 교육 수준이 낮고, 기혼이고, 어린 아이를 여러 명 키우고, 유통·숙박·요식업에 종사하고, 직급이 낮을 가능성이 높다. 시간제 여성의 거의 25퍼센트는 점원·간병인·청소부다. 전일

제 여성의 관리직 비중은 15퍼센트지만 시간제 여성의 관리직 비중은 4.4 퍼센트밖에 안 된다.[78]

수많은 여성이 시간제로 일하는 까닭은 여성이 육아를 맡고 있는 것과 관계 있다.

지금까지의 연구 결과를 보면 여성이 왜 시간제로 일하는지를 대략 알 수 있다. 이유는 다음과 같다. 가정 형편, 저렴한 탁아 시설 부족, 직업 능력 개발 기회 부족, 노동시장의 조건과 양질의 일자리 부족. 이런 환경과 조건은 노동시장에서 여성에게 불리하게 작용한다. 여성이 시간제로 일하는 것은 생애 주기의 특정 단계와도 관계가 있다. 특히 어린 아이를 키우는 여성은 시간제 일자리를 택해야 가사와 일의 균형을 유지할 수 있다고 느낀다.[79]

2010년 영국의 전체 일자리 가운데 29퍼센트가 시간제 일자리였고, 여기에 고용된 75퍼센트가 여성이었다. [2008년에 견줘] 시간제 남성 노동자는 10퍼센트, 시간제 여성 노동자는 3퍼센트 증가했다.[80] [시간제 일자리에 대한] 여성의 태도도 변하는 듯한데, 정부가 추진하는 긴축정책의 결과로 보인다.[81] 예를 들어, 영국 노총의 분석 결과를 보면 "시간제 여성 노동자 가운데 전일제로 일하고 싶어 하는 여성은 증가하는 반면 그대로 시간제로 일하고 싶어 하는 여성(주로 가족과 돌봄 책임 때문이다)은 감소하고 있다."[82]

한 가지는 확실한데, 바로 영국의 남성과 여성은 유럽의 다른 나라에 견줘 육아 때문에 더 많이 희생하고 있다는 점이다. 아이를 둔 영국 여성의 66퍼센트가 직장을 다니는데, 이 수치는 프랑스에서는 72퍼센트, 덴마크에서는 86퍼센트다.[83] 2011년 4월부터 영국 정부는 육아 지원을 삭감하는 고약한 조처를 시행했다. 이것은 주당 16시간 이상 일하는 한부모 가정의 부모나 맞벌이 가정의 부차적 소득자를 더 힘들게 만들었다. 당연히 이 두 범주에 해당하는 사람의 압도다수는 여성이다.[84] "근로소득세 감면 제도에서 육아 지원 비용의 최대치를 지출의 80퍼센트에서 70퍼센트로 낮춘 결과 평균 세금 감면액이 주당 10파운드 줄었다."[85] 동시에 중하위층 맞벌이 가정에서 여성의 경제적 기여도가 그 어느 때보다 중요해졌다. 가족 소득에서 여성의 임금이 차지하는 비중은 1968년 11퍼센트에서 2008~2009년 24퍼센트로 증가했다.[86] 지원 삭감으로는 불충분하다고 여겼는지, 영국 정부는 보육 시설의 교사 1인당 아동 수를 5명에서 8명으로 늘려 보육 서비스의 질을 떨어뜨리려 한다.

여성 고용의 증가는 자본의 필요 때문이었다(비록 여성의 노동시간은 육아에 따라 결정되지만 말이다). 그러나 여성이 대거 임금노동자가 되자 여성의 기대 수준이 높아지고 여성운동의 상승을 촉진하는 등 사회적으로 큰 영향을 미쳤다.

제2차세계대전 종전 뒤 노동계급은 변화를 염원했고, 지배계급의 일부는 혁명이 일어날까 봐 노심초사했다. 그 결과 국민보건서비스 NHS, 보편적 복지, 양질의 공공 임대주택, 사회보험제도, 일시적 실업자에 대한 안전망, 연금, 모성보호 제도가 생기는 등 복지가 발전했다. 이처럼 노동력 재생산 업무의 일부가 사회화됐다.

학교교육 기간이 길어지고 대학 진학률이 높아지면서 아동과 청소년의 삶도 크게 바뀌었다.[87] 학교가 교육과 훈련의 장소일 뿐 아니라 아동과 청소년이 가족과 떨어져 사회화되고 경험을 쌓는 공간이기도 했기 때문이다. 가사 업무가 점점 더 기계화됐다. 전에는 빨래가 하루 종일 걸리는 고된 일이었지만 이제 세탁기가 옷과 침대 시트, 기저귀 등을 세탁하고 탈수했다. 그리고 기저귀는 많은 경우 일회용으로 대체됐다. 다양한 가전제품, 주방 용품, 욕실 용품의 등장으로 청소도 수월해졌다. 석탄으로 하던 난방도 점차 중앙난방 방식으로 바뀌었다. 이런 변화 덕분에 가사 노동 시간이 줄었다(여전히 여성이 남성보다 가사 노동을 더 많이 하지만 말이다).[88]

같은 기간 신뢰할 만한 피임 도구가 발명되고, 임신중절이 합법화되고, 이혼이 쉬워지고, 여성도 대출을 받을 수 있게 되면서 여성이 (성을 포함해) 자신의 삶을 통제할 수 있게 됐다. "자유로운 사회적 태도가 냉전으로 강화된 1950년대의 보수적 정서를 대체했다."[89] 영국 사회는 신뢰도가 향상되고 사회관계가 개선되고 여성의 지위가 상승하는[90] 등 전체적으로 더 평등해졌다.[91] 성인 노동계급은 서로 업무를 보조하기 위해서가 아니라 상호 애정을 기초로 짝을 맺었다.

1960년대 이런 변화가 일어나면서 자동차·금속·광업 등 핵심 산업 부문에서 노동계급의 자신감 수준이 상승했다. 대학생들은 반핵·군축, 베트남전 반대, 학생 고유의 불만 등을 제기하며 운동에 나서기 시작했다. 미국의 공민권운동은 학생운동으로 이어졌다. 독일에서 대규모 학생운동이 일어났고, 그 뒤 프랑스에서는 1968년 5~6월 총파업으로 운동이 최고조에 이르렀다.

이 투쟁들은 서로서로 힘을 북돋우며 운동에 참가한 사람들의 사기를 높였고, 수많은 사람들이 새로운 사상에 귀를 열었다. 여성해방운동(또는 제2물결 여성운동)의 사상은 불평등한 임금, 고용 차별, 육아 문제 등을 제기하며 일어선 여성 노동자들의 경험에 부합했다. 1968년 [영국 에섹스] 포드 공장 여성 노동자들의 파업에 밀려 당시 노동당 정부의 고용부 장관 바버라 캐슬은 평등임금지급법을 제정했다. 스톤월 항쟁으로 등장한 성소수자 해방 사상은 자신의 성적 지향을 숨겨야 했던 모든 사람들의 심금을 울렸다.[92] 여성들은 결혼과 무관하게 피임약을 구입할 수 있게 허용하라고 요구하고 성적 만족을 추구하는 등 성을 대하는 태도가 변하기 시작했다. 또한 짧은 치마를 입는다고 문란한 것이 아니라고 주장하고 1968년 미스월드 대회에 반대하는 시위를 벌여 여성이 성적 대상이 아님을 강력하게 제기했다. 동시에 1970년대에는 남편의 폭력을 피해 집을 나온 여성과 성폭력 피해 여성을 위한 시설이 문을 열어 (운동의 발전 덕분에 더 분명하게 드러난) 가정 내 폭력과 성폭력이라는 정말 심각한 문제에 대처했다.[93]

가족 형태에 끼친 영향

여성이 노동시장에 진입하는 등 여러 변화가 일어나 어머니와 가정주부라는 여성의 전통적 역할도 크게 변했다. 2009년 발행된 《사회적 추세 보고서》는 1971~2008년에 어떤 변화가 일어났는지를 묘사했다. 25세 미만 여성의 출산율이 20퍼센트 감소하고 30세 미만 기혼 여성이 51퍼센트 감소했다. 독신 남녀 비율이 6퍼센트에서 12퍼센트로 증가했다. 한부모 가정의 비율은 4퍼센트에서 11퍼센트로 증가했다.

2009년 영국에서 결혼하는 사람의 수는 1895년 이래 최저치를 기록했다. 제2차세계대전 중 잉글랜드와 웨일스에서는 47만 1000쌍이 결혼했는데, 2006년에는 23만 7000쌍으로 줄었다. 결혼하지 않고 동거하는 부모와 사는 아동은 1999년 100만 명에서 2009년 166만 명으로 증가한 반면, 결혼한 부모와 사는 아동은 같은 기간 957만 명에서 832만 명으로 감소했다.

물론 아동의 압도 다수는 결혼하거나 결혼하지 않고 동거하는 부부 사이에서 태어나지만 (데이비드 윌럽의 연구 보고서를 보면) 결혼한 부모와 사는 아동 112만 명과 동거하는 부모와 사는 아동 120만 명이 5세 이전에 가족이 깨지는 경험을 한다.[94]

진저브레드에* 따르면 어린 아이를 키우는 가정의 23퍼센트는 한부모 가정이다. 이 한부모 중 90퍼센트는 여성이고 이런 가정에 사는 아동은 300만 명이다. 한부모 가정의 부모 중 57.2퍼센트는 직장을 다니는데, 이것은 1997년에 견줘 13퍼센트 증가한 수치다. 한부모 가정 중 일하는 부모의 비율은 막내 아이가 몇 살이냐에 따라 다양하지만 막내 아이가 12세 이상이라면 한부모 가정의 부모와 기혼 여성의 고용률은 71퍼센트로 비슷하다.

---

* 한부모 가정을 지원하는 영국의 자선단체다.

노동연금부가 발행한 보고서는 다음과 같이 결론 내린다. "혼자 아이를 키우는 것은 쉽고 가볍게 또는 별 이유 없이 할 수 있는 '결심'은 아닌 듯하다. 남편이나 동거인 없이 아이를 키우는 여성이 할 수 있는 선택은 매우 적은 듯하다."[95] 이렇게 선택의 폭이 좁은 것은 영국 사회의 불평등이 반영된 결과다. 한부모 가정에 대한 국제 비교 연구 결과를 보면, "한부모 가정의 비율과 아동 복리 수준은 상관이 없다." 스웨덴에서는 한부모 가정의 아동 중 부모가 직장을 다닐 경우 6퍼센트, 그렇지 않을 경우 18퍼센트가 상대적 빈곤층에 속한다. 영국에서는 이 수치가 각각 7퍼센트와 39퍼센트다.[96] 이처럼 사회의 불평등 수준과 아동 복리 수준은 매우 밀접한 관계가 있다. 이 둘은 반비례 관계다.[97]

십 대에 출산한 여성은 흔히 '무책임하다'고 비난받는다.[98] 그들이 전체 한부모 가정의 2퍼센트밖에 안 되는데도 말이다. 리처드 윌킨슨과 케이트 피킷은 다음과 같이 지적한다. "불평등한 사회일수록 십 대 출산율이 높은 경향이 강하다. 이 둘은 우연이라고 하기에는 너무 밀접한 상관관계에 있다."[99] 윌킨슨과 피킷은 십 대 출산율이 빈곤과도 강력한 연관이 있다고 주장한다.[100]

여성의 노동시장 진출은 지금까지 일어난 많은 진보를 계속해서 뒷받침했고, 전통적 가족이 약화되고 [양성] 관계가 평등해지는 경향이 있다는 마르크스의 예측이 옳았음을 보여 준다.[101] 오늘날 관계를 맺는 사람들은 (이성 간이든 동성 간이든) 결혼하거나 동거할 수 있고, 이별하거나 재혼할 수 있고 혼자 살 수도 있다. 아이가 있든 없든 마찬가지다.

결혼한 부부든, 동거 커플이든, 한부모 여성(때로는 남성)이든 재생산 부담을 져야 한다는 사실은 바뀌지 않는다. 현상의 이면을 보면, 결혼하는 사람들과 동거하는 사람들 사이에는 계급적 차이가 있을 가능성이 높은데, 결혼 비용이 평균 2만 파운드[영국의 연평균 소득과 거의 맞먹는데]나 되기 때문이다. 한부모 가정과 빈곤이 깊은 관련이 있고, 빈곤이 아동의 교육·건강 수준에 가장 큰 영향을 준다는 점은 확실하다.

성 행동의 변화

성 상품화를 비판하는 것은 올바르고 필요한 일이지만, 성을 대하는 사람들의 태도가 바뀌면서 성 행동이 변했다는 점도 고려해야 한다. 저먼은 다음과 같이 쓴다.

선구적 부인과 의사 헬레나 라이트가 1930년대에 노동계급 여성들에게 성관계를 하면서 좋은 것이 무엇인지 물었을 때 그 여성들은 흔히 눈을 껌벅거리며 질문을 잘 이해하지 못하는 듯했다. 성관계는 남성이 바라는 것이고 여성은 참고 견디는 일이라는 생각이 흔했다. … 요새 젊은 여성들은 완전히 다르다. 헬레나 라이트가 말하듯이, 오늘날 "그 차이는 놀랍다. 여성들은 활짝 웃으며 '선생님, 그건 정말 좋아요' 하고 말한다."[102]

또 다른 특징적 변화도 있었다. "1950년대에 첫 성관계를 한 사람

중에는 평생 동안 10명 이상의 상대와 성관계를 한 여성이 3퍼센트 밖에 안 됐지만, 1970년대에 첫 성관계를 한 사람 중에는 10퍼센트 인 것으로 나타났다." 첫 성관계의 이유가 "사랑해서"인 경우는 줄었 다. 1990년대에 수행된 연구 결과를 토대로 저먼은 다음과 같이 말 한다. "질 삽입 성관계를 경험한 16~24세 여성 중 85퍼센트는 구강 성교도 경험했다."[103]

그러나 여성을 노동시장으로 끌어당긴 시장의 '보이지 않는 손'은 삶의 가장 은밀한 영역에도 침투한다. 여성의 몸은 상업광고의 중심 이 됐고, 온갖 광고는 여성의 외모를 광고 모델처럼 만들어 준다고 떠벌리며 여성들이 상품을 구입하도록 부추긴다. [1960년대의] 여성해 방운동의 효과가 사그라진 뒤 새로운 형태의 성차별이 생겨났다. 이 제는 성 자체가 사고팔리는 상품이 됐다. 여성은 성형수술을 하는 등 남성의 즐거움을 위한 대상이 되도록 자기 몸을 고친다. 이런 상 황에 왜곡된 관념이 더해져 성적으로 매력적인 여성이 능력도 있다는 추측으로 이어진다. 주디스 오어는 이런 세태 전개를 다음과 같이 쓴다.

이것이 오늘날의 성차별과 기존 성차별을 구별해 주는 특징이다. 오늘날 의 성차별은 여성의 성적 필요와 욕구를 주장한 여성운동의 역사와 언어 를 반영하고 흡수해서 여성이 단지 다른 사람의 즐거움을 위한 대상에 머 물지 말고 더 나아갈 것을 촉구한다. 야한 문화는 여성이 성을 자유롭게 표현하는 방식인 것처럼 포장되고, 그래서 역설이게도 여성에게 훨씬 더 노골적이고 소름 끼치는 방식으로 성적 대상이 되라고 부추긴다.[104]

이처럼 여성의 노동시장 진입은 노동계급 가족이 확립된 19세기 중반 이래 여성의 자율성과 성적 자유를 전례 없이 확장시키는 중요한 성과를 낳았으며 여성·남성·아동의 삶을 부분적으로 바꿨다. 동성애 혐오는 여전하지만 동성애가 용인된다. 그리고 전보다 많은 사람들이 트랜스젠더를 낯설지 않게 여긴다.

그러나 가족은 그 형태가 어떻든 여전히 사유화된 노동력 재생산 수단으로 기능한다. 그리고 남녀가 어떤 관계를 맺든 그 누구도 핵가족이라는 사회화 제도를 벗어날 수 없다. 핵가족은 여전히 여성이 아내이자 어머니로서의 역할을 다해야 한다는 억지에 기초한다. 여성은 출산할 수 있지만 남성은 그럴 수 없다며 말이다. 그러므로 남녀의 성별 역할이 따로 있고 이성애만 표준 관계라는 관념은 계속된다. 아동과 청소년에게 [왜곡되지 않은] 성을 가르쳐야 하지만 세상에는 성 상품화가 만연하다. 인간은 다른 종과 달리 성행위를 직접 보여주는 식으로 성을 가르치지 않으므로, 우리는 시행착오를 겪으며 최상의 방법을 배워야 한다. 장시간 고된 노동을 하고 여성은 젊음을 유지해야 하고 성적으로 매력적이어야 한다는 생각이 만연한 사회에서 포르노는 사람들이 만족스러운 관계를 맺는 것을 더욱 어렵게 만든다.

가정 폭력과 성폭력

"자본에 득을 주고 다음 세대 노동자를 재생산하기 위해 흰 드레스를 입고 결혼식장에 들어서는 사람은 없다."[105] 여성과 남성은 가족을 통해 사랑과 위안을 얻기를 바라고, 아마도 아이(둘 사이에서 낳은 아이든 상대방의 아이든)를 기르고자 한다. 그러나 일상의 스트레스와 중압감 때문에 이것은 불가능에 가까울 정도로 어려울 수 있다. 사람들은 가족 안에서 위계적 관계를 수용하고 각자의 성별 역할을 맡으라는 압력을 받는데, 이것은 가족 구성원들에게 참을 수 없는 일이 되곤 한다. 각자의 기대가 가하는 중압감 속에 가족 간 관계에 균열이 생기는 경우가 흔하다. 가족은 참고 살기 힘든 곳이 돼 깨지기도 한다.

가정 폭력과 성폭력이 이 문제를 극명하게 보여 준다.[106] 영국의 강간 피해 여성 중 약 54퍼센트는 그 가해자가 현재나 전 남편 또는 연인이다. 평균적으로 일주일에 여성 두 명이 현재나 전 남편 또는 연인에게 살해당한다. 심각한 성폭행은 피해자가 여성이든 남성이든 가해자가 지인인 경우가 흔하다. "피해 여성은 우울증, 불안증, 심신증, 섭식 장애, 성 기능 장애를 겪을 가능성이 높다." [폭력과 성폭력이 일어난 가정의] 아동도 고통을 겪는다. "이들은 성인이 돼서도 행동 장애, 정서적 트라우마, 정신 질환을 겪을 위험이 상당히 높다. … 가정 폭력 중 75~90퍼센트는 폭력이 일어나는 방이나 바로 옆방에 **아동**이 있었다."

공적 영역에서 일어난 성적 괴롭힘이나 더 심각한 일에 대한 폭로가 끊이지 않는다는 것은 직장이 여성에게 안전하기만 한 곳이 아님을 보여 준다. 여러 아동을 성추행·성폭행한 지미 새빌은 마거릿 대처와 가까운 인사였고, 영국 정치권은 이 자를 수십 년 동안 방치했다. 이 사건은 끔찍한데, BBC 내 성차별적 문화가 지미 새빌이 근무하던 때뿐 아니라 현재에도 상당히 심각함을 드러내기 때문이다. 익명의 텔레비전 프로듀서가 〈옵서버〉에 BBC에 관한 글을 기고했는데, 그는 여성이 성적 '농담'을 듣거나 "치근덕거리는" 남성에게 신체 접촉을 당하는 일이 비일비재하다고 말한다. 그는 다음과 같이 결론 내렸다. "사실상 고용 안정성이 없고, 심지어 성적 괴롭힘도 못 본 척해야 하는 분위기가 팽배한 산업에 종사하는 여성들이 행동에 나서기를 주저하고 입을 다무는 것은 전혀 놀랄 일이 아니다. 그래서 나는 이름을 밝히지 못했고, 지미 새빌 같은 자들이 그토록 오랫동안 처벌을 모면했던 것 같다."[107]

이 글의 서두에서 설명했듯이, 1970년대 페미니스트와 사회주의자들은 함께 임신중절권을 방어하는 운동을 성공적으로 벌였다. 오늘날 노조와 직장에서 성적 괴롭힘을 근절할 운동이 성공적으로 일어나지 말라는 법은 없다. 성차별적 언사가 사회적으로 용인되도록 놔둬서는 안 된다.[108] 이것은 여성을 성적 대상으로 보고 남성보다 열등하게 취급하는 관점을 반영한 것이고 여성의 힘을 키우는 것과는 거리가 멀다. 성적 괴롭힘은 사용자의 권력 남용, 일자리나 승진 기회를 잃을지 모른다는 여성의 두려움과 흔히 관계가 있다. 여성, 동성애자, 트랜스젠더가 해당 노조에 가입하도록 고무하고 노조가 이들의 고충을 다루도록 촉구해야 한다.[109] 실제로 1917년 러시아 혁명 때 여성 노동자들은 성차별적 관리자와 사용자를 내쫓았다. 오늘날에도 직장 내 성적 괴롭힘을 근절하기 위해 사용자들을 압박해야 하고 사용자들 자신도 성희롱적 언사와 신체 접촉을 하지 못하도록

만들어야 한다.[110]

임금노동의 결정적 중요성

마르크스와 엥겔스, 로자 룩셈부르크와 클라라 체트킨, 레닌과 트로츠키는 모두 여성 노동자의 중요성을 강조했다. 그 이유 중 하나를 로자 룩셈부르크가 매우 간결하게 말했다. "사슬은 벼려지는 곳에서 끊어져야 한다."[111] 지배계급과 국가의 권력에 대항할 수 있는 유일한 세력은 전체 생산을 통제하고 사회를 운영할 능력이 있는 노동계급뿐이다. 집단으로서 노동자는 강력하다.

그러나 여성 노동자가 중요한 또 다른 이유도 있는데, 이것은 마르크스 혁명론의 고유한 특징이다. 노동자가 되는 개인은 개별적 시민에서 사회적 시민으로 변모한다. 맡은 업무가 무엇이든, 임금노동은 개인이 독립적 수단(즉, 임금)을 갖게 하면서도 집단의 일원으로 만든다. 임금노동을 하는 개인은 서로 대화하고 어울리는 등 다른 노동자와 접촉하며 집단의 일원이 된다.[112]

임금노동은 성별 역할에도 영향을 끼친다. 엥겔스는 산업화가 남성과 여성에게 어떤 영향을 끼쳤는지를 관찰해 《영국 노동계급의 상태》에 썼다. 엥겔스는 나이를 불문하고 여성 노동자들이 어머니와 딸로서의 규범적 역할에서 벗어나, 퇴근하자마자 선술집으로 가서 임금을 몽땅 털어 술을 진탕 마시고 남편과 아버지의 권위에 저항하는 것에 주목했다.[113] 엥겔스는 계속해서 다음과 같이 쓴다.

남성과 여성의 지위가 완전히 뒤집히는 일은 양성이 처음부터 잘못된 관계에 있었을 때만 가능함을 인정해야 한다. 공장 시스템으로 아내가 남편보다 우세해진 것이 비인간적일 만큼 지독한 일이라면, 전에 남편이 아내보다 우세했던 것도 마찬가지다.[114]

오늘날 여성이 술 마시고 담배 피우고 여러 사람과 교제하는 등 남성과 비슷하게 행동하는 것을 보면 이런 통찰이 옳음을 알 수 있다. 남편의 강간을 대하는 여성의 태도에서도 비슷한 효과를 찾아볼 수 있다. "남편에게 강간당한 여성이 결혼 관계를 끝낼 수 있는 능력도 경제적 요소의 영향을 크게 받는다. 실제로 87퍼센트에 달하는 대다수 여성이 결혼 관계를 끝내려 하고 77퍼센트가 성공한다."[115]

여성이 직장에 다니는 것은 양성 관계를 평등하게 만들 잠재력도 키운다. 사용자가 임금과 노동조건을 공격하거나 규율을 강화하려 하거나 자기 입맛에 맞는 변화를 추구하려는 것에 효과적으로 저항할 수단은 오로지 집단적 저항밖에 없다. 그리고 집단적 대응을 구축하려면 모여서 토론하고 결정하는 게 필요하다. 흔히 젊은 노동자들이 가장 대담하다.[116] [2013년] 1월 런던에서 열린 전국교원노조 대의원대회에서는 여성 노동자들이 발언을 주도했고 정부의 공격에 분노하는 조합원들의 정서를 분명히 표현하며 노조가 투쟁에 나서야 한다고 촉구했다.

노동자 집회에서 투표가 시행되면 남성이든 여성이든, 동성애자든 이성애자든, 흑인이든 백인이든, 그리스도교든 무슬림이든 무신론자든 모두 한 표를 행사하기 때문에 노동자들은 서로가 평등하다고 느낀다. 이처럼 계급투쟁의 과정 자체가 민주적이고 누구에게나 발언권을 주는 동역학을 창출한다. 바로 이 때문에 마르크스는 근대 노동계급이 생겨난 결과 양성 관계가 변할 잠재력이 생겼다고 말한 것이다.

긴축의 영향

오늘날 영국에서 노동은 빈곤에서 탈출하는 길이 아니고, 한부모 가정은 부모가 둘 다 있는 가정보다 가난할 가능성이 갑절로 높다. 영국은 이미 매우 불평등한 사회다. 정부가 거듭 추진하는 긴축은 가장 취약한 집단에 대한 지원을 줄이거나 없애서 불평등을 악화시킨다. 그런데 공공 부문의 재정 삭감은 여성에게 더 큰 고통을 준다. 공공 부문 노동자의 65퍼센트가 여성이기 때문이다. 공공 부문 여성 노동자의 임금은 동결되고 노동시간은 늘어나고 연금은 삭감된다. 공공서비스의 삭감은 여성에게 가장 큰 타격을 가했고 연금생활자에게도 어려움을 안겼다.

긴축은 교통비에서 교육, 주택 임대에 이르기까지 사람들의 삶 곳곳에 영향을 끼친다. 2013년 4월에 시행될 주택 임대료 지원 상한제는 계급 '청소' 기능을 할 것이다. 가난한 가정은 임대료를 감당하지 못해 살던 곳에서 밀려날 것이기 때문이다. 복지 급여 지급액도 소매물가지수가 아니라 소비자물가지수에 따라 산정하도록 기준을 바꿨는데, 국가 지원에 의존하는 여성은 30퍼센트로 남성(15퍼센트)에 비해 높으므로 이 변화의 타격은 남성보다 여성에게 더 크다.* 정부가 보건 부문 예산을 150억~200억 파운드 삭감해 일자리 5만 개 정도가 사라질 판이다. 정신과 치료 지원액 삭감은 여성에게 더 큰 타격이 될 텐데, 여성이 불안증, 우울증, 가정 폭력, 성폭력 등으로 고통을 겪을 가능성이 남성보다 갑절이나 높기 때문이다. 노인 지원 예산은 평균 8퍼센트 삭감될 예정이다. 이런 지원을 받는 사람은 대부분 여성이고 이들은 다른 가족을 돌보고 있다. 한 돌 미만 아이를 키우는 부모 68퍼센트에게 보육 서비스를 제공하던 슈어스타트^{Sure Start} 예산도 더는 긴축을 피할 수 없게 됐다. 이 때문에 젊은 보육 노동자 3000명이 일자리를 잃을 예정이다. 지자체가 지원해 운영하던 성폭력 피해 여성 지원 시설도 문을 닫고 있다.[117] 이 조처들은 모두 가뜩이나 취약한 계층에게 가장 큰 타격을 입힐 것이다.

공공서비스가 하던 구실을 여성과 현재의 가족 구조가 대체할 수 없을 것이다. 정부 정책의 직접적 결과로 사회 최하층의 삶은 더 고달파질 것이고 독신 여성과 한부모 가정의 부모와 아이가 가장 큰 타격을 입을 것이다.

제2차세계대전 종전 후 여성이 노동시장에 진입하고 복지국가가 노동력 재생산 업무의 일부를 담당하고 교육이 보편화되면서 여성의 삶이 얼마나 바뀌었는지 앞에서 살펴봤다. 그 변화로 전통적 핵가족

---

* 소비자물가지수와 소매물가지수는 둘 다 물가 변동을 나타내는 지수다. 그런데 두 지수의 계산에 포함되는 항목은 다르고, 영국에서는 소매물가지수가 소비자물가지수보다 인상률이 높은 경향이 있다. 그래서 소비자물가지수를 기준으로 복지 급여 지급액을 산정하면 인상률이 그만큼 낮아진다.

이 약화되고 다양한 종류의 평등한 관계가 등장할 가능성이 증가하고 여성과 남성의 자유가 증진됐다. 또 여성이 노동자가 되면 양성 관계가 변할 것이라는 마르크스의 예측이 옳다는 게 증명됐다. 그러나 자본주의가 거듭 위기에 빠지고 가족이 노동력을 재생산하는 핵심 수단으로 남아 있기 때문에 이런 추세는 한계에 부딪힌다.

최근 지배계급은 강박적으로 긴축을 추진한다. 그에 따라 공공 부문 여성 노동자는 계속 공격당할 것이지만, 동시에 여성이 공공 부문뿐 아니라 경제 전체에서 전략적 지위를 점하게 만든다. 긴축은 노동계급 가족 자체를 심각하게 약화시킬 것이고, 정부는 이미 취약한 복지를 허물려 한다. 수많은 사람들이 고통을 겪을 것이다.

그러나 저항도 일어날 것이다. 등록금 인상에 반대하는 학생들의 시위, 슬럿워크, '점거하라' 운동, 병원 폐쇄에 반대하는 행진, 연금 개악에 맞서는 하루 파업 등이 보여 주듯이 다양한 저항이 일어날 것이다. 오늘날 여성 노동자는 노동계급 운동의 핵심적 일부이고 여성 노동조합원 수도 전례 없이 많다. 여성 노동자는 연금·일자리·임금·공공서비스를 지키고 성차별에 맞서 (남성 노동자와 함께) 집단적 힘을 사용해야 한다.

혁명적 사회주의자들은 (성차별적 발언과 성적 괴롭힘에 반대하는 운동, 정부의 긴축에 맞서는 운동, 사용자들의 임금·노동조건 공격에 맞서는 운동 등) 모든 운동에서 저항을 고무하고 성장시키는 핵심적 구실을 해야 한다. 바로 이런 투쟁에 참여하는 학생·노동자·실업자 등이 [혁명적 사회주의] 전략에 동의하도록 설득하는 일도 매우 중요하다. 다시 말해, 자본주의 사회에서 여성이 착취와 차별을 모두 받고 있다는 사실과 여성을 착취하고 차별하는 사회를 무너뜨리기 위해 여성 노동자는 남성 노동자와 함께 집단적 힘을 사용해야 한다는 것을 설득해야 한다.

마르크스주의는 차별을 어떻게 설명하는가?

성소수자 차별

콜린 윌슨

영국에서 1967년 남성 간 성관계가 비범죄화된 후 레즈비언, 게이, 양성애자, 트랜스젠더 등 성소수자에 대한 인식은 믿기 어려울 만큼 달라졌다. 다른 여러 선진국에서도 상황은 비슷하다. [그러나] 동시에 성소수자 차별도 여전히 지속되고 있다. 이 글은 이런 상황이 전개된 과정을 살펴보고 [성소수자 운동 내] 최근의 논쟁, 특히 '테러와의 전쟁'을 두고 벌어지는 논쟁에 대한 견해를 밝힐 것이다.

그러나 그에 앞서 미국과 유럽에서 사용되는 섹슈얼리티 개념을 더 넓은 역사적 맥락에서 바라볼 필요가 있다. 인간을 레즈비언, 게이, 양성애자, 이성애자로 나눌 수 있다는 생각은 오늘날 보편적으

출처: "LGBT Politics and Sexual Liberation", *International Socialism* 114(Spring 2007). 옮긴이: 이진화.

로 받아들여진다. 그리고 각 범주에 속한 사람들이 어떤 성에 욕구를 느끼고 어떤 성 행동을 하는지는 정해져 있고 이들에 대한 사회적 인식은 고정돼 있다고 여긴다.

[그러나] 현실에서 성욕, 성 행동, 사회적 정체성 간의 상호작용은 매우 복잡하게 일어난다. 어떤 사람은 동성에게 성욕을 느끼더라도 그 욕구를 행동으로 옮기지 않을 수 있다. 기혼 남성이 다른 남성과 사우나 같은 공공장소에서 성관계를 맺을 수도 있다. 그러나 그의 친구, 아내, 아이들은 그를 이성애자라고 생각하고, 심지어 그 자신도 그렇게 생각할 수 있다.[1]

일부 사람들은 인간이 단순히 이성애자와 동성애자로 나뉘지 않는다는 것을 근거로 대다수 사람들이 양성애자라고 주장한다. 많은 사람이 남성과 여성에게 모두 성욕을 느끼거나 성관계를 맺는 것은 확실하다. 그러나 양성애자라는 성적 지향을 드러내는 것은 쉽지 않은 듯하다. 양성애자는 레즈비언과 게이만큼 두드러지지 않는데다 이성애자와 동성애자는 이들에게 '한쪽을 선택하라'는 압력을 가한다. 양성애자가 동성애자보다 자신의 성적 지향을 불편하게 느끼거나 확신하지 못하고 친구와 가족에게 말하지 않을 가능성이 높다는 사실을 보여 주는 연구 결과도 있다.[2]

게다가 레즈비언, 게이, 양성애자, 이성애자라는 구분법은 우리 사회의 모습을 반영한다. 유럽과 아메리카를 제외한 문화권에서, 심지어 영국에서도 19세기 중반 이전에는 이런 구분법은 찾아보기 힘들다. 섹슈얼리티는 생물학적 본질에서 비롯하는 게 아니다. 그러므로 섹슈얼리티가 (특별히 억압적이거나 개방적인 사회가 아니라면) 시간이 흘러도 변하지 않는다는 견해는 틀렸다. 섹슈얼리티는 '사회적으로 구성된다'. 많은 사회에서 게이, 레즈비언, 양성애자, 이성애자라는 구분은 정말로 존재하지 않았다.

예컨대, 북아메리카 원주민 사회에는 인류학자들이 버다치라고* 부른 사람들이 존재한다. 버다치는 남성으로 태어났지만 여성의 옷을 입고, 사냥 같은 남성의 일을 하지 않는다. 버다치는 높은 지위에 있고 남성과 결혼할 수 있다. 유명한 아메리카 원주민 시팅 불과 크레이지 호스 등은 여성뿐 아니라 버다치와도 결혼했다고 알려져 있다. 버다치와 결혼하는 남성은 버다치가 아니고 여느 남성과 다르지 않게 산다. 버다치는 보통 아이들을 가르치고 사회에서 영적인 임무를 맡는다. 버다치인 테리 콜링 이글은 1982년 자신의 삶을 다음과 같이 묘사했다.

내가 기억하는 한 나는 그저 이렇게 태어났다. 여덟 살 때 나는 침대맡에서 회색 머리카락을 길게 늘어뜨리고 장신구를 주렁주렁 단 사람의 환영을 봤다. 그에게 남자인지 여자인지 묻자 그는 '둘 다'라고 대답했다. 그는 언제나 나와 함께 있겠다고 말했다. … 이 일을 할아버지에게 말했는데, 할아버지는 영혼에게는 좋은 기운이 있으니 영혼을 두려워하지 말라고 말했다. … 1년 뒤에 그 환영은 다시 나타났다. … 그는 '위대한 영혼'이 다른 사람들을 돕기 위해 나 같은 사람을 만들었다고 말했다.[3]

---

* 프랑스어 버다치는 남성 매춘부, 남색자 등을 뜻하며 서구 제국주의자들의 보수적 편견을 담고 있다. 근래에는 이런 편견에서 자유로웠던 원주민들의 용어를 받아들여 '두 영혼의 사람'이라고 부른다.

이런 삶의 방식은 우리의 구분법과 맞지 않는다. 버다치는 다른 남성과 성관계를 맺지만 게이와 달리 사회에서 교육적·영적 기능을 맡는다. 게이는 다른 게이와 성관계를 맺지만 버다치는 버다치가 아닌 남성과 성관계를 맺는다. 사람들은 버다치와 성관계를 맺는 남성이 여성과 성관계를 맺는 남성과 똑같다고 여긴다.

또 다른 사례는 성에 대한 고대 그리스인의 태도다. 고대 그리스 노예나 여성의 성생활에 대해서는 알려진 바가 거의 없지만, 지배계급 남성의 성생활을 보여 주는 증거는 풍부하다. 그들은 여성뿐 아니라 소년에게도 성욕을 느끼는 것을 당연하게 여겼다. 기원전 1세기의 한 결혼 계약서에는 '[예비 남편 — 지은이] 필리스쿠스가 아폴로니아 외에 다른 아내나 첩, 소년 애인을 집에 들이는 것은 불법'이라는 규정이 있다. 여성과 소년에 대한 선호도는 남성마다 달랐을 테지만, 어느 쪽을 선호하는지를 기준으로 그 남성을 특정한 유형으로 구분하지 않았다.

언어, 의복, 식사 예절과 마찬가지로 성에 대한 태도도 사회마다 달랐다는 것을 보여 주는 사례는 훨씬 더 많다.[4] 일반적으로 여성보다 남성 간의 성과 사랑에 대한 증거가 더 많다. 이것은 아마 많은 사회에서 여성이 억압받았기 때문에 성욕을 행동으로 옮기기 어려웠고, 그래서 실제로 여성 간의 [성적] 관계가 드물었기 때문일 수 있다. 그러나 여성의 삶을 자세히 기록하지 않았다는 것도 분명한 사실이다. 예를 들어, 여러 사회에 대한 현존하는 기록은 거의 다 남자가 서술했다. 그러므로 여성 간의 성과 사랑에 대한 증거가 없다고 해서 그것이 실제로 일어나지 않았다고 볼 수는 없다.

영국에서 현대의 섹슈얼리티 개념에 얼추 들어맞는다고 볼 수 있는 최초의 사례는 17세기 후반과 18세기 초반에 등장한다. 당시 '몰리하우스'에서는* 다음과 같은 일이 일어났다.

남성들은 술집이나 밀실에서 정기적으로 어울려 술 마시며 춤추고 시시덕거리고 여장 무도회를 열어 여성의 몸짓과 말투를 흉내냈다. 당대의 한 인물이 말했듯이 "마치 바람난 남녀가 뒤엉킨 것처럼 서로 껴안고 입맞춤하고 간지럼 태우느라" 정신이 없었다. … 관련된 남성은 모두 런던의 노동인구에 속했다. 이들은 런던의 거의 모든 제조업과 서비스업에 종사했는데, 숙련된 장인도 있었고 직공과 수습생도 있었다.[5]

이것이 남성과 성관계를 맺으며 자신을 특정한 유형으로 규정하는 남성들의 하위문화를 보여 주는 첫 사례이지만, 이것은 게이라는 성적 지향과 매우 다르다. 그 차이를 가장 극명하게 드러내는 것은 몰리들이 여자처럼 옷을 입고 아이를 낳는 척하는 의식을 했다는 것이다. 1728년의 한 기록에는 다음과 같이 쓰여 있다.

그들은 때때로 출산 의식을 했다. 한 명이 의자에 앉고 그 주변에 몇 명이 물이 담긴 대야와 수건 등을 들고 서 있었다. … 한참 동안 출산 의식을 하고 나서 의자 밑에서 아기 인형을 꺼냈다.[6]

---

* 몰리는 여자 같은 남자를 뜻하고 몰리하우스는 남성 동성애자들이 모이는 술집이다.

    당시와 지금의 섹슈얼리티 개념의 차이를 보여 주는 또 다른 사례는 정통적이지 않은 성적 행동이 흔히 종교적 반대와 연결됐다는 점이다. 1631년 오들리 경은 소도미* 행위로 사형선고를 받았는데, 당시 법무 장관은 다음과 같이 말했다.

> 오들리 경처럼 욕정에 탐닉하며 아침에는 개신교도가 되고 오후에는 가톨릭교도가 되는 식으로 종교를 속이는 자가 가장 끔찍한 불경을 저지른다 해도 그리 놀랍지 않습니다.[7]

    하위문화의 발전은 영국 사회에서 일어난 더 광범한 발전과 관련지어 설명할 수 있다. 역사가 노라 칼린은 17세기 후반에 런던 등 영국의 일부 지역에서 직장이라는 공적 영역과 개인의 사생활이 점차 분리되고 있었다고 서술한다. 즉, 개인적 관계와 경제 생산을 모두 담당하던 전통적 가족에서 벗어났다는 것이다. 또 칼린은 "1649년과 1688년의 부르주아 혁명이 개인의 자유, 특히 종교와 경제 영역에서 개인의 자유를 요구했고 이 영역에서 국가의 개입을 눈에 띄게 줄여 놓았다"는 것에 주목한다. 1640년대 일부 급진주의자들은 훨씬 더 폭넓은 요구를 내놓았다. 로런스 클라크슨은 다음과 같이 썼다.

> 빛과 사랑 속에서 당신이 하는 행동이 무엇이든, 그것은 빛나고 사랑스러

---

* 《창세기》의 소돔과 고모라에서 유래한 용어로 항문성교, 구강성교, 수간 등 생식과 무관한 성행위를 모두 일컫는 말이다.

운 것이다. … 성서, 성인, 교회가 뭐라고 말하든 당신 내면이 스스로 비난하지 않는다면, 당신은 비난받지 않을 것이다.[8]

18세기에는 동성 간 성행위를 처벌하려는 것에 대한 거부도 계속됐는데, 칼린은 다음과 같이 묘사한다.

프랑스 계몽주의 철학자들은 성관계 동의 여부를 결정할 수 있는 성인을 처벌하는 것은 미신을 근거로 이교도와 마법을 처벌하던 시대의 잔재라고 여겼다. … 러시아·오스트리아·프러시아·토스카나에서는 계몽전제주의 정책의 일환으로 소도미에 대한 사형이 폐지됐고, 미국의 대다수 주에서도 독립혁명의 여파로 소도미법이 폐지됐다. 프랑스에서도 부르주아 혁명의 여파로 헌법 제정이 한창이던 1791년에 국민의회가 형법을 개정하면서 성인의 성적 행동에 대한 형벌을 모두 폐지했다.[9]

18세기와 19세기 초반에 몇몇 여성들(대부분 중산층과 귀족에 속했다)은 '애정 어린 우정' 관계를 적극적으로 맺기도 했다. 가장 잘 알려진 사례는 1778년 아일랜드의 상류층 여성인 세라 폰손비와 엘리너 버틀러가 함께 달아난 일이다. '랑골렌의 숙녀'라고 불린 이들은 웨일스에 정착해서 죽을 때까지 53년을 함께 살았다. 이들이 서로에게 느낀 강렬한 감정은 엘리너의 일기에 솔직하게 드러나 있다.

나는 끔찍한 두통 때문에 하루 종일 침대에 누워 있었다. 내 소중한 사랑, 다정한 샐리가 옆에 누워서 내 머리를 감싸고 받쳐 줬다.

이들의 관계는 비난받기는커녕 널리 찬양받았다. 애정 어린 우정 관계는 성적인 것과 무관하다고 여겨졌다. 그렇게 해야 여성으로서 마땅히 가져야 할 성질, 즉 강렬하지만 섬세한 감정을 느끼고 파트너에 대한 정절을 지키는 능력을 가졌다는 것이 증명된다고 봤다. 어린 나이에 애정 어린 우정 관계를 맺으면 커서 좋은 아내가 된다고 여겨졌다. 랑골렌의 숙녀들은 아주 보수적이기도 했다. 레즈비언 역사가인 릴리언 페이더먼은 다음과 같이 기록했다.

이들은 정신 나간 왕 조지 3세의 건강을 기원하며 끊임없이 기도했다. 프랑스 혁명 초기에 이들은 귀족의 안전만을 걱정했다. … 그리고 3년 동안 일한 하인이 결혼도 하지 않고 임신하자 해고해 버렸다.[10]

이것 또한 현재의 섹슈얼리티 개념과 다르다. 이런 여성이 '정말로' 레즈비언이었는지 아니면 '단순히' 친구였는지 하는 물음은 아무런 의미가 없다.

19세기 영국의 산업화는 성에 대한 생각을 크게 바꿔 놨다. 산업화 이전에 대다수 사람들은 시골에 살았다. 산업화 이후에는 도시가 전례 없이 크게 성장해 많은 사람들이 도시에 살았다. 철도와 전기의 발명 같은 기술 발전은 엄청난 문화적 변화를 가져왔다. 특히 직장이라는 공적 영역과 '사생활'이 더 분명하게 분리됐다. 산업화 초기 남성, 여성, 아이 할 것 없이 모두 공장으로 빨려 들어가 일하게 되면서 이들 사이의 전통적 차이가 사라졌다. 지배계급은 이런 변화 때문에 상당히 불안해했다. 가족을 통제하던 전통적 수단이 사라졌지만 그것을 대체할 수단이 없었다.

19세기 중반까지 "성에 대한 태도는 사회 혼란과 혁명을 우려한 지배계급과 중간계급의 두려움과 밀접히 연관돼 있었다."[11] 빈민가에서는 온 가족이 한 방에, 심지어 한 침대에 눕는 광경을 흔히 볼 수 있었다. 화려한 옷을 입던 빅토리아 시대의 중간계급은 더위 때문에 얇은 옷을 입은 남녀 노동자가 함께 일하는 공장의 모습을 보고 부도덕이 판을 칠 거라고 여겨 몸서리쳤다. 1861년 사회 평론가 헨리 메이휴는 런던 중심부의 리젠트 가와 헤이마켓 구역에만 성매매 여성이 8000명이 넘는다고 주장했다.[12]

지배계급이 [가족 재건] 개혁을 원했던 것은 단순히 도덕적 분노 때문만은 아니었다. 여기에는 명백히 경제적 이익도 걸려 있었다. 자본가들은 노동계급이 재생산되지 않아서 자신의 재산 축적이 위태롭게 될까 봐 걱정했다. 이런 두려움 때문에 지배계급은 노동계급 가족의 재탄생을 지원했다. 칼린은 다음과 같이 썼다.

> 그러나 자본주의는 여러 이유에서 가족 단위로 조직된 남성, 여성, 아동의 노동력이 필요했고 이 사실은 산업혁명의 비교적 초기부터 분명히 드러났다. 노동력을 재생산해서 훈련하고 공장 규율을 가르치는 것, '가족 부양의무'를 통해 반항적인 노동자를 고분고분하게 길들이는 것, 각자도생과 개인주의 같은 자본주의 사상을 유지하는 것 등 가족이 필요한 이유는 다양했다.[13]

가족 강화는 법률을 통해 이뤄졌다. 예컨대, 1844년에는 여성이 합법적으로 일할 수 있는 시간이 제한됐고 1870년에는 공교육 체계가 생겨났다. 1872년 이후에는 직장에 다니는 여성의 아이를 돌보는 사람에게 새로운 규제를 가해서 노동계급 여성이 아이를 맡기기 어렵게 만들었다.

좌파는 새로운 노동계급 가족에 반대했다. 칼린은 19세기의 공상적 사회주의자들이 "가족제도에 도전했고 [그 대안으로] 생시몽처럼 '자유로운 사랑'을 주장하거나 푸리에처럼 대규모 공동체 '팔랑즈'가 가족생활을 대체해야 한다고 주장했다"고 쓴다.

영국에서는 오언주의자가 1830년대와 1840년대에 상당한 지지를 받았다. 오언주의를 지지한 노동자들은 결혼 제도와 사생아 차별 폐지, 가족생활을 공동체 생활로 대체하자는 제안, 여성의 일할 권리와 노동조합에 가입할 권리 등을 활발하게 토론했다.

그러나 다른 흐름도 나타났다. 이 흐름은 "돈벌이는 남성 몫이고 여성의 역할은 살림이라는 식으로 성별 역할을 분명하게 나눠 노동계급 가족을 지키려 했다". 이들은 랭커셔의 방직공장에 여성만 고용돼 남성 방직공이 실업 상태에 놓인다거나 개정 구빈법(1834년)으로 만들어진 구빈원에 들어가면 가족이 뿔뿔이 흩어져야 했던 진정한 고통에 반대했다. 1840년대에 급진적 차티스트운동이 패배하자 대다수 노동자는 (복지 제도가 존재하지 않는 상황에서) 최소한의 보호막을 제공하는 가족을 가장 나은 선택으로 여겼다.[14]

[지배계급은] 가족을 재건하기 위해 가족의 테두리 밖에서 이뤄지는

성관계를 억압했다. 예컨대, 1857년에 제정된 음란출판물법은 포르노를 규제했다. 1860년대에는 전염병예방법이 제정돼 성매매를 한다고 추정되는 여성들을 강제로 검사했다. 이것은 표면적으로는 군인의 성병 감염을 막으려는 노력이었지만 실제로는 성매매를 공격하려는 것이었다.

19세기에는 점점 더 많은 의사들이 가담해 다양한 성 형태에 대한 억압을 강화했다. 잘 알려져 있듯이 당시에는 아동(특히 남자아이)의 자위가 정신이상을 유발한다는 우려가 널리 퍼져 있었다. 의학 서적은 여러 성 관행을 '성도착'이라고 규정하고 거창한 라틴어 이름을 붙였다. '동성애자'라는 말이 처음 등장한 곳도 바로 이런 의학 서적이었고, 1885년 개정 형법은 남성 간 모든 성적 행위를 범죄로 규정했다.[15] 이런 범죄를 저지르는 특정한 유형의 사람이 있다는 생각은 1895년 오스카 와일드가 새로운 법에 따라 징역 2년을 선고받았을 때 크게 강화됐다. 와일드는 재치 있고 여성스럽고 귀족적인 멋쟁이였는데, 이런 이미지가 게이에 대한 지배적인 고정관념이 돼 오랫동안 이어졌다. 감옥에서 와일드는 건강이 급격하게 나빠져 1900년에 사망했다. 이 사건은 유럽과 아메리카에 널리 알려졌고 동성애자들은 와일드와 같은 운명에 처할까 봐 공포에 떨었다.

'동성애자'(와 그 뒤 생겨난 '이성애자', '양성애자')라는 개념에는 이전의 사고방식과 결정적인 차이가 있었다. 그 전에는 특정한 행동을 처벌했지만 이런 개념이 생긴 뒤에는 특정한 사람을 처벌했다. 섹슈얼리티를 이렇게 구분하는 것은 분명 차별적이지만, 동성애자라는 개념이 해방의 가능성을 제공하는 것처럼 보이기도 했다. 1864년 독일 공무원 카를 하인리히 울리히는 소책자를 발행했는데, 그는 겉모습은 남성이지만 마음은 여성이라 남성에게 성적 욕망을 가지는 사람을 '우라니안'이라고 묘사했다. 울리히는 동성에게 끌리는 것이 생물학적으로 타고나는 것이라서 바꿀 수 없는 성질이므로 동성애 처벌은 비합리적이라고 주장했다. 우라니안이라는 용어를 사용해 억압을 규탄한 것이 당시에는 획기적인 것이었다. 울리히는 이성애자라고 가정한 독자에게 다음과 같이 썼다.

> 과학적 오류에 근거해서 수많은 동료의 자존감과 행복을 고의적이고 체계적으로 짓밟고 파괴하는 것을 계속 참아야 할까요? 그들도 당신만큼 귀중하고 정말로 어떤 범죄도 저지르지 않았는데 말입니다.[16]

울리히의 소책자는 영향력이 거의 없었다. 그리고 우라니안이라는 개념은 동성애자와 다르다. 우라니안은 여성의 마음과 남성의 몸을 가진 사람이므로 아마도 오늘날의 트랜스젠더 개념에 더 가까울 것이다. 그렇지만 그의 저작은 다음 세대의 활동가들에게 영감을 줬다 (일부 의사들은 20세기로 전환하던 시기에 '성 개혁' 운동을 건설하는 데 참여했다). 영국의 해블록 엘리스, 독일의 마그누스 히르슈펠트, 오스트리아의 지크문트 프로이트 등은 더 계몽된 방식으로 성에 접근해야 한다고 주장했다. 이들은 울리히의 주장을 받아들여 소수 사람들은 동성에게 끌리도록 타고났으므로 이런 사람들을 처벌하는 것은 부당하다고 주장했다. 특히 히르슈펠트는 수천 명의 동성애자를 조사하고 그들의 신체적·정신적 특징을 상세하게 작성해서 이런 주장을 뒷받침했다. 히르슈펠트가 묘사한 특징 중 일부는 오늘날에는 터무니없어 보인다. 예컨대, 게이는 휘파람을 못 불고 머리카락이 굵고 곱슬거리고, 레즈비언은 팔과 다리에 털이 많다는 것이다. 히르슈펠트의 분류법은 동시대 의사들이 여러 '인종'의 특징을 세세하게 묘사했던 방식과 비슷하다.[17]

히르슈펠트는 평생을 법률 개혁 운동에 헌신했고 유명 지식인과 독일 사회민주당, 나중에 등장한 공산당의 지지를 받았다. 1918~1919년의 독일 혁명이 가져온 사회 변화 덕분에 그는 베를린에 운동 본부를 설립할 수 있었다. 그러나 이성적인 논쟁만으로 정부를 설득해 법률 개혁을 이루겠다는 노골적인 개혁주의 전략을 택했기 때문에 결실이 없었다. 이것은 1917년 10월 러시아 혁명이 가져온 변화와 극명하게 대조된다. 러시아에서 자신을 동성애자라고 여기는 사람은 드물었다. 그러나 볼셰비키는 한물간 전제적 법률을 폐기했고, 거기에는 동성애를 금지하는 법도 포함돼 있었다. 이런 변화의 효과는 놀라웠다. 1920년대 초에는 여성끼리(그중 한 명은 남성으로 살아가고 있었다)의 결혼이 합법으로 선포되기도 했다.

1930년대 초 소련은 성 개혁의 선두 주자로 인정받았고 히르슈펠트의 세계성개혁동맹이 소집한 회의에서 환영받았다.[18] 그러나 그 후 성 개혁을 지지하는 국제 좌파의 전통이 파괴됐다. 1933년 독일에서 나치가 집권해 히르슈펠트의 조직을 해산하고 그의 책을 불태웠다. 그 후 동성애자 수천 명이 강제수용소에서 목숨을 잃었다. 소련에서는 1920년대 후반에서 1930년대 초 사이에 이오시프 스탈린이 권력을 잡았고 혁명의 성과를 모조리 무너뜨렸다. 러시아는 경찰국가가

됐고 아이를 많이 낳은 여성에게 훈장을 줬다. 동성애는 도로 불법 행위가 됐다.[19]

스톤월 항쟁과 그 이후

냉전기에 소련과 미국의 성소수자는 똑같이 차별받았다. 매카시 즘이 한창이던 때 동성애자는 국가 안보를 불안하게 만드는 위험 분자로 분류돼 마녀사냥당했다. 1950년대 초 공공 부문에서 동성애자가 매년 500명씩 해고당했고 군대에서는 총 2000명이 쫓겨났다. 동성애자는 술집에서 술을 마시기만 해도 잡혀갔다. 1953년에는 경찰이 뉴올리언스의 클럽을 급습해 여성 64명을 체포했고 1955년에는 볼티모어에서 게이 162명을 체포했다.[20]

1951년 미국에서 옛 공산당원 해리 헤이가 동성애자는 "지배적 문화에 갇힌 사회적 소수"라고 제기하며 매터신협회를 설립했다. 매터신협회는 공산당을 따라 비밀 세포 방식을 취했다. 회원이 새로 들어오면 촛불을 밝힌 방에 서로 손을 잡고 동그랗게 서서 다음과 같이 서약했다.

우리를 격려하고 하나로 이어 주고 보호해 주는 손을 맞잡고 단순하지만 위대한 목표를 가진 사회 세력으로 거듭날 것을 서약한다. 우리는 누구에게나 안전한 사회, 생산 활동이 평등하게 이뤄지는 사회를 만들겠다고 다짐한다. 우리는 혼란에 빠지고 일탈한 아이들이 다시는 홀로 어둠 속에서 두려움에 떨게 하지 않을 것이다. 이 순간 우리는 다시 한 번 일생을 바쳐 품위와 존경, 자긍심과 자유로 서로에게 충성할 것을 맹세한다.[21]

1953년에 매터신협회는 수십 개의 지부와 2000명가량의 회원을 거느린 조직으로 성장했다. 그러나 새롭게 등장한 지도부는 헤이를 비롯한 설립자들과 달리 좌파와 거리를 두려 애썼다. 역사가 존 데밀리오가 자세히 썼듯이 새 지도부는 시민권을 주장하고 토론하는 대신 헌혈하거나 "옷·책·잡지를 모아 병원에 기부하는 등 동성애자도 순수한 시민이라는 것을 증명하기 위해 노력했다."[22] 이런 변화 이후 조직은 축소됐다.

영국의 운동은 남성 간 성관계를 금지하는 법을 바꾸는 데 집중했다. 1957년 정부의 한 위원회가 법 폐지를 권유했지만 실제로 폐지된 것은 십 년이 지난 뒤였다. 그 위원회는 동성애가 정신병이라며 '치료법'을 연구해야 한다고 권유하기도 했다. 1967년에 법률 개혁이 이뤄졌지만 제한적이었기 때문에 여전히 많은 동성 간 행위는 처벌 대상이었다.[23] 오늘날의 기준으로 보면 모임을 열고 편지 쓰기에 집중하는 당시의 법률 개혁 운동은 온건해 보인다. 행진을 비롯한 공개적 항의는 상상하기 어려웠다. 운동의 지도자들은 당연히 레즈비언이나 게이였지만 결코 그것을 공개적으로 드러내지 않았다.

1969년 스톤월 항쟁은 19세기 말 '동성애'라는 개념이 생겨난 이래 성에 대한 생각을 가장 근본적으로 바꿔 놨다. 6월 28일 토요일 심야에 경찰이 뉴욕의 동성애자 술집 스톤월인을 습격했다. 술집에 있던 사람들(대부분 젊은 유색인이며 여장을 한 사람도 상당수 있었다)은 경찰에 맞서 싸웠다. 경찰이 그 자리에 있던 손님들을 경찰차로 끌고 가려 하자 사람들은 맥주 캔과 동전을 던지며 저항했다. 이어 유리병과 돌을 집어던지자 [궁지에 몰린] 경찰이 술집 안으로 후퇴했다. 그러자 사람들은 술집에 불을 질렀다. 지원 병력이 도착해 갇힌 경찰을 구출했지만 폭동은 다음 날 밤까지 계속됐다.

누군가 젖은 쓰레기 봉투를 경찰차 창문에 집어던졌다. … 경찰차에 보도블록이 날아들었고 삽시간에 수십 명이 경찰차를 둘러싼 채 문을 두드리고 보닛에 올라가 춤을 췄다. 헬멧을 쓴 전술 부대가 도착했다. 경찰은 즉흥적으로 대열을 지어 강력하게 항의하는 동성애자들을 해산하기 위해 곤봉을 휘둘렀다. … 몇 시간 동안 쓰레기가 불타오르고 병과 돌멩이가 날아다니고 "게이 파워!"라는 외침이 거리에 울려 퍼졌다. 경찰 400명이 2000명에 달하는 군중과 전투를 벌였다.[24]

오늘날의 시각으로 보면 스톤월 항쟁이 얼마나 놀라운 일인지 이해하기가 쉽지 않다. 그 전까지 성소수자는 스스로 열등하다고 생각했고 자신의 성적 지향을 질병이라고 여겼다. 그러나 폭동을 거친 뒤 그들은 자신이 억압당하고 있다고 주장했다. 성소수자들은 흑인들에 연대했는데, 이들은 스톤월 항쟁이 벌어지기 전해에 마틴 루서 킹의 암살에 항의해 폭동을 일으켰다. '게이 파워'라는 구호는 1966년 스토클리 카마이클이 제기해 흑표범당 같은 혁명적 조직에 영감을 준 '블랙 파워'라는 구호를 따라 한 것이었다. 동성애자해방전선GLF이 스톤월 항쟁 한 달 뒤에 만들어졌다. 동성애자해방전선은 혁명적 조

직이었고, 미국에 맞서 싸운 베트남 저항군인 민족해방전선에서 그
이름을 따왔다.

1960년대 후반 미국 사회 전체에서 급진화가 한창 진행 중이었기
때문에 [동성애자들의] 의식이 이렇게 변할 수 있었다. 동성애자 해방운
동은 급진적 운동의 중요한 일부였다. 동성애자 대표단은 반전 시위
에 참가했다. 레즈비언들은 여성해방운동에 참가했다. 동성애자해방
전선은 투옥된 흑표범당 지도자를 옹호하는 주장을 했고 흑표범당
행사에 대규모 대표단을 파견했다. 1971년에는 동성애자 해방운동
이 영국으로 확대됐다. 반전운동, 여성운동, 1970년대 초 전투적인
산업 투쟁을 배경으로 동성애자 해방운동도 성장했다.[25]

초기 성소수자 운동은 엄청난 성과를 거뒀다. 미국의 절반이 넘는
주에서 반동성애법이 폐지됐다. 공공 부문에 레즈비언과 게이의 채
용을 금지하는 조항이 폐지됐고 수십 개 도시에서 차별 금지법이 통
과됐다. 영국에서는 [성소수자] 모임이 여러 대학에서 급속하게 생겨났
고 광고와 전국 신문에 동성애자가 등장하기 시작했다. 런던에서는
동성애자가 등장하는 텔레비전 드라마가 방영됐다.[26]

사상에 대한 관심이 급증하고 시야가 넓어졌지만 정치적 혼란도
상당했다. 많은 사람들이 자신의 성적 지향을 드러낼 수 있다는 것
에 환호했고 이것을 자본주의가 빠르게 몰락하고 있다는 신호로 여
겼다. 일부 사람들은 정치적 변화를 위해 행동할 필요가 없고 공동
으로 생활하고 여장을 하면서 그저 자신의 성적 지향을 즐기면 된다
고 생각했다. 지역에 상담 전화와 지원 서비스 같은 방안을 마련하
려는 사람도 있었고, 수익성 있는 [동성애자] 술집과 클럽을 운영하는

사람도 있었다. 소수는 '동성애자의 평등권을 위한 운동CHE' 같은 명망 있는 개혁주의 정치 활동이나 혁명적 좌파에 이끌렸다.

1972년 말 영국의 동성애자해방전선은 사라졌고 1979년 보수당 총리 마거릿 대처의 집권은 자본주의가 아직 무너지지 않았다는 것을 똑똑히 보여 줬다. 1980년대 초 동성애자 해방운동에서 두 가지 경향의 정치가 분명하게 드러났다. 하나는 여러 대도시에서 지방정부를 장악하고 있던 노동당 좌파에 개입해서 변화를 도모하는 것이었다. 지방의회는 (여성과 흑인 등 차별받는 집단뿐 아니라) 레즈비언과 게이를 지지한다고 주장하고 평등 증진을 담당하는 직원을 고용하고 지역 단체들을 후원했다. 이것은 사람들의 태도 변화를 이끈게 아니라 많은 점에서 변화한 태도를 반영한 것이었지만 동성애자들의 정치 참여라는 측면에서 일보 전진이었다. 그러나 1980년대 말 노동당 좌파의 전략은 완전히 실패한 것으로 드러났다. 보수당은 노동당 좌파의 본부인 런던광역시의회GLC를 폐쇄했고 다른 의회들은 마지못해 보수당 정책을 따랐다.

다른 경향은 '자율주의'나 '분리주의'라고도 알려져 있는 정체성 정치다. 성소수자만이 자신이 겪는 차별을 진정으로 이해할 수 있기 때문에 성소수자 차별에 맞선 투쟁은 성소수자가 이끌어야 한다는 것이다. 이런 생각은 운동의 초기부터 상식처럼 여겨졌다. [이런 견해에서 보면] 아무리 선의를 가진 이성애자라도 도움이 되지 않고 최악의 이성애자는 성소수자의 적이었다. 그러나 이런 생각은 동성애자들이 이성애자 여성이나 노동조합원 등과 함께 광범한 운동에 참여하면서 상쇄됐다. 1970년대 후반 광범한 운동이 쇠퇴하면서 단결을 지향하는 실천적 경향이 사라졌고, 정체성에만 기반을 둔 운동은 분열하는 경향이 있고 [실제로] 쉽게 분열한다는 것이 드러났다. 급진적 페미니스트들은 남성과 함께하는 정치 활동을 모두 거부했고 심지어 사회적 관계마저 단절하는 경우도 있었다. 일부 여성은 '레즈비언 페미니스트'를 자처했는데, 이들은 다른 여성에게 성적 욕구를 느껴서가 아니라 정치 전략의 일환, 즉 남성과 성관계 하지 않고 남성에게 정서적 위안을 제공하지 않는 방식으로 여성 차별의 기반을 약화하겠다는 의도에서 그랬다. 레즈비언 페미니스트는 가학·피학 행위를 즐기는 레즈비언과 매우 격렬하게 논쟁을 벌였고, 한 역사가는 이 논쟁을 '1980년대 레즈비언의 성 전쟁'이라고 불렀다.[27]

정체성 정치와 노동당 좌파에 개입하기라는 두 가지 경향은 모순적으로 보일 수 있다(노동당은 성소수자가 주도하는 기구가 아니니 말이다). 그러나 두 경향은 모두 혁명적 정치에서 후퇴해 급진적 시위나 노동계급이 세계를 바꿀 수 없다는 믿음이 자라나고 있음을 반영한 것이었다. 지적 영역에서는 프랑스 게이 역사가 미셸 푸코의 이론을 이용해 이런 믿음을 뒷받침했는데, [간단히 말하면] 마르크스주의에서 벗어나 새로운 시각에서 더 세밀하게 사회를 이해해야 한다는 것이었다. 1980년대를 더 우울하게 만든 요소는 에이즈의 확산이었는데, 당시에는 주로 게이가 에이즈에 감염됐기 때문이다.

보수당은 성소수자들이 이룬 성과를 되돌리려 했다. 1988년 지방자치법 28조는 지방정부가 '동성애를 조장'하거나 학교에서 동성애를 긍정적으로 가르치도록 권하는 것을 금지했다. 이 법은 16년 동안 시행됐고, 여러 학교는 성소수자 학생을 방어하는 것을 금지하는 규칙을 만들었다. 이것은 동성애 혐오가 강한 학교 문화를 만드는 데 일조했고 이런 문화는 지금까지도 이어지고 있다. 보수당은 기존의 반동성애법을 강력하게 집행하기도 했다. 게이 역사가 제프리 윅스는 [동성애자에 대한] 기소는 "1980년대 후반에 정점에 달했는데, 이렇게 많은 기소가 이뤄진 것은 [동성애가 불법이던] 1954년뿐이었다"고 썼다.[28]

그러나 종합적으로 보면 보수당은 성에 대한 인식과 가족생활을 1950년대 수준으로 결코 되돌리지 못했다. 대처 집권기에 결혼하지 않고 동거하는 커플의 수는 세 배 늘었고 결혼하지 않은 관계에서 태어난 아이의 비율은 두 배 증가했다.[29] 성소수자를 인정하는 사회적 분위기가 점차 확대됐는데, 이런 추세는 특히 1980년대의 에이즈 광풍이 잦아든 후에 더 두드러졌다. 보수당의 계획이 예기치 못한 영향을 주기도 했다. 예컨대, 지방자치법 28조에 대한 반대 운동 속에서 스톤월그룹이 탄생했다. 스톤월그룹은 신노동당 정부하에서 그때까지 남아 있던 동성애 혐오 법률을 폐지하도록 압력을 넣어 성공했다. 1984~1985년의 광원 파업에서도 예기치 못한 결과가 나타났다. 레즈비언과 게이들이 광원을 지지하는 활동에 나섰다. 이들은 술집과 클럽에서 모금한 돈으로 분홍색 소형 버스를 사서 웨일스 파업 노동자들에게 기증했다. 피케팅 나갈 때 이용하라며 말이다. '광원들을 지지하는 동성애자들LGSM'은 광원들을 찾아가기도 했는데, 이런 교류(와 파업 지지 활동에 참여한 광산 지역 여성들의 커다란 기여)로 성과 가족에 대한 광원들의 태도가 바뀌었다. 파업에 참가한 한 광원은 런던의 '광원들과 변태들의 무도회'에 참가한 1500명 앞에서 다음과 같이 말했다.

여러분은 "실업수당이 아니라 석탄을"이라는 우리의 배지를 달았습니다. 여러분은 괴롭힘이 무엇을 뜻하는지 알고 우리도 마찬가지입니다. 이제 우리가 여러분을 지지할 것입니다. 하룻밤 사이에 변하지는 않겠지만 이제 14만 광원들은 … 흑인과 동성애자와 핵군축에 대해 압니다. 다시는 예전과 같지 않을 것입니다.

전국광원노조NUM는 나중에 노동당이 성소수자 평등권을 지지하게 만드는 데서 중요한 구실을 했다.[30]

신노동당 정부하에서도 이런 경향은 이어졌다. 사회 전체에서 동성애 혐오가 계속 줄어들었다. 예컨대, 2005년에 시민동반자법이 도입됐을 때 유의미한 반대가 없었다. 법률 변화로 성소수자가 겪던 부당함도 사라졌다. 이제 레즈비언과 게이가 병원에 누워 있는 위중한 애인을 면회할 수 있게 됐다. 트랜스젠더는 새 출생증명서를 발급받는 등 법적으로 온전히 인정을 받게 돼 매번 자신의 과거사를 설명하지 않아도 됐다.

신노동당의 지도부 개개인은 편견에 사로잡혀 있을 수도 있다. 전 내무 장관 데이비드 블렁킷은 [동성애자의] 성관계 동의연령을* [이성애자와] 동일하게 하자는 법안에 항상 반대표를 던졌다. 그러나 신노동당의 전반적 기조는 대처 집권 당시 보수당이 보여 준 공격적 태도와 확연히 다르다. 노동당의 이런 기조에 영향 미친 세력은 노동조합이

---

* 법에서 스스로 성교에 동의할 수 있다고 인정하는 나이다. 1994년 영국의 성관계 동의연령은 동성애자 21세, 이성애자 16세였는데, 현재는 모두 16세다.

다. 학생운동 출신 노동자들은 1970년대에 처음으로 국가·지방공무원노동조합Nalgo(지금은 공공서비스노조Unison에 속한다) 같은 사무직 노동조합에서 성소수자 모임을 만들었다. 오늘날에는 거의 모든 노동조합에 성소수자 모임이 있고 성소수자 문제는 노동조합 주요 의제 중 하나다.

그러나 1997년에 토니 블레어의 당선으로 성소수자에 대한 편견이 갑자기 누그러지고 수용하는 방향으로 돌아섰다는 것은 사실이 아니다. 보수당 총리 존 메이저도 동성애를 강하게 반대한 대처의 태도와 거리를 두려고 했다. 예컨대, 1991년에 스톤월그룹의 이언 매켈런을 만났다.[31] 동성애자의 성관계 동의연령이 21세에서 18세로 낮아진 것도 메이저 정부 때였다. 블레어가 집권했을 때는 법률 변화가 느렸다. 노동당이 재집권 중이던 2001년에야 [동성애자의] 성관계 동의연령은 이성애자와 같아졌고, 노동당이 세 번째 집권 중이던 2005년이 돼서야 시민동반자법이 도입됐다.[32]

신노동당은 가족의 구실을 강조하기도 했다. 2006년 6월 블레어는 형법 체계에 대한 연설에서 다음과 같이 말했다. "가족 구조가 바뀌었습니다. … 가족과 학교 안에서 일상적으로 지켜지던 규율이 예전보다 느슨해졌습니다. [그 결과 국가는 — 지은이] 사회적으로 배제되고 제 기능을 못하는 가족에 훨씬 더 일찍 개입해야 합니다. 이 말은 곧 그들이 법을 어기지 않아도, 그리고 원하지 않아도 개입하겠다는 것입니다. 그러나 진실을 말하자면, 아이를 낳아야 이런 가족을 가려낼 수 있습니다."[33] 가족을 값싼 돌봄과 사회적 규율을 제공하는 원천이라고 보는 신노동당의 태도는 빅토리아 시대 지배자들의 시각과 놀라울 만큼 닮았다. 지배자들은 시민동반자법을 통해 게이와 레즈비언을 포용해서 가족을 강화하려고 한다.

성소수자를 포용하는 동시에 가족을 강화하려는 태도 때문에 노동당이 [성소수자를] 포용하는 데는 분명한 한계가 있다. 이 점을 가장 잘 보여 주는 사례는 1998년 10월 웨일스 장관 론 데이비스가 성관계를 맺을 게이를 찾으러 클래펌커먼에* 갔다고 의심받은 사건이다. 데이비스는 장관직을 사퇴했는데, 노동당 지도부가 그에게 사퇴 압력을 넣었다는 추측이 무성했다. 확실히 노동당 장관들은 데이비스가 어떤 성생활을 즐기든 그건 그의 사생활이라고 말하지 않았고 그의 사퇴를 만류하지도 않았다. 2003년 3월 〈선〉은 데이비스가 숲속에서 다른 남성과 성관계하는 사진을 입수했다고 주장했다. 우익 신문이 당의 주요 인사를 마녀사냥하는데도 노동당은 그를 옹호하기는커녕 당에 오명을 남길 짓을 했는지 추궁했다. BBC는 다음과 같이 보도했다. "국회에는 전 웨일스 장관에 대한 동정 여론이 없다. 익명을 요청한 노동당 중진 의원은 '참을 만큼 참았다'고 소리쳤다." 데이비스는 그해 5월에 웨일스 의회에 재도전하려는 계획을 포기하고 2004년 1월 탈당했다. 40년 동안 당원이었고 장관을 지낸 사람으로서는 이례적인 일이었다.[34]

신노동당은 사회의 근본을 건드리지 않고서 공정한 사회를 만들려 하기 때문에 동성애 혐오를 비판하는 미사여구를 늘어놓지만 이에 도전하는 실천은 거의 하지 않는다. (뒤에서 말하겠지만) 성소수

---

* 런던 남부 지역의 클래펌에 있는 공원이다.

자는 여전히 차별받고 있기 때문에 말 이상의 행동이 필요하다. 그리고 의지만 있다면 정부가 할 수 있는 일은 아주 많다. 예를 들어, 동성애자 학생들이 학교에서 괴롭힘당하는 것을 막기 위해 정부는 대대적인 홍보 활동을 할 수 있고, 교사들을 교육하는 안내서를 발행하고 모든 학교가 안내서에 제시된 정책을 채택해 시행하도록 할 수도 있다. 성전환 수술을 쉽게 받도록 만들어서 트랜스젠더의 자살을 줄일 수 있다. [공영 방송] BBC의 낮은 성소수자 출연율을 바꿀 수 있고 경찰이 크루징' 장소를 순찰하도록 해서 [성소수자들이] 폭행당하는 것을 막을 수도 있다.

영국에서 성소수자는 여러 법적 권리를 쟁취했지만 게이·레즈비언·양성애자의 60퍼센트는 학교에서 물리적 공격을 받은 적이 있다고 말한다. 젊은 동성애자가 또래 이성애자에 비해 가출할 확률은 세 배나 높다.[35] 2007년 초 가톨릭교회와 영국성공회는 종교적 관용 운운하며 평등법 확대를 제한하려 했다. 성공회는 성직자가 시민동반자 관계를 맺을 수 있지만 상대방과 성관계를 맺지 않겠다고 서약해야 한다는 황당한 태도를 취했다.[36] 성소수자의 방송 출연도 불평등하다. 2006년 스톤월그룹이 BBC 프로그램을 조사한 결과에 따르면 BBC1과 BBC2가 168시간 동안 방영한 프로그램에서 레즈비언과 게이를 긍정적으로 다룬 시간은 겨우 6분이었고, 그조차도 대부분 게이에 대한 내용이었다.[37] 2005년 [BBC] 라디오1의 인기 진행자 크리스 모일스는 "쓰레기 같다"는 의미로 "게이"라는 단어를 사용

---

* 동성애자들이 많이 모이는 특정 장소에서 데이트 상대를 찾는 일이다.

했지만 징계받지 않았다. BBC 이사회는 그가 "동성애 혐오 발언을 한 것은 아니"라고 판단했다.[38]

직장 내 상황을 살펴보자. 1999년에 영국 노총이 조합원을 대상으로 진행한 설문 조사에서 레즈비언·게이·양성애자의 44퍼센트가 직장에서 차별당한 적이 있다고 답변했다.[39] 2005년 클래펌커먼에서 조디 도브로프스키가 살해됐는데, 이것은 런던 경찰이 그해 신고받은 1306건의 동성애 혐오 범죄 가운데 하나에 불과했다. 동성애 혐오 범죄 신고율이 낮다는 것은 경찰과 활동가가 모두 인정하는 사실인데, 한 보고서는 피해자가 신고하는 비율이 5분의 1도 채 안 된다고 추정했다.[40]

차별 때문에 받는 스트레스는 성소수자의 정신 건강에 [악]영향을 미친다. 2003년에 발표된 연구 결과는 레즈비언과 게이가 이성애자보다 자해할 가능성이 두 배가량 높다는 것을 보여 줬다.[41] 특히 트랜스젠더는 성전환 수술을 하지 못해 절망하는 경우가 많다. 트랜스젠더 세 명 중 한 명가량이 자살을 시도하고, 그중 대부분은 한 번 이상 자살을 시도한다.[42]

성소수자들이 겪는 경험은 계급에 따라 상당히 다르다. 돈이 있는 사람은 폭넓은 선택을 할 수 있고 동성애 혐오를 거의, 어쩌면 전부 피할 수 있다. 예를 들어, 스톤월그룹 사무총장 벤 서머스킬이 오늘날 영국 성소수자의 상황을 알리기 위해 자서전적 글을 모아 편집한 《지금 우리는》은 이 점을 잘 보여 준다. 스무 명의 기고자 가운데 절반은 언론인이거나 소설가이고 여섯 명은 예술 분야의 감독, 배우, 예술가, 사진작가, 고전 음악가다. 기고자들은 확실히 동성애 혐오를 경험한 적이 있지만 그 형태는 예를 들어 복잡하게 얽힌 이혼 소송에서 양육권을 둘러싸고 벌어지는 고통스러운 분쟁 같은 것이었다. 길거리에서 모욕당하거나 두드려 맞은 경험이 있다고 쓴 사람은 한 명도 없다.[43] 계급에 따라 거주 지역도 다르다. 성소수자 공동체로 유명한 브라이턴에는 동성애자 업소나 단체가 57개 있지만 브라이턴과 인구 규모가 비슷한 선덜랜드에는 동성애자 업소나 단체가 다섯 군데밖에 없다.[44]

오늘날에도 계속되는 또 다른 주요 경향이 두 가지 있다. 하나는 성 상품화인데, 이 경향은 '야한 문화'가 발달하면서 이성애자 사이에서 빠르게 퍼졌다. 이런 [사회적 분위기가] 성소수자 문화에도 영향을 끼쳤다. 《게이 타임스》와 (술집과 클럽에서 구할 수 있는) 무료 잡지에는 성매매 남성이나 폰섹스 광고가 여러 면에 실려 있다. 게이 포르노는 인터넷에서 쉽게 찾을 수 있는데, 이것은 모든 게이가 포르노 배우같이 털 하나 없이 매끈한 구릿빛 피부에 탄력 있는 몸과 세련된 옷맵시를 갖춰야 한다는 생각을 퍼뜨리는 데 일조했다. 이 때문에 헬스클럽·태닝머신·왁싱 등을 이용할 돈과 시간이 없는 많은 남성이 소외됐을 뿐 아니라 식이 장애에 시달리는 게이 남성이 이성애자 남성의 두 배가 되기도 했다.[45]

마지막 경향은 비영리 동성애자 자선단체의 증가인데, 이 경향은 에이즈가 유행하던 초기에 테런스히긴스트러스트THT 같은 단체가 등장하면서 시작됐다. 1982년 한 무리의 친구들이 모여 테런스히긴스트러스트를 세웠는데, 그 후 한 해 5만 명을 지원하는 전국적 단체로 성장했다. 2005~2006 회계연도에 이 단체의 수입은 총 1280만 파운드였는데, 그중 대부분(770만 파운드)은 정부 지원금이었다. 이런 지원 덕분에 테런스히긴스트러스트는 HIV 검사, 성 건강 증진 활동, 젊은이와 소수민족 지원 사업 등 다양한 활동을 할 수 있었다. 단체의 규모가 커지면서 '전문가적' 사고방식과 관리자층이 필연적으로 등장했다. 테런스히긴스트러스트처럼 정부 지원을 많이 받는 단체는 (고위 간부급 간 협조 등) 정부와 밀접한 협력 관계를 유지할 수밖에 없다.[46] 캠페인 단체인 스톤월그룹의 2004~2005 회계연도 총수입은 170만 파운드인데, 35퍼센트는 개인 후원, 26퍼센트는 정부 지원, 29퍼센트는 기업 후원이었다.[47] 이런 사실로 테런스히긴스트러스트나 스톤월그룹의 업적을 깎아내려서는 안 되지만, 이런 재정 기반은 해당 단체의 견해에 영향을 미칠 수밖에 없다.

미국

지난 20년 동안 성소수자 정치 내에서 국제 쟁점에 대한 관심이 점점 높아졌다. 이것은 성소수자 운동이 미국과 서유럽 바깥으로 퍼져 나간 것을 반영한다. 이런 경향은 미국이 주도하는 '테러와의 전쟁'이 정치적으로 중요한 사안이 되면서 더욱 강화됐다. 오늘날 국제적 사건은 성소수자 쟁점을 비롯한 모든 정치 쟁점에 영향을 준다. 1980년대에는 영국적 관점만으로도 지방자치법 28조 같은 성소수자 공격에 맞서 운동을 벌일 수 있었다. 오늘날 성소수자 매체는 국제 쟁점, 특히 이슬람 국가와 관련한 쟁점을 자주 다룬다.

섹슈얼리티 정치는 더 넓은 맥락에서 바라봐야 이해할 수 있다.[48] 즉, 마르크스주의자들이 제국주의라고 부르는 세계 경제·정치 질서 속에서 살펴봐야 한다. 제국주의는 경제적·정치적 종속뿐 아니라 성적 착취도 늘 동반했다. (이에 대해 더 종합적인 설명을 담은 분석 글을 언젠가 쓸 수 있기를 바라며) 이 글에서는 미국, 중동과 이슬람, 아프리카라는 세 주제에 대한 견해를 밝히겠다.

성소수자 정치의 어떤 측면에서 설명하더라도 미국은 매우 중요하다. 현대 성소수자 운동은 미국에서 등장했고, 그 후 성소수자 정치의 주요 경향도 대부분 미국에서 생겨났다. 미국이 경제적·문화적으로 지배적인 위치에 있기 때문에 성소수자로 살아가는 것이 어떤 것인지에 대한 생각도 미국에서 전 세계로 퍼졌다. 영화 〈브로크백 마운틴〉, 아미스테드 모핀의 소설 《도시 이야기》가 그런 사례이고 학계 내 '퀴어 이론'의 부상 같은 문화적 현상도 미국에서 처음 시작됐다.

미국은 한 세기가 넘게 개인적 자유와 기회가 보장되는 나라라고 자처했다. 즉, 누구나 전통적 속박에서 벗어나 새로운 삶을 살 수 있는 나라라고 선전했는데, 이것은 특히 성소수자들의 관심을 끌었다. 2001년 9월 11일 이후 미국 정부는 평등·민주주의·정의를 들먹이며 자국의 정책을 정당화하려 했고, '테러와의 전쟁'을 지지하는 자들도 성소수자 권리를 운운했다. 그러나 성소수자 쟁점에 대한 역대 미국 정부의 태도는 기껏해야 오락가락하는 것이었고 최악일 때는 지독히 억압적이었다. 영국에서 나타나는 경향이 미국에서도 나타나지만 그 양상은 미국에서 훨씬 더 첨예했다.

공화당과 민주당은 모두 성소수자 권리를 일관되게 지지하지 않는다(아예 지지하지 않는다고도 볼 수 있다). 공화당 우파는 미사여구를 늘어놓으며 두 집단, 수백만 명에 달하는 근면하고 독립적이며 대체로 기독교를 믿고 가정에 충실한 '보통' 사람과, 대다수 미국인과 그들의 가치를 경멸하고 성소수자 권리 같은 대의명분을 지지하는 약삭빠르고 고상한 체하는 엘리트를 대립시킨다. 이런 관점은 정치적 논쟁을 경제 문제에서 낙태나 동성 결혼 같은 '도덕적' 문제로 옮겨 가도록 만들고 성소수자를 비롯한 집단들을 희생양 삼는다. '도덕적' 문제가 강조되면 공화당은 핵심 지지층, 즉 기독교 우파를 결집할 수 있다. 동성 결혼이 핵심 쟁점으로 부상한 2004년 대선 때처럼 말이다.

공화당이 이렇게 성소수자를 희생양 삼을 수 있는 것은 민주당이 효과적으로 대처하지 못하기 때문이다. 민주당은 영국 노동당 같은 전통적 사회민주주의 정당이 결코 아니지만 역사적으로는 공화당보다 노동조합의 재정적 후원과 노동계급의 표를 더 많이 받았다. [그러나 1990년대 '신민주당'과 빌 클린턴의 등장으로 민주당은 우경화했다. 민주당은 가혹한 복지 삭감 정책을 시행했다. 민주당은 자신의 왼쪽에 유권자들이 옮겨 갈 만한 확실한 좌파 정당이 없기 때문에 이런 정책을 펴도 표를 잃지 않을 거라고 생각했다.

성소수자 문제에 대한 민주당의 언사가 공화당보다 낫다 해도 우파에 맞서는 데는 무능하기 때문에 민주당에 의존해서 성소수자를 방어할 수 없다. 예컨대, 빌 클린턴은 1996년에 주 정부가 동성 결혼을 합법화하지 못하도록 하는 결혼보호법에 서명했는데, 그해 말 치러질 대선에서 표를 잃지 않기 위해서였다. 정부가 동성애 혐오를 옹호하자 성소수자가 폭력에 노출되기 쉬운 분위기가 형성됐다. 1998년 매슈 셰퍼드 살인 사건은 광범한 분노를 일으켰다. 그는 와이오밍 외곽 지역에서 머리를 맞고 울타리에 묶인 채로 발견된 지 5일 만에 심각한 뇌 손상으로 사망했다. 이 사건은 그해에 벌어진 33건의 동성애 혐오 살인 중 하나였을 뿐이다. 캠페인 단체들은 2004년 대선에서 드러난 동성애 혐오로 동성애자 폭력 사건이 33퍼센트 증가했다고 보고했다.[49]

미국 정부의 동성애 혐오는 교도소에서도 드러나는데, 이곳의 고질적 문제는 바로 남성 강간이다. 한 연구는 미국 감옥에서 매년 남성 20만 명이 강간당하고 그중 대부분은 반복적으로 강간당한다고 추정했다. 게이 수감자들은 강간당할 확률이 41퍼센트로 수감자 평균의 세 배에 달한다는 연구 결과도 있다. 또 수감자들은 HIV에 감염될 확률이 미국인 평균의 다섯 배나 되지만 수감자에게 콘돔을 지급하는 주나 도시는 아주 적다. 수감자들이 자신과 상대방을 보호하기 위해 고무장갑이나 비닐 랩 따위의 '임시방편'에 의존한다는 보고도 있다.[50]

이 끔찍한 통계가 미국 사회의 여론을 반영하지 못하는데, 사람들의 생각은 모순적이다. 2004년 한 여론조사에서는 3분의 2가 동성 결혼이나 시민 결합을 지지한다고 응답했다. 그러나 또 다른 여론조사에서는 3분의 2가 동성 결혼은 도덕적으로 잘못됐다는 견해를 일관되게 지지했다. 미국은 성소수자들이 자유를 누릴 수 있는 나라가 아니지만 그렇다고 동성애를 혐오하는 기독교 우파가 완전히 지

배하는 나라도 아니다.[51]

　부분적으로 이런 극명한 모순은 미국에 존재하는 다양한 차이를 반영한다. 미국은 50개 주가 연합한 연방국이고 연방, 주, 도시마다 다른 법 체계가 존재한다. 어떤 주에는 차별 금지법이 있고 어떤 주에는 차별 금지법이 없지만 그 주에 속한 일부 도시에는 차별 금지법이 있다. 또 어떤 주는 성소수자에게 법적 평등을 전혀 보장하지 않는다.[52] 성소수자가 눈에 띄는 정도도 주마다 다르다. 뉴욕과 샌프란시스코는 세계적으로 성소수자를 연상시키는 도시로 여겨지지만 매슈 셰퍼드가 살해당한 와이오밍 주에는 인구가 50만 명임에도 "동성애자 술집이나 서점 등 안정적이고 공개적인 만남 장소가 단 한 곳도 없다."[53]

　또 미국의 동성애 혐오는 복지 예산이 삭감되고 실질임금이 줄어들면서 빈부 격차가 벌어지고 있다는 맥락에서 이해해야 한다. 와이오밍 주 노동자의 10퍼센트는 직업이 세 개 이상이다. 가정 폭력과 마약중독자 비율도 높다. 갈수록 커지는 삶의 고통 때문에 약자로 보이는 대상에 대한 폭력이 늘 수 있다. 셰퍼드를 죽인 범인은 지붕 수리공이었는데, 한 달 실소득이 900달러(약 100만 원)였다. 중간계급 가정에서 태어나 스위스에서 고등학교를 다녔는데도 말이다.[54]

　역사적으로 보면, 미국의 성소수자 정치는 두 전략 사이에서 동요했다. 한 전략은 제 나름의 방식으로 미국 주류 사회에 동화하려는 것이다. 이 전략을 지지하는 사람들은 타협에 타협을 거듭하지만 성과는 거의 없다. 다른 전략은 성소수자 조직을 따로 만들자는 것이다. 이것은 더 급진적으로 보이지만 진정한 변화를 성취하기 위해 필요한 폭넓은 동맹 건설을 거부하는 것이기도 하다. 최근 미국에서 눈에 띄는 경향은 두 전략의 요소들을 섞어서 일종의 '게이 민족주의'(성소수자 운동을 상징하는 무지개 깃발을 사용한다)를 추구하는 것이다. 엠파이어스테이트빌딩은 성 패트릭의 날에 초록색 불빛을 밝히는 것처럼 성소수자 자긍심 행진 주간에는 분홍색 불빛을 밝힌다. 시카고는 차이나타운과 그리스타운을 인정했듯이 성소수자 구역도 공식적으로 인정했다.[55]

몇몇 성소수자 저술가들은 이 '민족 모델' 개념을 이용해 20세기 초 [성소수자 운동의] 초기 형태를 다시 이끌어 낸다. 이들은 레즈비언과 게이가 생물학적으로 다르기 때문에 차별받아서는 안 된다고 주장한다. 사이먼 르베이는 '동성애자 뇌'가 [이성애자 뇌와 다르다고] 설명했고 딘 해머는 '동성애자 유전자'를 발견했다고 말했다. 인간이 자신의 성적 지향을 선택할 수 있는지를 둘러싸고 정치적 논쟁이 벌어졌다. 성소수자 운동가들은 성적 지향이 생물학적으로 결정되는 것이고 바꿀 수 없다고 주장한다. 반면, 기독교 보수파는 성적 지향을 선택할 수 있다고 여기고 열심히 기도하면 동성애를 '극복'해 '탈동성애자'가 될 수 있다고 주장한다.[56]

그러나 성소수자는 (성적 지향을 기반으로 단결하기는커녕) 미국의 다른 사람들과 마찬가지로 부자와 가난한 사람, 좌파와 우파로 나뉜다. 미국의 상업적 업소는 엄청나게 많은 성소수자를 끌어모으는데, 그중에는 동성애 혐오가 없는 공간을 찾아오는 사람들이 상당수 있다. 예컨대, 2003년 디즈니월드에서 열린 동성애자의 날 행사에 참가하기 위해 10만 명이 [디즈니월드가 있는] 플로리다를 찾았다. 그러나 야간 무도회 티켓이 60달러에 달하고 교통비, 숙박비, 의류비도 들기 때문에 비용을 감당할 수 없는 많은 사람들은 그 행사에 참가하지 못했다.[57] 부시가 동성애 혐오적 공약을 내세웠는데 성소수자 유권자의 23퍼센트가 부시를 지지했다는 사실도 '성소수자 공동체' 내에 계급과 정치적 차이가 있음을 보여 준다.[58]

중동과 이슬람

성소수자 운동 안에는 이슬람 일반이 동성애를 유난히 혐오하는 종교라는 주장이 흔하다. 그러나 이슬람의 역사를 살펴보면 이것이 사실이 아님을 알 수 있다. 예컨대, 1845~1846년에 모로코 학자 무함마드 알사파르가 파리를 방문했는데, 그는 그곳의 일정한 성 행동을 보고 놀라워했다.

> 파리 남성의 성적 유희, 로맨스, 구애 대상은 여성으로 제한된다. 소년이나 젊은 남성을 대상으로 하는 [성 행동을] 꺼린다. 더 정확히 말하면, 그런 행동을 매우 수치스러운 일로 여긴다.[59]

알사파르는 이런 태도를 신기하게 여겼는데, 그가 속한 중동과 북아프리카의 이슬람 문화권에서는 사람들의 태도가 이와 달랐기 때문이다. 수 세기 동안 이 지역에는 동성애자와 이성애자의 구분이 없었다. 사람들은 모든 남성이 10대 소년에게 호감을 느낀다고 여겼다. 이런 호감은 부도덕한 것이지만 덕이 높은 남성조차도 이런 유혹에 빠질 것이라고 생각했다. 16세기 메카의 학자이자 법학자였던 이븐 하자르 알하이타미는 다음과 같이 주장했다.

교사는 아직 수염이 안 난 잘생긴 소년을 바라보는 것을 최대한 피해야 한다. 그가 아무런 욕망도 없이 그저 가르칠 목적으로 [소년을 바라보도록 — 지은이] 허락받았다 해도 말이다. 그러지 않으면 마음의 동요나 유혹에 빠질 수 있다.[60]

여성이 집에만 갇혀 지냈기 때문에 집 밖에서는 남성과 소년의 로맨스만 가능했다. 커피숍 같은 공공장소에 10대 소년이 고용됐는데, 커피숍 주인은 매출을 올리기 위해 매력적인 소년들을 고용하려 했다. 17세기 다마스쿠스의 학자 무함마드 나짐 알딘 알가지는 (일부 학자들이 사람을 취하게 하는 성분이 있다며 기피하고, 쿠란에서 금지하는) 커피를 언급하며 이런 사실을 암시한다.

커피 마시는 것 자체는 허용할 수 있다고 합의됐다. 그러나 술잔을 돌리듯 커피 잔을 돌리고, 커피를 마시며 악기를 연주하고, 수염이 안 난 잘생긴 소년에게 커피를 주문하면서 그를 바라보고 엉덩이를 꼬집는 등의 행위는 의심의 여지 없이 금지 사항이다.[61]

소년에게 관심을 보이는 남성 중에는 결혼한 사람도 있었을 것이다. 이 시대를 연구한 역사가는 다음과 같이 논평했다.

당시의 자료는 이런 행동을 놀랍거나 이상한 것으로 묘사하지 않았다. 기껏해야 일부 아내가 소년을 상대로 한 남편의 애정 행각을 질투하거나 화를 내서 가정불화가 생겼다는 언급만 찾을 수 있다.[62]

소년에 대한 관심은 욕정에서 비롯했다는 점에서 죄악으로 여겨졌지만 그렇다고 이런 관심을 가진 남성을 '동성애자'라는 특정 유형으로 분류하지 않았다. 오히려 소년에게 구애하는 것은 소녀에게 구애하는 것이나 와인을 마시는 것처럼 육체적 욕구를 제어하지 못하는 남성의 전형적 행동으로 여겨졌다. 그러나 소년과 사랑에 빠지거나 심지어 그 사랑을 시로 표현해도 성적인 의도가 없으면 죄로 여기지 않았다. 18세기 학자 압둘라 알샤브라위는 "아랍어권에서 가장 명망 있는 이슬람 대학"이라 할 수 있는 카이로 알아즈하르대학교의 총장을 30년 넘게 지냈다. 그의 시 모음집(두 세대가 지난 뒤에 유명해졌다)에 실린 시는 연애시였고, 대부분 어린 남성을 향한 것이었다. 어떤 시에서는 자신이 사랑하는 소년을 "가젤"이라고 부르고 그를 향해 "당신은 차갑지만 내 마음을 불타오르게 합니다" 하고 말한다.[63] 욕망의 대상이 된 소년은 균형을 잘 잡아야 했다. 소년이 응답하지 않으면 '오만'하고 '건방지다'고 여겨졌다. 반대로 마음을 열면 '헤프다'거나 '천박하다'고 여겨졌다.

소년들은 구애하는 남성이 자신의 평판을 희생할 각오가 돼 있어야만 성적 욕구에 응했지만 이들은 애인(또는 애인들)을 둘 수 있었고, 애인의 애를 태우며, 때때로 은밀한 만남이나 입맞춤에 응했다. … 어떤 소년들은 확실히 애인 위에 군림했다. 연애시를 지어 주지 않으면 대화를 거부한다든가 손목을 긋거나 도랑못에 뛰어들어 사랑을 증명해 보라고 했다.[64]

위에서 묘사한 행동은 모두 '정상'으로 분류됐다(그중 일부는 부끄러운 일이나 죄악으로 여겨졌지만 말이다). 비정상으로 여겨진 것은 성인 남성이 항문성교에서 수동적 역할을 하기 바라는 것뿐이었다. 그러나 남성이 항문성교를 원하는 것은 성적 만족을 위해서가 아니라 특정한 질병에 걸려서 겪는 충동으로 생각됐다. 16세기의 한 의학 저술가는 이것이 직장直腸의 정맥에 생긴 염증 때문이라고 말했다. 이 병에 걸린 사람은 "대체로 여성스럽고, 무기력하고, 기침을 하고, 생기가 없고, 마른 입술, 살찐 얼굴, 큰 엉덩이가 특징이다" 하고 썼다. 그리고 이에 대해 다양한 치료법을 처방했다.[65] 종합적으로 보면 지도적 동성애자 학자 두 명이 다음과 같이 결론 내린 것이 옳다고 할 수 있다.

20세기 전에 동성애를 발견하기 가장 쉽고 다양한 동성애가 존재했던 지역은 북·서유럽이 아니라 북아프리카와 서남아시아라고 해도 과장이 아닐 것이다.[66]

동성애에 대한 처벌은 어떨까? 영국의 성소수자 활동가 피터 태첼은 다음과 같이 말했는데, 이것은 운동 내의 흔한 견해이기도 하다.

이슬람 율법에 처벌의 형태가 명시돼 있다. … 이슬람 율법은 레즈비언과

게이를 사형에 처하라고 명한다.[67]

사실 이슬람 전통 안에는 다양한 경향이 있다. 어떤 종교 논평가는 다음과 같이 단호한 어조로 항문성교를 비난한다.

남성이 다른 남성의 위에 올라탈 때마다 신의 성좌가 흔들린다. 천사가 증오로 가득 찬 눈으로 쳐다보며 신에게 묻는다. 왜 지상에 저들을 처벌하라고 명하지 않고, 하늘이 저들에게 돌을 퍼붓도록 명령하지 않으십니까?

다른 자료에서도 비슷한 관점이 나타난다.

선지자의 후계자이자 장인인 아부바크르는 루티[소도미 행위자 ─ 지은이]를 … 산 채로 태웠다고 한다. 이븐 압바스는 "소도미 행위자는 마을에서 가장 높은 건물에서 떨어뜨린 뒤 돌로 쳐 죽여야 한다"고 말했다.[68]

그러나 이슬람 율법에 대한 다른 해석도 있다. 율법은 언제나 남성 간 성관계를 죄악시했지만 현실에서는 동성 간 성행위를 훨씬 관대하게 다뤘다는 것이다. 쿠란은 사람이 죄를 저지를 때마다 전부 처벌하라고 하지 않고 특정한 죄만 처벌하라고 한다. 남성 간 성관계에 대한 적절한 대응은 다음과 같다.

두 남성이 외설 행위를 저지른다면 둘 모두 처벌해라. 그러나 그들이 뉘우치고 행실을 바로잡는다면 처벌하지 마라. 신은 언제나 회개를 받아들일

준비가 돼 있다. 신은 매우 자비롭다.[69]

이슬람교가 본질적으로 동성애를 혐오하는 종교라고 확신하는 사람은 유대교 율법 토라와 기독교의 성경에 나오는 다음의 구절을 읽고 비교해 보라.

남성이 여성과 동침하듯이 다른 남성과 동침한다면 그 둘은 끔찍한 죄를 저지르는 것이니 반드시 사형에 처하고 그 피를 그들 몸 위에 뿌리리라.[70]

이슬람 학파마다 남성 간 성관계를 어떻게 처벌할 것인지 견해가 다르다. 예컨대, 수니파는 항문성교를 제외한 모든 성행위를 사소한 죄로 보고 처벌을 재량에 맡긴다. 일부 시아파는 모든 성행위를 중죄로 여겨 채찍질 100번을 명하고 죄가 반복될 시 처형을 명한다. 모든 학파가 항문성교에 대해서는 채찍질 100번이나 돌팔매 처형 등 엄벌에 처해야 한다고 했다. 그러나 유죄가 인정되려면 당사자가 자백하거나 목격자가 있어야 했다. 목격자는 무슬림 남성으로 품성이 좋아야 하고(범죄자면 안 된다) 성기 접촉을 목격했다고 증언해야 한다. 그저 두 남성이 이불을 함께 덮고 있었다는 증언으로는 유죄가 인정되지 않았다. 그러므로 대부분의 경우 유죄 선고를 내리기가 매우 어려웠다(유죄를 받으면 거의 사형에 처해졌지만 말이다). 사람들은 이것을 문제라고 여기지 않았다. 잘못을 범한 사람이 자신의 잘못을 끝까지 인정하지 않는 경우가 아니라면 죄를 일일이 물고 늘어지는 것은 부적절하다고 여겼다.[71]

오늘날 [동성 관계에 대한] 중동의 태도는 상이한 전통, 즉 동성애를 맹비난하는 전통과 사실상 용인(승인은 아닐지라도)하는 전통을 모두 반영한다. 폭력적 억압은 분명 존재한다. 게이와 레즈비언이 가족에게 두들겨 맞고 강제로 결혼하거나 동성애를 '치료'할 수 있다고 주장하는 치료사에게 보내진 사례를 담은 연구도 있다. 2003년 이란인 남성 동성애자가 영국에서 난민 신청을 거부당하자 본국으로 돌아가지 않겠다며 맨체스터의 난민 지원 단체 사무실 앞에서 몸에 휘발유를 붓고 분신했다. 많은 아랍과 이슬람 국가에서 동성 간 성관계는 불법이고, 사형선고를 내리는 국가도 있다. 지난 10여 년 동안 아프가니스탄, 이란, 사우디아라비아에서는 실제로 동성애자를 사형에 처했다.[72] 그러나 중동 국가의 동성애자 공격을 다룬 글에는 남성들이 공원이나 길모퉁이에서 쉽게 성관계 상대를 만날 수 있다는 내용도 있다. 동성애를 극심하게 비난하는 사회에서 어떻게 남성 간 성관계가 쉽게 이뤄질 수 있을까? 부분적 이유는 중동의 많은 사람들은 서구의 성 모델을 수용하지 않고 중동의 전통적 태도를 많이 고수하기 때문이다. 파키스탄의 한 저술가는 1980년대와 1990년대에 만연했던 태도를 다음과 같이 묘사한다.

서구식 관점에서 보면 카라치에는 '동성애자의 삶' 같은 것이 없다. 동성애자 술집이나 신문이 없고 연인이 동거하는 일도 드물다. [그러나] 예측한 대로 남성 간 성관계는 흔하게 일어난다. … 남편이 가족을 잘 보호하고 자녀를 많이 두었다면, 주변 사람들은 그가 성적 만족을 위해 무슨 일을 하든 관심이 없다. 그가 신중하게 행동한다면 말이다. 그의 행동은 결코 다른 사람의 입에 오르내리지 않는다. 그야말로 상관하지 않는다. 그의 행동은 중요하지 않다고 여겨지고 (비밀을 잘 유지한다면) '용인'된다고 할 수 있을 것이다.[73]

서구의 성소수자 활동가와 중동의 이슬람교도의 주장과 달리 동성애에 대한 반감은 대부분 최근의 현상이다. 19세기 중반에 유럽의 식민주의가 세계를 지배하기 시작하고 나서야 아랍의 시집에서 남성 간 사랑을 다룬 시가 사라졌고 《아라비안나이트》에서 남성 간 성행위를 언급하는 이야기가 삭제됐다.[74]

〈가디언〉의 중동 담당 편집자 브라이언 휘터커는 중동의 동성애를 논의할 때는 국제적 맥락을 고려하는 것이 중요하다고 말한다.

중동에서 … 동성애에 대한 태도는 (여성의 권리와 보편적 인권에 대한 태도와 마찬가지로) 국제정치와 복잡하게 얽혀 있다. … 문화 보호주의는 오만하고 제국주의적인 서구의 정책에 맞서는 방법 중 하나다. 그리고 아랍의 전통적 도덕을 내세우며 음란한 서구 문화(사람들은 흔히 여성의 알몸, 남성 동성애자를 떠올린다)라는 매우 과장된 이미지를 비판한다.[75]

그래서 중동의 지배자들은 동성애 같은 쟁점을 이용해서 자신이 서구에 독립적이라는 점을 보여 주려 한다. 그러나 현실에서 이들은 대부분 제국주의에 타협하고, 심지어 [제국주의 열강의] 충실한 부하가 되기도 한다. 중동 지역에서 자신이 레즈비언이나 게이라고 공개적으로 말하는 사람은 대부분 유럽이나 미국 출신(예컨대, 관광객이나

NGO 활동가)이고 나머지는 그 나라의 상층계급에 속한 사람들이다. 바드루딘 칸은 파키스탄에서 스스로 게이라고 밝힌 남성을 설명하며 다음과 같이 쓴다.

이런 남성은 모두 상층계급 출신이다. 이들이 속한 계급에는 여성과 혼전 성관계를 맺는 남성도 있고 혼외 관계를 맺는 남성과 여성도 있다.[76]

이 계급에 속한 사람[동성애자]들은 흔히 세계적인 동성애자 엘리트 집단의 일원이 되기를 열망한다. 호주의 동성애자 저술가 데니스 올트먼은 다음과 같이 회상한다.

서남아시아의 중산층 남성 동성애자들과 대화를 나누다 보면 파리와 샌프란시스코의 동성애자 술집, 시드니의 마르디그라 동성애자 축제,* 미국의 동성애자 저술가 등이 자주 언급됐다.[77]

그러므로 동성애자에 대한 공격은 제국주의와 자국의 상층계급에 대한 냉소를 담고 있는 경우가 흔하다. 그러나 이런 공격이 계급 차별[적 체제]를 전혀 위협하지 않기 때문에 이집트 정부 같은 인기 없고 비민주적인 정권은 마음대로 동성애자를 희생양 삼을 수 있다. 예를 들어, 2001년 이집트 당국은 디스코텍으로 쓰인 배 퀸오브나일을 습격해서 52명을 체포한 후 종교를 거스르고 방탕한 생활을 즐겼다

———

* 사순절 직전 4일간 열리는 축제다.

는 이유로 기소했다. 동성애 관광을 다룬 한 연구는 퀸오브나일을 다음과 같이 설명한다.

> 자신을 동성애자로 규정하고 서양 문물을 받아들인 카이로 출신의 중·상류층 이집트 남성들이 해외 관광객과 만나는 … 공공연한 장소가 점차 늘고 있다. … 동성애자라고 밝힌 23세 이집트 남성은 "목요일 밤에 그곳에 가면 마치 유럽에 있는 동성애자 술집에 와 있는 기분"이라고 말한다.[78]

"변태, 이집트에 선전포고하다" 같은 신문의 머리기사나 자국에는 동성애의 전통이 없다는 이집트 정부의 터무니없는 주장 등은 이런 맥락에서 이해해야 한다.[79]

아프리카

동성애 쟁점과 관련해 중동 다음으로 많은 국제적 관심을 받고 있는 지역은 아프리카인데, 앞에서 한 중동에 대한 분석은 대부분 아프리카에도 적용될 수 있다. 인종차별적 이데올로기는 '동양인'을 퇴폐적으로 보고 아프리카인을 후진적이고 문명이 발전하지 않은 자연에 사는 힘세고 건강한 사람으로 묘사한다. 동양인과 마찬가지로 아프리카인도 유럽인보다 더 성적이라고 여겨졌다. 이것은 19세기에 유럽의 가혹한 성 억압을 피해 유럽을 떠난 식민지 개척자들의 경험을 부분적으로 반영한다. '원시적인' 사람들의 성이 정치 쟁점이 됐는데, 소위 문명도 역사도 없는 '자연적인' 사회의 성 관습이 변치 않는 '인간 본성'을 반영한다고 생각했기 때문이다. 이런 관점에서 영국의 동성애자이자 사회주의자인 에드워드 카펜터는 《원시 인간의 중간형》(1914)이라는 책에서 다른 사회가 인정하는 동성 간 성행위를 유럽 사회도 인정해야 한다고 주장했다.[80]

아프리카의 민족해방운동은 아프리카인이 문명화되지 않았고 성욕이 과하다는 식의 인종차별적 생각을 거부했다. 그러나 그 과정에서 유럽인의 동성애 비난, 특히 기독교의 동성애 비난을 받아들였다. 그래서 식민 시대 전에는 아프리카에 동성애가 없었다는 생각이 자라났고, 일부 흑인 아프리카 민족주의자들은 오늘날에도 이런 생각을 지지한다.

[그러나] 사실 아프리카 사회에는 다양한 형태의 동성 간 성행위가 존재했다. 에티오피아 남부 지역에 사는 콘소족에는 사고다('치마를 입는 남자')라는 남성이 있다. 이들은 여성의 일을 하고 남성과의 항문성교에서 수동적 역할을 한다. 수단, 중앙아프리카공화국, 콩고 지역에 살던 잔데족의 젊은 전사는 소년을 아내로 삼았다는 기록이 있다. 여성 간에도 성관계가 있었는데, 특히 왕이나 지위 높은 남성이 거느린 여러 아내 사이에서 자주 발생했다. 1950년대에 케냐 북서부와 우간다의 이테소족을 연구한 한 인류학자는 다음과 같이 보고했다.

남성과 여성의 본능을 둘 다 지닌 사람이 매우 많다. … 이런 남성은 발기가 잘 안 되고 여성의 본능을 지녀 사실상 여성이라고 할 수 있다. 이들의 목소리나 걷고 말하는 방식은 여성스럽다. 이들은 머리도 여성처럼 꾸미고 여성의 옷과 장신구를 걸친다. 여성의 일을 하고 여성이 쓰는 이름을 쓴다.[81]

서아프리카 지역의 아샨티족을 비롯해 동족 언어를 사용하는 여러 종족을 관찰한 한 인류학자는 1940년대 [이 지역에서는] "여성처럼 옷을 입고 남성과 관계를 맺는 남성이 비난받지 않고 인정받았다"고 결론 내렸다.[82] 한 연구자는 오늘날 남아프리카의 상황을 다음과 같이 말했다.

나는 바소토족의 가정부, 대학생, 비서 등 여성들(그러나 [내가 본 사람 중에 대학 강사는 없었다)이 서로 부드럽게 입맞춤하고 서로의 입 안을 혀로 탐색하고 하는 일을 60초 넘게 하는 것을 봤는데, 이들은 이런 행동을 '평범한'(심지어 일상적인) 애정 표현으로 여겼다.[83]

식민지 시기에 한 역사학자는 짐바브웨에서 백인 치안판사가 등장하기 전인 1892~1923년에 동성애와 관련된 재판이 300건 있었다고 기록했다. 이 중 90퍼센트가 아프리카인 간 성관계를 다룬 재판이었다. 1890년대 남아프리카에 '농골로자' 마테불라라고 불린 줄루족 난민이 있었는데, 그는 요하네스버그 남부 지역에서 활동하던 반란 세력이자 강도 집단의 지도자가 됐다. 마테불라는 조직원에게 여성과의 육체적 접촉을 삼가라고 명령했다.

대신 집단에서 혼기가 찬 성인 남성이 어린 남성을 훈련시키고 그를 '소년 아내'로 삼았다. 1900년에 농골로자가 붙잡혔을 때 전사들 사이의 동성애가 "항상 존재했다. 요하네스버그 남쪽 산에서 자유롭게 머물 때 일부는 여성과, 다른 일부는 어린 남성과 성관계를 맺었다"고 증언했다.[84]

'소년 아내'의 전통은 아파르트헤이트 기간에도 이어졌고, 특히 광산업에 고용된 노동자의 기숙사에서 많이 벌어졌다. 한 저술가는 다음과 같이 기록한다.

1950년대 소웨토에 있던 개신교 목사는 주일에는 거의 늘 동성 '결혼'을 축복해 달라고 찾아오는 노동자가 있었다고 말했다.[85]

그러므로 아프리카 각국 정부가 성소수자를 공격하는 것이 아프리카의 전통을 지키는 것이라고 한 말은 틀렸다. 사실 이집트의 상황도 이와 비슷하다. 비민주적 지배자가 소수자를 공격하면서 자신이 민족주의자인 척 행세해 지지를 끌어모으려 한다(그러나 실제로는 제국주의에 반대하는 의미 있는 행동은 하지 않는다). 이런 상황은 짐바브웨에서도 벌어졌다. 예컨대, 1995년 '짐바브웨의 게이와 레즈비언들GALZ'은 국제 도서 축제에서 배제됐다. 대통령 무가베가 이 결정을 강력하게 지지했다. 무가베는 '짐바브웨의 게이와 레즈비언들'이 비도덕적이고 역겨운 성도착자 집단이고 이들의 행위는 동물과 성교하는 것과 똑같다고 대놓고 비난했다. 무가베는 이 단체의 구성원이 대부분 백인이라는 점을 이용해 이 단체가 아프리카 전통에 어긋나는 것처럼 묘사했다.

이 사건을 보고 배운 나미비아 정부도 1996년에 비슷한 공격을 했다. 장관들은 동성애가 유럽의 영향으로 나미비아에 이식된 것이고, 동성 간 성관계를 맺는 사람은 "비정상적 호르몬을 제거하기 위한 수술"을 해야 한다고 주장했다. 당시 나미비아에 성소수자 단체가 하나도 없었기 때문에 정부는 이런 공격을 통해 성소수자를 마녀사냥하고 이들에 대한 나쁜 인상을 퍼뜨리려는 의도를 애써 숨기지 않았다.[86]

성소수자 문제에 대한 짐바브웨와 남아공의 궤적을 비교해 보면 도움이 된다. 이 두 나라는 공통점이 많다. 두 나라 모두 소수 백인 지배계급과 싸워서 이겼고 지금은 그 투쟁을 주도하고 승리로 이끈 정당이 정권을 잡고 있다. 그러나 짐바브웨 정부는 동성애자를 맹렬하게 공격하는 반면 남아공은 세계 최초로 성적 지향에 따른 차별을 금지하는 조항을 헌법에 명시했다. 이 차이를 이해하려면 이 두 나라에서 벌어진 정치적 변화라는 더 넓은 맥락 속에서 성소수자 문제를 살펴봐야 한다.

짐바브웨에서 백인 지배층을 몰아낸 것은 주로 농촌에서 벌어진 게릴라 운동이었다. 노동계급은 규모가 작았고 투쟁의 중심이 아니었다. 그래서 권력은 백인 지배계급에서 흑인 지배계급으로 넘어갔다. 이것은 중요한 변화였지만 그 자체로는 짐바브웨 자본주의에 아무런 위협이 되지 않았다. 남아공의 노동계급은 짐바브웨보다 규모가 훨씬 컸고 아파르트헤이트에 맞선 투쟁에서 훨씬 중요한 구실을 했다. 그래서 남아공 자본주의는 심각한 위협을 받았고, 혁명에 가까운 상황이 전개됐다. 급진화 물결로 수백만 명이 기존의 생각에 의문을 제기하기 시작했다. 성소수자임을 밝힌 사람들이 아파르트헤이트 철폐 운동에 참여했는데, 이 때문에 이들은 반역죄로 기소되거나 지하에서 활동해야 했다. 아파르트헤이트에 맞서 함께 투쟁하면서 동성애자는 이성애자가 동성애 혐오를 거부하도록 설득할 수 있었다. 새 헌법이 제정된 것도 [동성애에 대한] 토론이 광범하게 벌어지면서 사람들의 생각이 바뀐 덕분이었다.

[영국의 성소수자 활동가] 피터 태첼은 무가베에 맞서 오랫동안 투쟁을 벌였고 무가베가 영국을 방문했을 때 그를 '시민 체포'* 하려 한 적도 있었다. 이런 행동이 짐바브웨의 대다수 국민에게 어떻게 보일지 진지하게 고려해 봐야 한다. 이들에게 영국은 짐바브웨를 식민 지배한 바 있고 인종차별적 정부를 옹호하는 나라이기 때문이다. 물론 영국의 성소수자 활동가들은 다른 나라의 성소수자가 연대를 요청할 경우 반드시 응해야 한다. 그러나 모든 나라에서 그렇듯이 짐바브웨에서도 성소수자 해방 투쟁은 그 나라 사람들이 이끌어야 한다. 영국은 식민주의와 제국주의에 매우 깊이 연관돼 있기 때문에 영국인이 아프리카 나라에 이래라저래라 가르치는 것처럼 보이는 일은 삼가야 하고, 특히 인권 문제와 관련해서는 더욱 그리해야 한다.

---

* 시민 체포는 중세 때 영국에서 실행된 관습으로 법 집행기관이 부족한 일손을 충당하기 위해 일반 시민에게 범죄자를 체포할 수 있는 권한을 부여했던 제도다. 오늘날 많은 나라에서 이 제도가 실행되고 있어 시민들은 현행범을 체포·구금할 수 있다.

결론

영국에서 성소수자의 삶은 지난 40년 동안 계속 변했다. 지금까지 쌓아 올린 성과를 되돌릴 수 있다는 것을 상상하기가 쉽지 않다. 그러나 노동계급에 대한 공격은 저항과 분노를 낳을 것이기 때문에 정부와 우파 언론, 그 밖의 지배계급은 소수자를 희생양 삼아 분노의 방향을 돌리려 할 것이다. 그리고 이런 일은 이미 현실에서 벌어지고 있는데, 이른바 소아성애자를 마녀사냥하고 망명 희망자와 무슬림을 집중 공격하고 있다. 성소수자도 이런 마녀사냥의 희생자가 될 수 있다.

심각한 경제 위기를 겪고 있는 폴란드(유럽연합 나라 가운데 실업률이 가장 높다)에 강경 우파 정부가 들어섰는데, 이 정부는 '도덕 혁명' 운운하며 성소수자를 공격하고 있다. 최근의 가장 충격적 사례는 2004년 미국에서 부시가 재선을 위해 동성 결혼 문제를 두고 동성애 혐오를 조장한 것이다.

영국의 최근 동향은 반대 방향으로 흘러가고 있다. 보수당 집권기에 노골적 동성애 혐오가 줄어들면서 성소수자의 자신감이 상승했다. 그리고 많은 성소수자들은 반전·반자본주의 운동에 참여하면서 급진화하기도 했다. 노동조합의 성소수자 모임에 들어가 광범한 운동에 활발하게 참여하는 사람들도 있다. 그래서 이성애자와 함께 활동하는 것을 매우 위험하다고 여긴 1980년대와 1990년대의 비관주의적 정체성 정치가 쇠퇴하고 있다. 그러나 정체성 정치가 완전히 사라진 것은 아니다.

광범한 운동에는 다양한 정치 전략을 주장하는 여러 사상가들이 있기 마련이고, 성소수자 정치에도 여러 사상이 혼재한다. 정체성 정치는 여전히 많은 활동가에게 상식처럼 여겨지고 미셸 푸코, 제프리 윅스, 주디스 버틀러 등 정체성 정치를 지지하는 저술가가 성소수자 쟁점에 대한 논의를 지배한다. 그러나 그 어조는 전보다 약해졌다. 그래서 '레즈비언과 게이'라는 말이 더 폭넓은 '레즈비언, 게이, 양성애자, 트랜스젠더'라는 말로 바뀌었다(여전히 성적 지향에 기반을 둔 것이지만 말이다).

오늘날에는 전보다 더 많은 사람들이 광범한 운동에 함께 참여한 경험을 바탕으로 건설적이고 우호적인 토론을 하고 싶어 한다. 사회주의자들은 당연히 이런 토론에 참여해야 하고 때로는 토론을 주도해야 한다.

실천 측면에서 보자면, 오늘날 영국에는 대중 참여, 급진적 정치, 다른 사회운동과의 연대를 기반으로 하는 성소수자 단체가 아직 없다. 이런 흐름을 만들기 위해 다른 사람과 협력할 기회를 모색해야 한다.

'테러와의 전쟁'은 앞으로도 성소수자 정치를 포함한 영국의 정치 환경에 영향을 미칠 수 있다. 영국과 미국 정부는 자신이 취하는 대외 정책이 민주주의를 지키기 위한 것이라고 정당화할 것이다. 그러나 미국 정치인은 자신의 당선을 위해 기꺼이 성소수자를 공격하고 신노동당은 개혁을 추진하는 데 굼뜨고 열정도 없다. 운동 참가자들은 성소수자 쟁점을 이용해 전쟁을 정당화하려는 시도를 거부해야 한다. 예컨대, 2006년 7월 전쟁을 지지하는 동성애자 의원 크리스 브라이언트가 이란 정부를 비난하는 하원의 모임을* 소집했는데 피터 태첼과 '아웃레이지Outrage'가 이를 지지한 것은 안타깝다. 이란을 공격한다고 성소수자에 대한 이란 정권의 태도가 조금이라도 나아지지 않을 것이고, 오히려 동성애를 가장 혐오하는 세력이 강화될수도 있다.

성소수자들은 스톤월 항쟁에서 자신감을 얻어 동성애자 해방운동을 건설했는데, 이것은 그들이 전쟁, 성차별, 인종차별에 맞선 더 폭넓은 운동에 참여하고 있었기 때문이다. 남아공에서 성소수자가 헌법을 바꿀 힘을 얻을 수 있었던 것은 그들이 아파르트헤이트에 맞선 더 폭넓은 운동에 참여하고 있었기 때문이다. 지난 몇 년간 벌어진 반전·반자본주의 운동은 새로운 성소수자 집단이 싸움에 나설 수 있는 환경을 만들었다. 예컨대, [레바논의] 성소수자 활동가들은 2003년 2월 15일 반전시위 대열의 일부로 행진에 나섰는데, 이것은 베이루트에서 벌어진 최초의 성소수자 행진이었다. 그날은 런던에서도 200만 명이 행진한 날이었다.[87]

2007년 나이로비에서 열린 세계사회포럼을 계기로 케냐의 레즈비언과 게이는 스스로 조직하기 시작했다. 케냐 신문은 "케냐 역사를 통틀어 이렇게 공개적이고 정치적인 동성애자 모임은 없었다"고 평가

---

* 2005년 7월 19일 이란 정부가 13세 소년을 강간한 혐의로 두 소년을 공개 처형했다. 영국의 성소수자 단체 아웃레이지는 이 소년들이 합의하에 성관계를 맺었으나 이란 정부가 성소수자를 탄압하기 위해 공개 처형했다고 주장하며 이를 규탄하는 활동을 벌였다. 2006년 7월 19일에는 '이란 정부의 동성애 혐오를 규탄하는 국제 행동의 날'을 조직하기도 했다. 크리스 브라이언트가 소집한 모임은 이런 흐름의 일환이었다.

했다.[88] 성소수자 운동의 역사를 이해하고 이 운동을 전진시키려면 성소수자만 참여하는 별개의 운동으로 성소수자 문제를 해결할 수 있다고 생각해서는 안 된다. 성소수자 운동은 폭넓은 급진적 운동 속에서 함께 나아가야 한다.

인종차별과 이민자 규제

켄 올렌데

영국은 인종차별이 만연한 사회다. 흑인과 아시아인은 교육을 받거나 일자리와 집을 구할 때 차별 대우를 받는다. 경찰과 사법기관도 이들을 차별한다. 많은 사람들은 인종차별이 인간 본성에서 비롯한 것이고 인류 역사 내내 존재했다고 생각한다. 어떤 사람은 인종차별을 그저 구시대의 비이성적 유물로 취급한다. 다시 말해, 인종차별은 계몽주의의 영향으로 지난 250년 동안 약화돼서 오늘날에는 사라졌기 때문에 과거지사일 뿐이라고 생각한다. 일부(주로 언론과 부자)는 사람들이 인종차별을 당하는 이유는 그들 스스로 사회와 단절했기 때문이라고 떠들며 희생자를 탓하는 데 열을 올린다.

출처: "The Roots of Racism", *Say It Loud: Marxism and the Fight Against Racism*(Bookmarks, 2013).
옮긴이: 이승민.

마르크스주의는 인종차별을 이와 다르게 설명하며 실천적 대안을 제시한다. 인종차별주의는 자본주의의 성장과 궤를 같이한다. 인종차별주의는 자본주의 사회를 운영하는 사람들의 물질적 이득을 위한 것이고 인종차별을 없애려면 자본주의 체제에 도전해야 한다.

인종차별주의란 무엇인가?

과학적으로 따지면 인종은 무의미한 개념이다. 제2차세계대전 당시 나치가 자행한 학살 이후 인간 집단을 인종으로 분류하려는 위험한 시도는 다행히 용납되지 않는다. 그 전에는 흔히 인종이나 (특정 인종에 해당한다고 여겨지는) 특징으로 인간 집단을 분류했다. 예를 들어, 인류의 조상인 오스트랄로피테쿠스를 발견한 권위 있는 과학자 레이먼드 아서 다트는 오늘날의 시각으로 보면 괴상한 주장을 했다. 그는 인종을 확실하고 정확하게 유형별로 나눌 수 있고 특정 집단의 혈통이 어떻게 구성됐는지 알 수 있다고 생각했다. 1937년 다트는 남아프리카 흑인의 혈통을 계산해 "니그로이드 51.2퍼센트, 부시매노이드 25퍼센트, 코카소이드 22.3퍼센트, 몽골로이드 1.5퍼센트"라고 주장했다.[1] 각각의 인종에는 도덕적 가치도 부여됐다. 어떤 인종은 "부지런"하고 어떤 인종, 예컨대 아프리카의 부시매노이드는 "명랑하고 춤을 즐기고 무사태평"하다는 식이다.[2]

그러나 이런 인종 분류가 가장 유행할 때조차 일부 사람들은 그것이 인종차별적 헛소리임을 꿰뚫어 봤다. 인종차별에 반대한 미국의 뛰어난 흑인 활동가 W E B 듀보이스는 일찍이 1915년에 다음과 같이 지적했다.

인종을 과학적으로 정의하는 게 불가능하다는 것은 오늘날 널리 알려진 사실이다. 사람들과 집단들 사이에는 한눈에 봐도 알 수 있는 차이를 포함해 여러 차이가 있지만 이런 차이는 서로 겹치기 때문에 경계를 나누기가 애매하다.[3]

안타깝게도 선천적 차이에 관한 이런 사상이 불쑥불쑥 고개를 든다. 리처드 헌스타인과 찰스 머레이는 1994년에 발행한 《벨 커브: 미국 사회의 지능과 계급 구조》에서 과학적 인종차별주의를 부활시키려 했다. 이 때문에 최근까지도 미국인류학협회[AAA] 같은 주류 단체가 이런 주장에 과학적 근거가 없음을 설명하고 있다. 1998년 미국인류학협회는 다음과 같은 성명을 발표했다.

DNA 등의 유전학 연구 결과는 신체적 차이의 대부분(약 94퍼센트)이 같은 '인종' 집단 사이에서 나타난다는 사실을 보여 준다. 지리적 기반에 따라 나눈 기존의 '인종' 집단 간 유전적 차이는 겨우 6퍼센트뿐이다.

인종적 차이에 관한 온갖 주장은 신화일 뿐 실제 인간의 능력이나 행동과 아무 관련이 없다. 오늘날 과학자들은 통속적 생각을 기초로 사람들 간 차이를 조사한 연구가 무수히 많은 오류를 낳았다고 지적한다.[4]

그렇지만 이런 사실을 밝히는 데 머물지 말고 한발 더 나아가야 한다. 사실 '인종'이라는 개념과 인종차별주의는 비교적 최근에, 즉 자본주의가 등장하면서 개발됐다. 이것은 새로운 계급과 사회를 조직하는 새로운 방식이 등장하면서 출현한 것이다.

저명한 흑인 마르크스주의자 C L R 제임스는 인종차별주의가 대서양 노예무역에서 기인했다고 주장하면서 다음과 같이 썼다.

> (사도 바울은 "노예들아, 주인에게 순종하라"고 말했지만) 노예무역은 너무 끔찍해서 종교나 철학이 제시하는 사회상과 전혀 맞지 않았다. 노예무역을 정당화할 수 있는 유일한 방법은 인간을 인종으로 나누고 아프리카인을 열등한 인종으로 낙인찍는 것뿐이었다.[5]

인종차별주의가 어떻게 생겨났는지 설명하고 이를 극복하는 방안을 제시할 수 있는 건 마르크스주의뿐이다. 그러려면 다음 몇 가지를 짚고 넘어가야 한다. 첫째, '인종차별'이 정확히 무엇인가? 둘째, 인종차별이 자본주의와 함께 등장했다면 자본주의 이전 사회에 존재한 편견을 어떻게 설명할 수 있는가? 대서양 노예무역이 사라진 지한참 지난 오늘날에도 인종차별주의가 기승을 부리는 이유는 무엇인가?

피터 알렉산더는 《인종차별, 저항, 혁명》에서 인종차별을 "피부색 등 타고난 특성을 이유로 한 차별"이라고 정의했다.[6] 이것이 인종차별의 핵심이고 여전히 유효하지만 이른바 문화적 편견도 고려할 필요가 있다. 오늘날의 이슬람 혐오나 터키 정부의 쿠르드족 탄압 등을 예로 들 수 있는데, 흔히 차별받는 대상이 문화적 정체성을 바꾸면 이런 식의 차별은 사라질 것이라고 생각한다. 이 문제는 뒤에서 다시 살펴볼 것이다.

인종차별주의는 다른 형태의 편견들과 연결돼 있다. 인종차별주의 그 자체는 논리적이지도 않고 일관되지도 않다. 그러나 특정 인간 집단은 태생적으로 다르다는 생각은 사라지는 듯하다가도 거듭거듭 되살아난다. 과거 영국에서는 아일랜드인과 유대인을 두고 인종차별적 생각이 퍼졌고 오늘날에는 무슬림이 그 대상이 되고 있다. 그렇지만 핵심은 인종차별이 대서양 노예무역(이를 통해 영국이 자본주의 국가로 부상했고 세계 열강으로 발돋움했다)과 나란히 출현했다는 점이다. 인종차별주의가 강화되자 자본주의 지배에 위협이 되는 사람들을 분열시키는 강력한 수단이 됐다.

오늘날까지 이어지는 인종차별주의는 대략 세 시기에 걸쳐 발전했다고 할 수 있다. 첫째는 대서양 노예무역이 한창이던 시기다. 둘째는 자본주의 제국의 세계화로 인종차별이 세계적 현상이 된 시기다. 마지막은 이주를 통제하는 수단으로 인종차별주의가 성장한 시기다.

1. 노예제도, 자본주의, 인종차별주의의 탄생

초기 자본주의에서 노예제도는 매우 중요했고 인종차별주의는 노예제도를 정당화하는 구실을 했다. 인종차별주의는 지난 300년 동안 자본주의와 끈끈한 관계를 맺으며 발전했다. 자본주의와 인종차별주의는 겉모습이 바뀌었지만 여전히 밀접하게 연결돼 있고 자본주의가 유지되는 한 인종차별주의는 사라지지 않을 것이다. 시장에 판매할 상품생산을 기본으로 하는 새로운 경제체제인 자본주의는 유럽의 북쪽 지역, 특히 영국과 네덜란드에서 출현했다. 자본주의가 발전하려면 봉건제의 낡은 사상과 사회조직을 모조리 갈아 치워야 했다.

이 시기에 등장한 것 가운데 매우 중요한 것이 삼각 노예무역인데, [그 시작은] 영국산 공산품을 싣고 아프리카 서해안으로 가서 노예와 교환하는 것이었다. 삼각형의 둘째 변은 아프리카 노예를 아메리카로 싣고 가 플랜테이션에 팔아넘기는 것이었다. 마지막으로 플랜테이션에서 재배한 설탕·면화·담배 등을 실은 배가 영국으로 돌아오면 삼각형이 완성됐다. 이 상품들을 내다 판 후 [삼각무역은] 다시 처음부터 시작됐다. 이 과정에서 얻는 이윤은 어마어마해서 상상을 초월할 정도였다.

자본가들은 세계무역과 '자유 시장'이라는 생각을 발전시켰다. 크리스 하먼이 지적했듯이 "시장 관계는 (사회적 지위 고하를 막론하고) 누구나 특정 거래를 수용하거나 거부할 수 있는 공평한 권리가 있다는 가정에 의존한다."[7] 부르주아 혁명 당시 등장한 구호, 예컨대 미국의 "모든 인간은 평등하다"와 프랑스의 "자유, 평등, 박애"는 이런 생각을 반영한 것이었다.

자본주의 이전 사회에서는 이런 가치가 당연한 것으로 여겨지지 않았기 때문에 당시의 지배계급은 이런 가치에 어긋나는 자신의 행동을 정당화할 필요가 없었다. 그런데 [평등을 부르짖던] 자본가가 일부 사람들을 가장 끔찍하고 불평등한 처지로 무참하게 내모는 대서양 노예무역을 통해 막대한 이윤을 챙겼고 이것이 그들의 주요 수입원이었다. 자본가들은 이 모순을 어떻게 해결할 수 있었을까? 1911년 미국의 흑인 마르크스주의자 휴버트 해리슨은 다음과 같이 주장했다.

모든 인간이 같은 본성을 공유한다는 가치를 내세우다 보니 [이에 어긋나는] 노예제도를 합리화할 필요가 있었다. 이를 위해 노예는 사실 인간이 아니라는 생각을 조장했다. 노예는 다른 종種에 속한다는 것이다. … 이런 생각에 깔린 광범하고 일반적인 함의는 백인이 아닌 모든 사람의 사회적·정치적·경제적 권리를 부정하는 것이다.[8]

이런 인종차별적 생각은 가장 먼저 서인도제도와 아메리카의 플랜테이션 농장주 사이에서 자라났고 바로 이곳에서 매우 극단적인 형태를 취했다.

아메리카 대륙에 처음 들어간 유럽인들은 아메리카 원주민을 잡아다 일을 시켰지만 혹독한 노동과 유럽에서 건너온 병균 때문에 원주민 수가 참담하리만치 줄었다. 그 후 영국인들은 영국과 아일랜드에서 연한年限계약 노동자[이하 계약 노동자]들을 데려왔다. 이들은 고작 대서양을 건너는 뱃삯을 빌린 것이었는데 그 빚을 갚기 위해 플랜테이션으로 팔려 가 수년 동안 뼈 빠지게 일해야 했다. 이들 가운데는 간혹 죄수도 있었고 그저 신세계로 이주를 원하는 사람도 있었다. 계약 노동자들은 무보수로 일했고 여러 농장주 사이에서 사고팔리기도 했다. 대체로 17세기에는 계약 노동자가 노예보다 더 많았다. [고된 노동 때문에] 계약 노동자는 정해진 계약 기간을 채우지 못하고 죽는 경우가 허다했다. 플랜테이션 농장주들은 아프리카에서 수입한 노예로 그 자리를 메울 수 있었고 이 노예들은 죽더라도 얼마든지 추가로 공급받을 수 있었다. 역사가 에릭 윌리엄스는 다음과 같이 썼다.

이것이 흑인 노예제도의 기원이다. 흑인 노예제도를 탄생시킨 것은 인종 논리가 아니라 경제 논리였다. 흑인 노예제도는 노동자의 피부색이 아니라 값싼 노동력과 연관된 것이었다. 아메리카 원주민이나 백인 노동자보다 흑인 노예가 월등히 우수했다. … 이것은 이론적으로 증명된 사실이 아니라 플랜테이션 농장주가 개인적 경험에서 얻은 현실적 결론이었다. 이들은 노동력을 구하기 위해서라면 달나라까지도 갈 기세였다. 아프리카는 달나라보다 훨씬 가까웠다.[9]

노예주들은 노예노동을 정당화하기 위해 갖은 애를 썼고 노아가 자신의 아들 함을 저주했다는 성경 구절을 인용하기도 했다. 노예주들은 흑인이 저주받은 함의 후손이므로 태어날 때부터 노예라는 식으로 주장했다. 과거의 신화와 별도로 이들은 미래에도 적용할 수 있는 신화를 만들어 냈는데, 이것은 당시 발전하고 있던 새로운 과학적 분류 체계에도 적합했다. 즉, 흑인은 열등한 별개의 인종이라는 것이다.

일찍이 이런 흐름에 반대하는 주장도 있었는데, 모건 고드윈은 1680년 《흑인과 인디언의 대변자》에서 이런 인종차별적 편견이 자라는 배경으로 계급 관계를 지목했다. 기독교 성직자였던 모건은 플랜테이션 농장주들이 흑인을 기독교로 개종시키면 "자신의 재산이 위협받고 삶이 망가지고 [바베이도스] 섬이 완전히 파괴될 수 있다"고 말하자 격분했다.[10] 고드윈은, 노예주들이 흑인은 열등하다는 생각에 확신이 없었고 그래서 기어들어 가는 목소리로 슬그머니 이런 주장을 퍼뜨렸다고 썼다. 고드윈은, 노예주들이 '탐욕'에 눈이 멀어 자신들의 행동을 정당하게 여겼다고 결론 내렸다.

그러나 흑인에 대한 인종차별적 생각은 뿌리를 내렸다. 한 세기가 지난 뒤 노예주의 후손들은 흑인에 대한 편견을 전혀 숨기지 않고 당당하게 드러냈다. 예를 들어, 1774년에 발행된 《자메이카의 역사》에서 에드워드 롱은 흑인이 여타 인간보다 열등한 존재라고 주장했다. 노예주들은 흑인을 다음과 같이 설명하는 이 책을 과학적이라고 치켜세웠다.

> 흑인의 특성, 흑인과 여타 인간의 차이를 보고도 흑인을 사람속屬에 있는 다른 종이라 결론짓지 말아야 하는가? … 오랑우탄과 일부 흑인종이 매우 흡사하다는 것은 단순한 추측이 아니다. … 지금까지 살펴봤듯이 오랑우탄은 결코 대다수 흑인종보다 지능이 낮지 않은 듯하다. … 이들 사이에서는 아마 성관계가 자주 있었을 것이다. … 흑인은 겉모습이 백인보다 오랑우탄과 훨씬 더 닮았다.[11]

당시 영국에 살던 대다수 사람은 흑인을 본 적이 전혀 없었는데도 인종차별적 사상이 유행했고, 특히 상류층에서 인기가 많았다. 계몽주의 철학자 데이비드 흄은 1753년 다음과 같이 썼다.

> 흑인은, 아니 일반으로 말해 네다섯 인종 가운데 백인이 아닌 인종은 선천적으로 백인보다 열등하다는 생각이 든다. 백인을 제외한 다른 인종에서는 어떤 양식의 문명사회도 발견할 수 없고, 위대한 사상가나 실천가도 찾아볼 수 없다. 이들은 이렇다 할 발명품도 만들지 못했고 예술과 과학

도 발전시키지 못했다.[12]

그러나 이런 인종차별적 사상이 유행하는 와중에도 이와 완전히 모순되는 사례가 여럿 있었다. 1782년 런던에서는 노예 출신 이그네이셔스 샌초(시와 희곡을 쓰고 작곡도 했다)의 책이 출판됐다. 샌초는 런던의 다른 예술가와도 교류했는데, 그중에는 초상화가 토머스 게인즈버러(샌초의 초상화를 그리기도 했다)와 작가 새뮤얼 존슨, 배우이자 극작가인 데이비드 개릭도 있었다.[13]

[인간 집단 사이에 우열이 있다는] 이런 급격한 사상적 변화는 아메리카의 영국 식민지에 사는 사람들의 삶에 곧바로 영향을 미쳤다. 역사학자 브라이언 켈리는 당시 영국령 버지니아에 속한 체서피크 만의 사회관계를 살펴본 후 다음과 같이 설명했다.

17세기 초 몇십 년 동안에는 계약 노동자와 노예가 칼같이 구분되지 않은 듯하다. 당사자와 농장주 모두 두 단어를 섞어서 사용했다.[14]

당시에는 수많은 사람들이 다양한 형태의 부자유 노동에 시달렸기 때문에 노예냐 아니냐를 구분하지 않았고 이 점을 이상하게 여기지도 않았다. 1619년 체서피크에 흑인 20여 명이 팔려 왔다. 이들은 일반적 형태의 강제 노동을 했다. 당시 농장주들은 노예를 사는 것보다 영국이나 아일랜드에서 데려온 계약 노동자를 부리는 게 더 저렴하다고 생각했다. 지배자들은 계약 노동자를 하찮게 여겼다. 어떤 사람은 버지니아가 "영국의 오물과 인간쓰레기를 배출하는 하수구"

구실을 할 수 있다고 말했다.[15]

켈리는 당시의 상황을 다음과 같이 설명한다.

17세기 중반까지 아프리카인과 유럽인, 아메리카 원주민은 흔히 섞여 일했고 같은 숙소에서 지내기도 했다. 인종별로 하는 일을 칼같이 구분하지 않았고 어떤 일은 특정 집단에 "속한다"고 규정하지도 않았다. 지금까지 남아 있는 단편적 역사 기록을 살펴보면 일부 백인 노동자는 자신과 흑인 노동자가 같은 운명이라는 것을 자각했음을 알 수 있다. 한 백인 노동자는 다음과 같은 시를 썼다. "백인이나 흑인이나 삶은 비슷하다네. 같은 일을 하고 같은 음식을 먹는다네."

켈리는 1647년 주인에게 살해된 네덜란드 계약 노동자에 대한 조사 보고서를 인용한다. [법정에 선] 감독관은 죽은 노동자의 숙소를 방문했을 때 동료 노동자들이 불안에 떨며 한 말을 다음과 같이 전했다.

스페인에서 온 노동자는 이 불쌍한 소년이 맞아 죽었다고 소신껏 말했습니다. 톰 클라크는 이런 나라에 오게 된 자신이 지지리 운도 없다며 이런 일이 계속된다면 내일이나 그다음 날에는 자신의 차례가 될 것이라고 말했습니다. 같이 있던 흑인은 자신의 주인이 결코 좋은 사람이 아니라고 말했습니다. 이들은 모두 비통하게 울었습니다.[16]

그리고 농장주들은 '혼합' 결혼을 우려했는데 이때 혼합의 의미는

(어떤 인종이든 간에) 자신이 부리는 노동자와 자유민의 결합이었다. 농장주들은 주로 '인종 간 혼합'이 아니라 노예의 아이를 자신이 소유할 수 없을까 봐 노심초사했다.[17]*

체서피크에 있는 대다수 흑인은 노예였지만 그래도 1670년까지는 사유재산을 소유하고 계약 노동자나 노예를 부리는 흑인 자유민이 일부 있었다. 그러나 1670년 흑인 자유민이 [백인 노동자를 고용하지 못하게 하는 등] 그동안 누리던 권리를 금지하는 법이 통과됐다.

저항

부자들이 이런 공격에 나선 이유는 가난한 사람들이 농장주에 맞서 저항하면서 인종을 뛰어넘어 연대했기 때문이다. 부자들은 이런 연대를 깨뜨려야겠다고 결심했다. 1663년부터 버지니아의 계약 노동자와 노예는 여러 차례 반란을 일으켰다. 플랜테이션 농장주들은 하층민이 연대해 저항하자 기겁했고 이런 공포심이 인종차별적 사상을 미친 듯이 퍼뜨리게 된 결정적 요소였다. 농장주들은 착취를 효과적으로 하는 데 혈안이었다. 인종차별을 부추기는 것이 자신들의 필요에 부합하자 그제야 인종 문제를 제기한 것이다.

1676년에 일어난 베이컨의 반란은 매우 위협적이었다. 버지니아 식민지의 농장주였던 너새니얼 베이컨은 아메리카 원주민의 공격에 대응하는 문제 등 여러 불만을 제기하며 총독에 반기를 들었다. 베이

---

* 아이의 신분은 아버지의 신분에 따라 결정됐기 때문에 노예주는 노예 남성과 자유민 여성의 결합은 반겼지만 반대의 경우는 우려했다.

컨은 백인과 흑인을 구분하지 않고 가난한 사람들에게 호소해 지지 받았다. 베이컨은 그럴싸한 말로 광범하게 퍼져 있던 계급적 분노를 이용했다. 그는 지지자들에게 다음과 같이 말했다. "지금 이곳에 가난이 존재하는 이유는 모든 권력이 부자들의 손아귀에 있기 때문입니다. 이들은 온갖 특혜를 누리고 빚에 쪼들리는 평범한 사람들을 갖은 방법으로 억누르고 학대합니다."[18] 그러나 베이컨의 반란은 진압됐고 버지니아의 지배자들은 이런 반란이 되풀이되지 않도록 철저히 대비했다.

켈리는 17세기 체서피크에서 일어난 일이 "인종을 발명"하는 과정이었다고 주장한다.[19] 그는 다음과 같이 결론 내린다.

[계약 노동자의 유입 감소로] 노동력 공급이 어려움에 부딪히고 늘어나는 노동력 수요를 해결하기 위해 차츰차츰 노예제도가 확산됐다. 노예제도로 전환되는 과정과 맞물려 인종으로 계층을 구분하는 사회가 등장했고 경제의 기본 구조에서 일어난 변화는 사회관계를 근본적으로 바꿔 버렸다. 18세기 중엽이 되자 체서피크는 흑인 노예 착취에 의존하고 정교한 인종 차별 이데올로기가 체계적으로 이를 뒷받침하는, 인종 분리가 엄격한 사회로 완전히 탈바꿈했다.[20]

세계적 성장과 자본의 시초 축적

인종차별주의는 성장하는 세계시장을 지배하는 사람들의 입맛에 딱 들어맞았다. 자본주의 경제가 성장하자 이들은 전 세계 곳곳에서 자본을 빨아들이며 몸집을 키웠다. 처음에 영국은 아프리카와 신

대륙 아메리카의 자원을 약탈하는 데서 스페인과 포르투갈에 한참이나 뒤처져 있었다. 그러나 영국은 새로운 투자 방식으로 경쟁국을 점차 따라잡았고 마침내 앞질렀다(앞서 있던 두 나라는 아메리카 식민지에서 금을 약탈했는데도 경제가 침체했다).

애덤 스미스는 《국부론》에서 아메리카 대륙의 발견을 찬양하면서 다음과 같이 썼다. "아메리카 대륙이 없었다면 중상주의는 결코 이토록 눈부시게 성장할 수 없었을 것이다."[21]

노예제도는 자본가들이 산업 생산에 투자할 자금을 마련하는 데 핵심 구실을 했다. 카를 마르크스는 이 과정을 "자본의 시초 축적"이라고 불렀다.[22] 대서양 노예무역에 대한 탁월한 역사서 《신세계 노예제도의 형성》에서 로빈 블랙번은 "광범한 시초 축적 체계를 구축하고 아메리카에서 노예를 초착취해 부를 쌓는 데 성공한 것이 영국의 산업화에 결정적 구실을 했다"고 결론짓는다.[23]

노예 플랜테이션은 성장하는 산업에 필요한 값싼 원재료를 공급하는 데 절대적으로 중요했고 영국 제품을 내다 팔 시장이자 막대한 이윤을 제공하는 원천이었다. 노예를 착취해 얻은 자금의 상당 부분은 수로와 선로 건설, 선박 건조, 새로운 생산기술 개발 등 산업에 투자됐다. 마르크스가 썼듯이 "임금노동이라는 유럽의 은폐된 노예제도는 신세계의 노골적 노예제도를 디딤돌 삼아야 했다."[24] 노예무역은 영국의 도시를 성장시켰다. 5000명이 사는 작은 도시였던 리버풀은 18세기에 인구가 7만 8000명으로 늘었고 브리스틀의 인구도 2만 명에서 6만 4000명으로 증가했다.[25]

마르크스는 다음과 같이 주장했다.

노골적 노예제도는 기계나 신용과 마찬가지로 자본주의 산업의 중심축이다. 노예제도가 없었다면 면화도 없었을 것이고, 면화가 없었다면 근대 공업도 없었을 것이다. 식민지가 중요한 것은 바로 이 노예제도 때문이다. 그리고 이 식민지 덕분에 세계무역이 생겼고, 세계무역을 기반으로 대공업이 성장했다. 따라서 노예제도는 가장 중요한 경제범주다.[26]

자본주의 이전의 편견

인종차별이 자본주의와 함께 등장했다고 해서 자본주의 이전 사회에 각종 편견이 없었던 것은 아니다. 고대 사회에는 외국인에 대한 편견이 있었고 이주민의 지위를 제한하는 법도 있었다. 예를 들어, 고대 아테네에서는 시민의 자녀만 시민이 될 수 있었다.[27] 자본주의 이전의 계급사회에는 온갖 편견이 넘쳐 났지만 인종에 대한 편견은 존재하지 않았다. 고대 그리스나 로마 같은 노예제사회에서조차 '인종'을 바탕으로 사람을 구분하지 않았다.

오늘날 '인종'을 나누는 가장 흔한 기준인 피부색은 고대의 지중해 문명에서는 그야말로 쓸모없는 표식이었을 것이다. 이들은 짙은 피부색의 사람들이 옅은 피부색의 사람들만큼이나 '문명화'했다고 봤을 것이다. 초기 문명인 이집트와 바빌론은 지중해 남쪽에서 시작됐는데, 이 지역에 사는 사람들은 대체로 피부색이 짙었다. [역사의 아버지로 불리는] 헤로도토스를 비롯해 그리스의 역사가들은 그리스가 북아프리카 문명사회에 빚지고 있음을 인정했다. 그리스와 로마는 오늘날 기준으로 보면 유럽에 위치했지만 당시 그리스·로마인들은 자신을 유럽 문명의 일부로 생각하지 않았다. 그리스·로마 문명은 지중해 주변의 문명사회에 바탕을 두고 있었다. [그리스·로마인들이 보기에] 북아프리카인은 자신과 같은 문명사회의 일원인 반면 북유럽인은 그렇지 않은 야만인이었다.

로마제국은 지중해 전 지역을 장악했다. 로마 황제 셉티미우스 세베루스는 북아프리카인의 후손이었고 희극 작가 테렌티우스와 초기 교황 세 명도 북아프리카 출신이었다.[28] 현대의 일부 역사학자들은 이 인물들이 혼혈이었을 거라거나 [북아프리카의] 지배계급 집단은 아프리카 출신이 아니었다며 이들이 '백인'이었을 것이라고 트집 잡는데, 이것은 본질을 흐리는 것이다. 오늘날 당연하게 여겨지는 '인종' 구분이 당시 사회에서는 무의미했다.

물론 피부색이 하나의 쟁점일 수도 있었다. 영국에서 검은색은 죽음, 상복, 악마를 연상시켰다. 흔히 악마를 묘사할 때 검은색을 사용했다. 그러나 이것은 다른 대륙을 모조리 인간 이하로 취급하는 것과 다르다. 일부 사람들, 예컨대 영국의 탐험가이자 작가인 토머스 허버트가 1629년에 아프리카인을 "무시무시한 흑인", "사악한 야만인", "인간의 탈을 쓴 악마"라고 기록한 것이 이런 편견을 만들어 내는 데 일조했다.[29]

대다수 사람들은 자신이 사는 곳을 벗어나지 못했고 이방인을 매우 불신했다. 바깥세상에 대해 아는 것이 매우 적었다.

지리적으로 멀리 떨어진 중세 유럽이나 중국, 남아메리카 문명은 흔히 이방인, 즉 생김새나 풍습이 다른 사람들을 업신여겼다. 예를 들어, "760년 중국 양저우에서 전신공田神功이 이끄는 반란군이 아랍과 페르시아에서 온 상인 수천 명을 학살했고, 한 세기 뒤인 879년

광저우에서도 [소금 밀매업자 출신] 황소黃巢가 이끄는 군대가 외국 상인들을 공격했다."[30]

중세 유럽에서는 주되게 종교로 사람들을 나눴다. 지배자들은 자신을 유럽인이 아니라 기독교인으로 정의했다. 그러나 이웃한 이슬람 나라의 기술이 훨씬 앞서 있었고, 그 너머에 있는 인도와 중국은 향신료와 [우수한] 제품을 통해 어마어마하게 부유한 곳으로 알려져 있었기 때문에 중세 유럽의 지배자들은 기독교인이 우월하다고 우쭐대기가 어려웠다.

기독교 세계에서 교회는 이단자를 이교도 대하듯 있는 힘을 다해 억눌렀다. 이단자의 후손은 대대로 박해를 받았다. 중세 유럽도 변화를 겪었다. 아메리카로 항해한 유럽인들은 그제야 자신들의 기술이 아메리카 원주민보다 앞서 있다는 것에 자부심을 느꼈다.

자본주의 이전 사회에는 인종 구분이 없었다거나 인종에 대한 인식이 없었다는 것을 주장하려는 게 아니다. 복잡한 체계를 갖춘 오늘날의 인종차별주의는 허공에서 등장한 것이 아니라 이미 존재하던 편견을 확대하면서 발전한 것이다.

반유대주의

유대인이 처한 상황은 인종차별의 역사를 이해하는 데 매우 중요하다. 유대인은 역사적으로 다양한 억압을 받았다.

《유대인 문제》에서 아브라함 레온은 고대에 유대인이 교역을 하며 지중해 지역으로 퍼져 나갔다고 주장했다. 레온은 유대인 상인이 '민족 계급'이 됐다고 설명했다. 이 계급에 속하지 않은 유대인[예컨대, 농민은 점차 그 지역의 우세한 종교(처음에는 기독교였다가 이슬람교로 바뀌었다)로 개종했다.

유대인이 언제나 사회적 약자인 것은 아니었다. 중세의 기독교 사회에서조차 그랬다. 레온은 다음과 같은 사실에 주목했다. 카롤루스 대머리왕이 지배하던 9세기 신성로마제국에서는 귀금속에 불순물을 섞어 팔면 처벌받았는데, 농노는 채찍질을 당한 반면 자유민과 유대인은 벌금을 냈다.[31]

중세 말기에 무역상과 상인이 되려는 여러 집단이 등장하면서 이 유대인 집단은 주변부로 밀려났다. 상당수 유대인 상인은 대부업으로 떠밀렸다. 사람들은 유대인 하면 고리대금업자를 떠올렸고 이 때문에 유대인을 증오했다. 일부 유대인은 사회적 지위가 하락해 떠돌이 생활을 하다가 변방으로 쫓겨났다.

중세 말기에 유대인은 종교적 이유로 박해받았지만 개종하거나 '이질적' 문화와 관습을 버리면 박해에서 벗어날 수 있었다. 이 점이 유대인을 종교가 아니라 [본인의 의지로 바꿀 수 없는] 인종으로 구분한 후기 반유대주의와 달랐다.

봉건영주와 종교 당국의 관계가 점차 변했는데, 부분적 이유는 서유럽에서 가톨릭의 영향력이 커졌기 때문이다. 가톨릭이 영향력을 확대하는 과정의 일환으로 십자군 전쟁이 벌어졌다. 한 역사가는 다음과 같이 썼다. "교황은 십자군 전쟁을 유럽과 지중해 동쪽 나라[즉, 이슬람 세계]에 로마가톨릭교회의 우위를 재천명하는 기회로 삼았다."[32]

즉, 가톨릭교회가 자신의 우위를 과시하고 싶은 대상은 이슬람만이 아니었다. 그래서 "십자군은 수많은 무슬림을 학살하는 데 그치

지 않았다. 유대인은 물론이고 교황청이 이단으로 간주한 기독교인
도 학살했다."[33]

대서양 노예무역 이전의 노예

대서양 노예무역의 규모는 아프리카를 포함해 전 세계 어디서도
전례를 찾을 수 없을 만큼 어마어마했다. 그러나 일부 사람들은 이
엄청난 규모를 대수롭지 않게 여긴다. 이들은 대서양 노예무역이 야
만적인 것은 맞지만 이것은 여러 잔인무도한 사회 가운데 하나일 뿐
이라고 주장한다. 물론 당시 대다수 아프리카 지역에 여러 형태의 노
예가 있었고 세계 곳곳에도 다양한 부자유 노동이 흔했다. 아프리
카에서는 이미 노예를 매매하고 있었기 때문에 맨 처음 아프리카에
들어간 유럽의 노예 상인은 이를 활용했다.

사람들은 곧잘 대서양 노예무역을 아랍 세계의 사하라 횡단 노예
무역과 비교한다. 흔히 제국주의 옹호자들은 사하라 노예무역이 대
서양 노예무역보다 오랫동안 이뤄졌다고 지적한다. 이것은 사실이
지만 사하라 노예무역이 절정에 달했을 때조차 중동으로 팔려 간 노
예는 연간 3000여 명이었다. 반면 대서양 노예무역은 연간 8만 명을
실어 날랐고 '중간항로'에서* 살아남아 카리브 해 연안으로 건너간
노예를 기다리는 건 죽을 때까지 이어진 고된 노동이었다.

아프리카에 있던 다양한 토착 노예는 대서양 노예무역의 노예와
성격도 달랐다. 전형적 예로 수단을 들 수 있는데, 수단의 노예는 노

---

* 아프리카에서 노예를 실은 배가 대서양을 건너 아메리카로 가는 항로.

예주 사이에서 양도되지 않았다. 이 노예들은 전통적 권리를 누렸고 재산도 소유할 수 있었다. 지배계급의 노예는 자신의 노예를 소유할 수 있었다.

고대 사회, 특히 그리스와 로마에서 노예는 대다수 경제 영역에서 중요한 구실을 했다. 당시는 인종으로 구분되는 사회가 아니었기 때문에 누가 노예가 되느냐는 누가 전쟁에서 이겼는지와 누가 누구에게 공납하는지에 크게 달려 있었다. 대서양 노예무역이 등장하기 전까지 서유럽에 있던 노예들은 대부분 동유럽 출신이었다(사실 노예를 뜻하는 영어 단어 'slave'는 슬라브족을 뜻하는 'Slav'에서 유래했다). 로마제국의 노예제가 봉건제로 대체되면서 노예제는 그 비중이 대체로 줄었다.

가톨릭교회는 기독교 신자를 노예로 삼는 것에 아무 거리낌이 없었다. 그러나 성장하던 이슬람 세력과 충돌하면서 기독교는 견해를 바꿨는데, 이슬람이 신자를 노예로 삼으면 안 된다고 설교했기 때문이다.[34] (시간이 지나면서 달라졌지만) 초기 이슬람 사회에서는 유대인과 기독교인도 노예로 삼지 않았다.

1400년대 말 아프리카 해안가에 도착한 포르투갈의 초창기 [노예] 상인은 기존의 노예 매매망을 활용했을 것이다. 이들은 [노예무역이 아프리카인을] 기독교로 개종시키는 수단이라며 노예무역을 정당화했고 이런 겉치레를 내세워 교황의 지지를 획득했다.[35]

같은 종교를 믿는 사람은 노예로 삼지 않는다는 이슬람의 교리는 사하라 노예무역의 특징을 일부 설명해 준다. 이들은 같은 종교적 신념을 지닌 사람은 포획하지 않는다는 것을 원칙으로 삼았다. 현실에서 이 원칙을 언제나 지키지는 않았다. 유럽에서 도망쳐 온 죄수도 잡으면 노예로 삼았다. 이슬람 세계에서는 노예가 군대나 관리·행정 업무의 상당 부분을 담당했는데, 흑인을 인간 이하로 취급하는 사람들은 이것을 터무니없다고 느낄 것이다.

아메리카에서 노예 인구가 늘자 유럽인 지배자들은 난관에 봉착했다. 같은 신자를 노예로 삼지 말아야 한다면서 어떻게 [흑인 신자를 혹사하는] 잔인한 노예제도를 정당화할 수 있을까? 지배자들은 노예가 흑인의 본성이라는 믿음을 키우며 양심의 가책을 덜었고 교회는 [같은 신자를 노예로 삼지 말라는] 기존의 견해를 뒤집었다.

참혹한 중간항로

16세기 초에서 1870년 사이에 1300만 명이 노예로 팔려 아메리카로 갔다. 가능한 많은 노예가 산 채로 아메리카에 도착할 수 있도록 닥치는 대로 사람들을 잡아들였고 그 수가 무려 2100만 명에 달한 듯하다. 당시 아프리카의 인구는 5000만 명이었다. 노예무역은 아프리카 경제를 완전히 파괴했다. 대다수 생산적 노동력은 노예로 팔려 갔고 아프리카는 무력이 지배하는 비정상적 사회가 됐다.

노예무역을 다룰 때 결코 빠뜨려선 안 되는 것이 당시에 일어난 끔찍한 참상이다. 노예 상인은 대다수 영국인이 이런 참상을 용납하지 않는다는 것을 잘 알고 있었으므로 대중에게 진실을 감추기 위해 갖은 애를 썼다. 삼각무역의 특성상 영국으로 들어오는 노예는 비교적 적었고 노예 상인은 이런 상황을 이용해 온갖 엉터리 이야기를 지어내고 유포할 수 있었다.

노예 출신 올라우다 에퀴아노는 자서전에서 자신이 경험한 중간 항로가 어땠는지 다음과 같이 생생하게 묘사했다.

좁은 공간에 많은 사람을 빽빽하게 밀어 넣어 옴짝달싹할 수 없는 데다 열기까지 더해 숨이 막혀 죽을 것 같았다. 모두 엄청나게 땀을 흘렸고 여기저기서 고약한 냄새가 났다. 금세 숨 쉬기 힘들 만큼 공기가 탁해졌다. 아픈 사람들이 생겨났고 그중 많은 수는 죽었다. 이렇게 노예들은 당장의 이익에 눈먼 구매자들의 탐욕(이들의 행태에 정말 딱 들어맞는 말이다) 때문에 희생됐다. 족쇄에 쓸려 까진 피부는 안 그래도 끔찍한 상황을 더 견디기 힘들게 만들었다. 버티기가 정말 힘들었다. 오물 가득 찬 변기통에 빠져 죽을 뻔한 아이도 여러 명 있었다. 여자들의 비명 소리와 죽어 가는 사람들의 신음 소리는 우리를 모두 상상할 수 없을 만큼 공포에 떨게 만들었다.[36]

카리브 해에 도착한 노예는 플랜테이션에서 죽도록 일해야 했다. 그러나 플랜테이션 농장주들이 즐겨 보던 안내서는 그 시기를 다음과 같이 기록했다. "신체 건강하고 원기 왕성한 데다 고분고분한 … 흑인 소년·소녀가 새롭게 일군 밭을 오가며 일하는 걸 지켜보는 게 … 얼마나 기쁘고 흐뭇한가."[37]

종Zong호 사건은 노예무역이 얼마나 잔인했는지를 적나라하게 보여 준다. 종호는 노예 470명과 선원 17명을 싣고 서아프리카를 출발했다. 험난한 항해 과정에서 [영양실조와 전염병 등으로] 선원 7명과 노예 60명이 죽었고 더 많은 노예는 병에 걸렸다. 선장은 노예가 자연사하면 선주가 손실을 부담해야 한다는 사실을 떠올렸다. 그러나 선박을 구하는 과정에서 노예가 죽었다고 주장하면 보험금을 청구할 수 있었다. 그래서 선장은 '화물[노예]'을 바다로 던졌다. 배에 마실 물이 모자라 어쩔 수 없었다며 보험금을 청구했다. 선장의 주장이 거짓임이 드러났지만 보험 소송에서 법무부 차관은 선주를 변호해 다음과 같이 말했다. "흑인은 상품이므로 살인죄로 기소하는 것은 터무니없는 일입니다." 그래서 재판은 잃어버린 화물에 보험금을 지급해야 하는지만 다뤘다.[38]

19세기에 더는 아프리카에서 새로운 노예를 데려올 수 없게 되자 미국 남부의 노예주들은 노예의 처우를 일부 개선했다. 기존 노예들이 재생산을 해야 값싼 노동력을 계속 공급받을 수 있었기 때문이다. 그러나 엄청난 변화가 일어난 것은 아니었다. 노예에서 해방된 모지스 그랜디는 임신한 노예가 얼마나 고된 노동에 시달렸는지 떠올렸다. 그랜디는 임신한 노예도 밭에 나가 교대 근무를 해야 했고 "배부른 임산부가 어쩌다 주인을 언짢게 하면 흙구덩이에 배를 넣고 엎드려 채찍질당했다"고 회상했다.[39]

노예제도에 맞선 저항과 반란

흑인 노예를 죽도록 혹사한 자본가들은 그 전에 부리던 백인 계약 노동자에게도 무자비했다. 노동자의 안전 따위는 신경 쓰지 않은 초기 공장에 투자해 이윤을 챙긴 것도 바로 이 자본가들이었다. 공장 노동자와 노예가 겪은 고통은 정도는 달랐지만 본질은 같았다. 임금노동과 노예노동은 그 출발부터 저항에 부딪혔다.

뛰어난 흑인 마르크스주의자 C L R 제임스는 노예들 스스로 노예 제도에 맞서 끝없이 저항에 나섰지만 역사에는 이런 기록이 전혀 없다는 것에 분노했다. 그는 다음과 같이 썼다.

아메리카에서 흑인은 노예제도에 맞서 150여 차례나 반란을 일으켜 세간의 이목을 끌었다. 흑인의 반란을 찾아볼 수 없는 유일한 곳은 친자본주의 역사가가 쓴 책 속뿐이다.[40]

[1789년] 프랑스 혁명 소식이 당시 세계에서 가장 많은 부를 창출하던 프랑스 식민지 생도맹그에 전해졌다. 이 소식은 노예주와 노예에게 모두 영향을 미쳤다. 애덤 호크실드는 다음과 같이 썼다.

유럽에서 건너온 소식은 빛의 속도로 퍼졌다. 한 주민이 말했듯이 식사하는 백인 "주인 등 뒤에는 하나같이 시중드는 노예가 대기"하고 있었기 때문이다. "노예들 앞에서 [인간은 누구나 평등하다는] 〈인권선언〉을 논의하는 것은 … 그들에게 힘 있는 자가 권력을 차지하고 그 힘은 머릿수에서 나온다고 가르치는 것이나 다름없었다."[41]

노예들은 프랑스 혁명이 내세운 가치를 노예주들보다 훨씬 가슴 깊이 이해했고 그 가치를 쟁취하기 위해 들고일어나 싸웠다. 반란을 이끈 투생 루베르튀르는 프랑스 혁명의 가치를 쟁취하기 위해 헌신할 것을 맹세했고 프랑스 장군의 배신으로 죽을 때까지 그 가치가 올바르다고 굳게 믿었다. 1792년 노예 반란의 지도자들이 생도맹그의 식민지 의회에 보낸 편지에서 루베르튀르는 다음과 같이 선언했다.

맞습니다. 우리도 여러분과 똑같이 자유로운 인간입니다. 아직도 누군가를 노예로 묶어 두려는 것은 우리가 무지한 탓도 있지만 결국 여러분의 탐욕 때문입니다. 여러분은 우리를 지배하며 고귀한 척하지만 여러분에게 그럴 권리가 있다는 근거를 어디에서도 찾을 수 없습니다. … 우리는 여러분과 동등한 인간입니다. 여러 인종의 피부색이 다른 것은 자연의 섭리입니다. 흑인으로 태어난 것은 죄가 아니고 백인으로 태어난 것은 특권이 아닙니다.[42]

루베르튀르는 프랑스 혁명에 힘입어 노예제도 폐지를 요구하는 데까지 나아갔다.

노예주들은 저항에 나선 노예가 얼마나 효과적으로 싸울 수 있는지를 매우 똑똑히 알게 됐다. 노예들은 프랑스 군대를 무찔렀다. 반란을 쉽게 진압할 수 있다고 자신만만하게 몰려온 영국의 최정예 부대를 물리쳤고, 나폴레옹 군대도 쫓아냈다. 영국은 북아메리카 식민지에서 일어난 저항을 제압하려고 투입한 군대보다 더 많은 군대를 생도맹그 전투에 보냈다. 생도맹그 노예의 승리가 얼마나 대단한 것인지를 가늠할 수 있는 비교 대상을 떠올리기가 쉽지 않은데, 이것은 말하자면 오늘날 러시아와 미국이 손잡고 쳐들어온 것을 물리친 것 이상으로 엄청난 일이었다.

수많은 역사가는 반란에 참가한 노예의 폭력성을 집중적으로 부각하지만 C L R 제임스는 이 노예 반란을 다룬 걸작 《블랙 자코뱅》

에서 상반된 설명을 한다.

> 반란 때도, 그리고 반란이 끝난 후에도 노예들은 놀라울 만큼 온건했다. 노예들은 노예주들이 자신을 대한 것보다 훨씬 더 인간적으로 노예주를 대했다. 게다가 노예들의 복수심은 그리 오래가지도 않았다. 재산과 특권을 소유한 자들의 잔인함은 가난하고 억압받는 사람들의 복수심보다 항상 더 포악하다. 전자는 끔찍한 불평등을 유지하려는 목적의식이 뚜렷하지만 후자는 곧 가라앉고 마는 일시적 분노에 휩싸일 뿐이다. … 노예주가 노예에게 저지른 끔찍한 짓에 비하면 노예가 한 일은 무시해도 되는 수준이었다.[43]

그러나 유럽 군대의 잔인한 공격을 세 차례나 받은 후 해방된 노예들은 그간 백인에게 보인 자제심을 거둬들였다. 해방 노예들의 투쟁으로 새롭게 탄생한 독립국가 아이티는 자유의 강력한 상징이 됐고 서유럽 국가는 위기감을 느꼈다. 제국주의 열강은 철저한 보복에 나섰다. 먼저 프랑스가 노예 반란으로 재산 피해가 발생했다며 터무니없는 '보상금'을 요구해 아이티를 외채에 허덕이게 만들었고, 그 뒤 주로 미국 군대가 군사적 위협과 침략, 점령을 이어 갔다.[44]

영국의 흑인

노예무역의 직접적 결과로 영국에 흑인이 상당수 생겼다. 1773년 런던에서 구걸 행위로 수감된 흑인 두 명을 면회한 흑인이 300명을 넘었다.[45] 영국에 거주한 흑인이 모두 노예나 노예 출신은 아니었다.

1780년대 리버풀 지역의 학교에는 서아프리카의 부잣집 출신 학생이 적어도 50명은 있었다.[46]

영국 당국은 평범한 영국인이 흔히 노예를 동료로 여긴다는 사실을 매우 우려했다. 1768년 치안판사 존 필딩 경은 노예주에게 "하층민이 노예를 편들고 있"기 때문에 도망간 노예를 다시 잡아들이는 것은 매우 위험하다고 경고했다.[47]

흑인과 교류해 본 사람만 흑인 노예를 같은 편으로 여긴 것은 아니었다. 1794년 셰필드의 급진주의자들이 조직한 대중 집회에서 숙련공 수천 명은 흑인 노예의 해방을 요구하는 결의안을 만장일치로 통과시켰다.

요크서 주* 노동자들은 다음과 같이 선언했다. "우리는 우리를 짓누르는 억압에서 벗어나기를 바라며, 억압받는 다른 사람들에게도 연민의 정을 느낀다." 그리고 "우리의 흑인 형제들이 당한 고통을 조용히 앙갚음하겠다"고 맹세했다.

애덤 호크실드는 토머스 클라크슨이 이끈 노예무역 폐지 운동이 겨우 12명이 모인 모임에서 시작됐다고 설명했다. 이들은 다른 사람들에게는 그야말로 공상적이고 비현실적으로 보였을 목표, 즉 영국의 노예무역 폐지를 주장하는 위원회를 구성했다.

당시 노예무역은 영국 선박이 지배하고 있었고 신세계로 가는 노

---

* 셰필드는 요크서 주에 속했다.

예의 절반가량을 실어 날랐다. 1787년 영국에서 노예무역 폐지 운동을 시작하는 것은 오늘날 사우디아라비아에서 재생에너지 운동을 펼치는 것만큼이나 공상적이었다.[48] 그러나 노예무역 폐지 운동은 곧바로 확산됐는데, 특히 프랑스와 미국의 혁명이 내세운 급진적이고 자유 지상주의적인 가치에 고무된 도시 대중의 지지를 받았다.

노예주들은 당시 가장 잘나가는 선전 매체를 모두 이용해 이 운동을 깎아내리려고 안간힘을 다했다. 1789년에는 세련된 방식으로 《젠틀맨스 매거진》에 편지를 보내 다음과 같이 제안했다. "흑인을 노예라고 부르지 말고 농장주 보조라고 부르자. 그러면 노예무역에 반대하는 격렬한 외침은 사라질 것이다."[49]

노예무역 폐지론자들은 대체로 투표권이 없었지만 의회에 [거듭거듭] 청원했다. 작은 마을과 도시의 글을 읽고 쓸 수 있는 사람은 모두 이런저런 청원에 참가했다. 폐지론자들은 아프리카인이 노예로 사는 것을 더 행복하게 느낀다는 노예주들의 거짓 주장을 반박하기 위해 현실의 사례를 수집했다. 에퀴아노는 전국을 돌며 연설하고 자신의 책도 판매했다.

호크실드는 다음과 같이 썼다.

영국의 노예무역은 1807년에 폐지됐다. 그러나 노예제도가 줄어들거나 사라질 기미가 보이지 않자 노예해방을 요구하는 운동이 1820년대에 다시 살아났다.[50]

아동노동이나 공장의 열악한 조건 개선 등을 요구하기 시작한 노동계급 조직은 노예와 노동자의 삶이 연결돼 있다는 것을 이해했다. 이들은 선거운동 기간에 "나라 안 [임금] 노예제도와 나라 밖 노예제도를 철폐하라"고 적힌 팻말을 들고 가두 행진을 벌였다. 최초의 대중운동이라고 할 수 있는 이 운동은 일부 성공을 거뒀다. 그러나 노예들이 끊임없이 반란을 일으켜 노예제도 유지에 따른 위험부담이 커졌다는 사실도 노예주들과 영국 지배자들에게 큰 영향을 미쳤다. 예를 들어, 1831년 자메이카 노예 2만여 명이 새뮤얼 샤프의 지도 아래 거대한 봉기를 일으켰는데, 이것은 그때까지 영국 영토에서 일어난 가장 커다란 저항이었다. 지배자들은 격렬한 전투를 치르며 가까스로 봉기를 진압했다.

1833년 영국 제국 안에서 노예제도가 폐지됐다. 노예제도의 경제적 가치는 예전만큼 중요하지 않았다. 그러나 노예들의 지속적 저항과 노예제에 대한 평범한 영국인들의 반감이 없었다면 지배자들은 시간을 질질 끌며 노예제도 폐지를 미뤘을 것이다. 영국의 지배자들은 희생당한 노예들에게 동정심을 느껴서 노예제도를 폐지한 것이 결코 아니다. 1833년 노예제도 폐지법에 책정된 보상금 2000만 파운드는 노예에서 벗어난 사람들이 아니라 노예주에게 전액 지급됐다. 속박에서 벗어난 노예들은 자신의 옛 주인에게 소작료를 내야 하는 처지가 됐다.[51]

가난한 이 해방 노예들이 선택할 수 있는 일은 거의 없었다. 카리브 해에서는 노예에서 해방된 사람들이 대부분 영세농이나 소작농이 됐는데, 플랜테이션에서 계속 일하는 것을 제외하고 이들이 할 수 있는 유일한 선택이었기 때문이다.

2. 인종차별주의와 제국

흑인의 자치를 요구하는 흑인 민족주의자와 인종차별에 반대하는 자유주의자는 모두 마르크스주의가 계급 문제에 골몰하느라 인종차별을 포함해 여러 형태의 차별을 무시한다고 말한다. 마르크스주의자가 보기에는 계급 분단이 차별의 뿌리일 뿐 아니라 차별을 없앨 수 있는 가능성을 열어 주기도 한다. [17~18세기] 체서피크에서나 오늘날에나 지배자들이 인종차별 사상을 부추기는 것은 그것이 지배 권력에 도전할 수 있는 세력을 분열시킨다는 점을 알기 때문이다. 이것이 인종차별 사상을 발전시킨 노예무역이 역사 속으로 사라진 지 한참 지난 오늘날에도 인종차별이 유지되는 이유다.

마르크스는 인종차별 사상이 유지되면 자본가들이 실질적 이득을 얻는다고 주장했다. 마르크스는 아일랜드 이주 노동자와 영국 '토박이' 노동자의 분열을 관찰하면서 자신의 주장을 발전시켰다. 이 사례는 피부색처럼 뚜렷한 특징이 없더라도 인종차별이 자라날 수 있음을 보여 준다. 인종차별은 이해관계의 실질적 차이와 상관없이 사람들을 분열시키고 특정 집단을 배제하는 것이다.

마르크스는 다음과 같이 설명했다.

영국의 모든 공업과 상업 중심지에서 노동계급은 두 적대 진영, 즉 영국 프롤레타리아와 아일랜드 프롤레타리아로 나뉘어 있다. 평범한 영국 노동자는 아일랜드 노동자를 자신의 생활수준을 낮추는 경쟁자라고 생각해 증오한다. 영국 노동자는 아일랜드 노동자와 달리 자신은 지배 민족의 일원이라고 여기고, 그 결과 아일랜드를 억누르는 영국 귀족과 자본가의 꼭두각시가 된다. 이제 지배계급은 더 손쉽게 노동계급을 통치한다. 영국 노동자는 아일랜드 노동자에 대한 종교적·사회적·민족적 편견에 사로잡힌다. 아일랜드 노동자에 대한 영국 노동자의 태도는 노예제도가 유지되던 미국 남부에서 '가난한 백인'이 흑인을 대한 태도와 매우 닮았다. 아일랜드 노동자는 한술 더 떠서 대갚음한다. 영국 노동자를 아일랜드를 지배하는 영국 지배계급의 공범이자 어리석은 꼭두각시라고 여긴다.

지배계급은 언론, 교회의 설교, 만평 등 동원 가능한 모든 방법을 이용해 이런 적대 관계를 일부러 부추기고 강화한다. 이런 적대 관계는 영국 노동계급이 독자적 조직이 있음에도 무기력한 이유를 설명해 주는 열쇠다.[52]

알렉스 캘리니코스는 《인종과 계급》에서 마르크스의 이런 설명이 현대 자본주의의 인종차별주의를 유물론적으로 이해하는 데 필요한 요점을 제공한다고 자세히 설명했다. 캘리니코스는 마르크스의 통찰에서 인종차별주의가 유지되는 데 필요한 세 요소를 끄집어낼 수 있다고 지적한다. 첫째는 노동자들이 서로 경제적 경쟁을 하는 것이다. 노동시장에 각기 다른 임금률이 존재하는 것은 이런 경쟁이 반영된 것이다. 캘리니코스는 다음과 같이 쓴다.

특히 [생산기술 발달 등으로] 노동이 단순해져서 자본이 구조조정하는 시기에 자본가는 (본능에 따라) 기존의 숙련 노동자를 값싼 미숙련 노동자로 대체하고 싶은 욕구를 느낀다. 기존 노동자와 새로운 노동자 집단이 다른 민족 출신이라면, 그래서 언어와 전통도 다르다면 이 두 노동자 집단

사이에 인종적 적대가 자라날 가능성이 있다.[53]

인종차별주의를 이용해 새로운 노동자를 배제할 수도 있고 이미 일하고 있는 노동자를 내쫓을 수도 있다. 예컨대, 1840~1850년대 미국 북부 지역에서는 흑인 노동자가 항만 노동자, 건설 노동자, 마부, 말 사육사, 이발사 등 숙련직에서 밀려났고 아일랜드에서 온 미숙련 이주 노동자가 그 자리를 메웠다.[54]

둘째는 지배계급이 [새로운 상황에 맞춰] 인종차별주의를 끊임없이 갱신한다는 것이다. 그러나 이것은 단지 자본가계급의 음모가 아니다. 시대에 뒤진 산업이 쇠퇴하고 새로운 산업이 등장하면서 사용자가 원하는 노동 형태는 점차 바뀐다. 이런 상황에서는 이주 노동자가 사용자의 필요를 충족시키는 가장 적합한 집단이 될 수 있다.

셋째는 노동자들이 인종차별 사상에 이끌릴 수 있다는 사실이다. 마르크스의 통찰에 따르면 19세기 중엽 영국 노동자는 "자신을 지배 민족의 일원이라고 여겼"다. 이렇게 생각하는 노동자는 (옆에서 함께 일하는 이주 노동자가 아니라) 사용자와 일체감을 느끼는 데서 얻는 이득이 있다고 믿는다. 그러나 마르크스가 주장했듯이 이런 믿음은 자본가계급이 전체 노동계급을 착취할 수 있는 능력을 키울 뿐이다.

인종차별주의는 노예무역과 함께 자라났지만 인종차별주의를 강화하고 확장한 것은 제국이었다. 제국이 건설되는 과정에서 인종을 복잡하게 구분하는 인종차별주의가 확대됐다. 인종에 대한 편견은 분류학이나 진화학 같은 과학의 발달과 결합하면서 더 심해지고 현대화했다. 찰스 다윈의 자연선택 이론 자체는 인종차별적이지 않지만 순식간에 사람들과 민족들 사이의 불평등을 정당화하는 데 이용됐다. 다윈 자신도 잘못된 논리를 일부 받아들여 "문명화한 인종이 전 세계의 야만적 인종을 몰살하고 대체할 것이 거의 확실하다"고 주장했다.[55] 인종차별주의자들은 백인이 다른 인종보다 훨씬 더 많이 진화했다고 으스댔다. 제국주의가 극단으로 치달은 시기에는 다양한 유럽인을 구별하기 위해 온갖 차이를 찾아내려 했다.

유럽 또는 '백인' 문명이 다른 사회보다 언제나 앞섰다는 생각은 오랫동안 사라지지 않고 전해지면서 그야말로 상식이 돼 버렸다. 그러나 역사적 사실에 어긋나는 이런 상식은 이집트, 인도, 중국 등 유럽이 아닌 지역에서 초기 문명사회가 발전했다는 것을 제대로 설명할 수 없다.

아프리카 등 일부 지역이 후진적이고 이렇다 할 역사도 없다는 생각은 자본주의가 성장한 후에야 생겼다. 이런 생각이 존재하지 않던 시기에 여행가들은 자신이 방문한 지역의 번영과 업적을 기꺼이 인정했다. 아랍 지역과 인도, 중국을 여행한 모로코 탐험가 이븐바투타는 1331년 방문한 킬와가* "세계에서 가장 아름답고 잘 건축된 도시에 속한다"고 말했다.[56] 1602년 무렵 한 네덜란드 상인은 서아프리카의 베냉을 다음과 같이 설명했다.

시내로 들어서니 도시가 무척 커 보였다. 포장되지 않았지만 도로가 매우

---

* 오늘날 아프리카 동부의 탄자니아에 속한다 — 지은이.

넓었고 그 폭이 암스테르담 바르무스 거리의 일고여덟 배는 돼 보였다. …
가지런히 지은 주택은 네덜란드와 비슷하게 촘촘히 늘어서 있었다.[57]

아프리카 대륙을 완전히 파괴한 것은 바로 노예무역이었다. 베를
린 회의가* 열리던 1884~1885년 무렵에는 유럽 열강들이 아프리카
를 조각조각 나눠 식민지 삼기가 한창이었다. 이 시기에 온정주의적
인종차별주의가 절정에 달했고, 러디어드 키플링의 시 〈백인의 짐〉은
그 전형이다.

백인의 짐을 져라
평화를 위한 잔인한 전쟁으로**
굶주린 자들을 먹이고
병든 자를 살펴라
타인을 위해 추구한
그 목표가 눈앞에 이르렀을 때
당신의 모든 희망을 수포로 돌릴 수 있는
나태와 이교도의 어리석음을 경계하라[58]

인종차별주의자들은 식민지 주민을 더는 동물에 비교하거나 인간

---

* 아프리카를 서로 차지하려는 유럽 열강의 갈등이 첨예해지자 이를 조정하기 위해
  열린 회의다. 베를린 회의 이후 더 많은 아프리카 지역이 유럽의 식민지가 됐다.

** 수십만 명을 학살한 미국의 필리핀 침략 전쟁을 일컫는다.

이 아니라고 주장하지는 않았다. 그 대신 고마워할 줄 모르는 애 취급하며 엄한 사랑으로 훈육해야 한다고 주장했다.

노예들이 잘 대접받고 있다는 플랜테이션 농장주의 이야기가 거짓이었던 것과 마찬가지로 영국 제국의 지배를 받는 사람들의 삶도 지배자들의 선전과 완전히 달랐다. 오늘날의 케냐에 해당하는 지역에 첫 총독으로 임명된 아서 하딩 경은 1897년에 다음과 같이 말했다. "이들에게 복종을 가르치려면 총구를 겨눠야 한다. 이것이 유일한 방법이다. 이 과정을 거쳐야 현대적이고 인간적인 방식으로 이들을 교육할 수 있을 것이다."[59]

니얼 퍼거슨 같은 역사학자는 식민지가 착취당하기는 했지만 이 과정을 통해 서구의 교육, 의료, 사회 기반 시설, 과학의 혜택을 누리게 됐다고 식민지 시대를 미화한다.[60] 그러나 퍼거슨이 말하는 혜택은 식민 지배 열강이 자원을 갈취하고 시장을 창출하는 과정에서 생긴 부산물이었다. 게다가 유럽 열강은 식민지 주민의 삶이 개선되는 것을 줄곧 가로막았다. 예를 들어, 케냐에서는 아프리카인이 커피 등 수익성 높은 작물을 재배하지 못하게 했다. 이런 규제가 있었다는 것은 유럽에서 건너온 이주민의 농업 기술이 본질적으로 우월하지 않았다는 증거다. 아프리카 농민이 위협적인 경쟁자였기 때문에 이런 규제가 필요했던 것이다.

자본주의 열강들이 제국주의적 마수를 전 세계로 뻗치면서 인종이라는 개념도 널리 퍼졌다. 이 비과학적 개념은 인간을 고작 백인종, 흑인종, 갈색인종, 황인종 등으로 나눴다. 특히 영국 지배계급은 인종을 구분하는 잣대를 개발하고 이를 이용해 착취하는 데 능수

능란했다. 영국이 제국으로 성장하면서 인도에 대한 태도가 바뀌었다. 18세기에 영국의 상인과 군인은 흔히 인도를 문명사회로 여겨 토착 지배자처럼 살면서 새로운 문명도 배우고 이를 이용해 먹고자 했다. 토착민 여성과 결혼하는 남성도 심심찮게 볼 수 있었다. 그러나 인종차별주의가 퍼지자 식민지에 거주하던 한 줌도 안 되는 영국 지배자들은 자신을 우월하고 특별한 집단으로 여겼다. 이런 태도는 1857년 인도 항쟁* 이후 완전히 자리를 잡았다. 동인도회사라는 형식을 빌려 통치하던 영국은 이제 인도를 직접 통치했다. 강탈을 중단하라고 요구한 인도의 저항 세력이 야만적 행위를 저질렀기 때문이라며 직접 통치를 정당화했다. 마르크스는 영국의 위선을 다음과 같이 지적했다.

런던의 여러 신문은 세포이 항쟁에서 나타난 잔인한 행위는 중세 시대에나 있을 법한 일이라고 떠들지만, 이와 유사한 사례를 찾기 위해 중세로 거슬러 가거나 영국 현대사조차 벗어날 필요가 없다. [불과 얼마 전에 일어난] 1차 아편전쟁만 살펴봐도 필요한 것을 모두 얻을 수 있다. … 당시 영국군은 온갖 만행을 저질렀는데, 이것은 광적인 신앙에서 비롯한 게 아니었고 억압적인 정복 민족을 향한 [중국인의] 증오심 때문에 자극받은 것도 아니었다. 단지 재미를 위해서였다.[61]

---

* 세포이 항쟁으로도 불린다. 동인도회사에 고용된 인도인 용병들(세포이)이 종교적 신념을 무시하는 명령에 반발해 반란을 일으키며 시작됐고, 식민 지배에 대한 불만이 높았기 때문에 농민과 상인도 항쟁에 참가했다. 몇 주 만에 인도 북부의 광활한 지역을 장악했고 영국인 장교와 관리를 닥치는 대로 살해했다.

마르크스는 영국이 엄청난 무력을 동원해 중국을 굴복시킨 1차 아편전쟁(1839~1842)을 언급했는데, 이 전쟁은 영국이 인도에서 재배한 아편을 방해받지 않고 중국으로 수출하겠다고 억지를 부려 벌어진 것이었다. 중국이 패배하자 유럽 열강과 일본은 중국의 많은 지역을 통치했다. 이들은 모든 주요 도시에 '조계지'를 건설해 중국의 간섭을 받지 않고 그 지역을 직접 통치했다.

자본주의에 존재하는 다양한 부자유 노동

노예노동이 자본가계급이 이용한 최초의 부자유 노동은 아니었다. 일정 기간 주인에게 얽매여 일해야 했던 계약 노동자의 구실은 앞에서 살펴봤다. 노예무역이 폐지된 이후 다른 형태의 계약 노동자('쿨리'로 불리기도 했다)가 다시 등장해 식민 제국에 필요한 노동력을 공급했다. 식민주의자들은 강제 노동력을 마음대로 끌어다 쓰는 데 아무 죄책감도 느끼지 않았다. 특히 인도와 중국의 노동자는 인도를 비롯해 영국령 식민지에서 요긴하게 쓰였고 환태평양 지역과 미국에서도 그랬다. 거의 아무도 기억하지 않는 이 노동력 이동은 자본주의에서 일어난 대규모 이주의 한 축이었다.

인도양에 있는 모리셔스 섬은 유용한 사례다. 이 섬에 있던 노예는 7명 중 1명이 인도 남부 출신이었고 영국 제국에서 노예제도가 폐지된 뒤인 1838년에는 인도가 노동력의 주요 공급처였다. 1840년에 모리셔스 섬으로 팔려 온 인도 노동자는 1만 8000명이었다.[62] 1835년 한 플랜테이션 농장주는 쿨리 제도가 얼마나 이득인지를 다음과 같이 적었다. "쿨리를 사는 데 드는 비용은 노예를 사는 데 드는 비용의 설반도 안 된다."[63] 모리셔스의 역사는 복잡했다. 노예제도 시절에 대다수 노예는 아프리카인이었고 인도인과 심지어 중국인이 일부 있었다. 노예제도가 폐지된 후에는 상황이 바뀌어 쿨리의 압도 다수는 인도인이었고 아프리카인(대부분 마다가르카스 출신)이 소수였다. 아프리카인 쿨리 가운데 일부는 노예로 끌려갔다가 [노예제도 폐지 이후] 영국 해군에 구출된 뒤 모리셔스로 보내져 부자유 노동을 하게 됐다.[64]

한 세기가 지난 뒤 한 학자는 다음과 같이 쿨리를 설명했다.

인도·말레이시아·중국·폴리네시아·일본 출신의 쿨리는 대체로 유럽이 지배하는 열대지방에서 일했다. 압도 다수는 플랜테이션으로 보내졌지만, 광산에서 일하는 사람도 있었고 일부는 선로와 수로 등 사회 기반 시설을 건설하는 데 투입되기도 했다.[65]

지배계급은 쿨리를 식민 제국으로 보내 현지 노동자의 임금을 낮추는 수단으로 이용하기도 했다. 19세기 말 캘리포니아를 비롯한 미국 서부 주州는 중국인과 일본인 노동자의 이주를 장려했다. 1924년 이들의 이주를 차단하는 법이* 제정된 후에는 필리핀 이주 노동자를 이용했다. 제2차세계대전이 시작될 즈음 미국 서부에 거주하는 중국계 미국인은 7만 8000명이었고 일본계 미국인은 12만 7000명이었다.[66]

---

* 1924년 이민법을 말한다. 각 나라별 이주민 수를 제한하는 것을 골자로 한다.

민족주의

인종차별주의를 연구하면서 민족주의의 발전을 간과할 수는 없다 (민족주의는 자본주의 발전이 낳은 또 다른 산물이다). 민족이라는 개념은 오늘날 매우 보편적이기 때문에 많은 사람들은 민족이 언제나 존재했다고 생각한다. 인종차별주의가 언제나 존재했다고 오해하듯이 말이다.

영국과 네덜란드가 중앙집권적 국가를 기반으로 무역에서 성공을 거두자 다른 강대국도 이를 따라 했다. 강대국 간 경쟁이 치열해지면서 국가로 권력이 집중되는 경향도 더 강해졌다. 강대국은 저마다 민족주의를 발전시켰다. 이것은 봉건제의 신비주의적 사상에서 벗어나도록 사회를 발전시켰다는 점에서 진보였다. 민족주의는 제국의 성장과 새로운 형태의 야만적 탄압과 궤를 같이했기 때문에 미화해서는 안 된다. 그러나 잠시 동안 민족주의 사상은 사회 구성원 간 통합을 높이고 합리주의를 확대하는 경향이 있었다. 프랑스 혁명과 미국 혁명이 한창일 때 민족주의 사상은 종교적 차이를 관대하게 대했고 지역 차별에 반대했다. 크리스 하먼은 다음과 같이 말한다.

민족주의는 자본주의 발전을 [지지하는] 이데올로기의 일부로 성장했다. 민족이라는 관념은 부르주아 혁명이 내세우는 여러 관념과 분리될 수 없다. 민족주의가 세계를 정복해 오늘날 전 세계의 모든 개인에게 민족적 정체성을 부여하고 있는 것은 자본주의가 세계를 정복했기 때문이다.[67]

자본주의와 연결돼 있다는 점에서 민족주의는 인종 분열과 비슷하다. 마르크스주의자가 계급 분열을 이 사회의 주요 분열이라고 본다고 해서 인종 분열을 무시하는 것은 아니고 이 점은 민족주의에도 똑같이 적용된다. 억압을 없애고자 하는 사회주의자는 인종차별에 시달리는 사람과 일체감을 느껴야 하듯이 더 억압받는 민족의 편에 서야 한다.

하먼이 지적했듯이 사람들이 부차적 요소인 민족주의에 동질감을 느끼는 것은 다음과 같은 상황에 달려 있다.

기존 국가가 민족적 구분에 따른 억압 정책을 어느 정도 실행하는지에 달려 있다. 이것의 고전적 형태는 특정 언어 사용자에 대한 차별이다. 터키 정부는 1980년대에 쿠르드어 사용을 금지했고 스리랑카 정부는 타밀어가 아니라 신할리즈어를 공식 언어로 고집했다. 중간계급이 받는 타격이 가장 크지만 노동계급도 경찰, 법원, 심지어 우체국 등 국가기구와 접촉할 때마다 여러 문제에 봉착하게 된다.[68]

민족적 차이에 대한 생각은 서서히 인종차별주의로 바뀔 수 있다. 그래서 문화적 차이 때문에 차별받는 집단은, 사소하거나 일시적인 문화적 차이가 과장돼 마치 타고난 특성이 다른 것처럼 취급되는 현상에 직면할 수 있다. 영국에서 이 점을 가장 분명하게 보여 주는 사례는 만평가와 논평가가 아일랜드 사람은 선천적으로 다르고 열등하다는 생각을 끊임없이 부추기는 것이다.

일부 사람들은 문화나 종교의 차이에서 비롯한 편견에서 벗어난 듯 보일 수도 있다. 그래서 일부 쿠르드인은 쿠르드 문화를 내버리

고 터키 사회에서 높은 자리에 올랐다. 마르크스와 디즈레일리가*
유대교 전통과 단절했듯이 말이다. 그러나 20세기 초·중반 유럽에
서 벌어진 유대인 억압이 보여 주듯이 문화적 차이는 인종적 차별로
바뀔 수 있다. 인종이란 게 없어도 인종차별주의는 존재하고 유지될
객관적 근거를 찾을 수 있다.

반동적 민족주의의 가장 극단적 형태인 파시즘은 제1차세계대전
이후 이탈리아에서 처음 성장했다. 파시즘은 일부 사회집단, 예컨대
소기업주와 상점 주인 등 프티부르주아의 공포를 기반으로 출현했
다. 이들은 제1차세계대전 이후 분출한 거대한 계급투쟁 속에서 주
변으로 밀려날까 봐 두려워했다. 파시즘의 핵심 목표는 노동계급의
힘을 분쇄하는 것이었다. 이런 목표를 달성하는 주요 수단으로 흔
히 인종차별주의가 이용됐지만 무솔리니가 주도한 운동은 반유대주
의를 이용하지 않았다. 히틀러가 주도한 나치와 연관 맺기 전까지는
말이다. 어쨌든 유럽의 파시즘은 홀로코스트라는 끔찍한 인종차별
적 범죄에서 영원히 자유로울 수 없다. 홀로코스트 이후 파시스트는
자신의 본색을 드러내면 대중적 지지를 확보하기가 더 어려워졌다.
홀로코스트는 또한 과학적 인종주의가 누리던 지적 지위를 실추시
켰고 인종차별주의자를 다른 영역으로 옮겨 가도록 만들었다. 그래
서 이제 이들은 사회 분열의 원인이 문화적 차이라고 주장한다.

이탈리아보다 더 강력하고 잘 조직된 노동계급 운동이 존재한 독

---

* 벤저민 디즈레일리(1804~1881)는 영국 보수당 정치인으로 재무 장관과 총리를 지
냈고 제국주의적 대외 진출을 추진했다.

일에서 유대인을 비난하는 주장은 더 호소력이 있었다. 유대인은 토박이 노동자의 임금을 낮추는 가난한 이주민, 사회구조를 파괴하는 공산주의자, 소규모 상점 주인을 쥐어짜는 금융 자본가로 묘사될 수 있었다.* 그러면서 나치는 자신이 기생충 같은 유대인 자본에 맞서 자국의 생산적 자본을 보호한다고 주장했다.[69] 근본적으로, 반쪽짜리 왜곡된 사실에 덧붙인 이 한 다발의 노골적 거짓말은 세계를 논리적이고 일관되게 설명하지 못한다. 그러나 나치가 꾸며 낸 근거 없는 이야기는 (다른 인종차별적 거짓말과 마찬가지로) 지배자들이 감추고 싶어 하는 진실을 덮는 데 주로 이용됐다. 물론 나치는 스스로 꾸며 낸 쓰레기 같은 인종차별적 생각을 믿었다. 전쟁[제2차세계대전]이 끝나 갈 무렵 독일이 노동력 부족에 시달리고 있을 때 [아우슈비츠 수용소 등에 갇힌] 유대인 등을 몰살한 것은 전혀 합리적이지 않았다. 그러나 전쟁을 지휘한 광신도들은 유대인을 학살하는 것이 '유대인 문제'의 근본적 해결 방식이라고 여겼고 다른 대안은 없다고 생각했다.

가장 첨예한 논쟁이 벌어진 미국

이 글은 주로 영국의 상황과 영국이 인종차별주의의 성장에서 한 구실을 다루지만, 미국은 한 세기가 넘게 인종차별주의와 인종차별 반대 사상이 확대되는 데 영향을 미치고 있으므로 미국의 변화를 살펴봐야 한다.

미국의 자본주의 발전은 공공연하게 인종차별주의와 결합했다는

---

* 실제로 공산주의자나 금융 자본가의 상당수가 유대인이었다.

점에서 여느 자본주의 국가와 다르다. 절반가량의 주(남부에 밀집해 있었다)에 플랜테이션 노예제도가 유지된 상황은 미국의 발전을 왜곡했다. 19세기 중엽에는 남부의 노예제도가 미국 정치에서 핵심 쟁점이 됐다. 미국이 아메리카 원주민의 땅을 빼앗아 서쪽으로 영토를 넓히면서 새로운 주가 생기자 이 지역이 노예노동과 자유노동 가운데 어디에 기반을 둬야 하는지를 둘러싸고 경제적·도덕적 갈등이 불거졌다.

미국이 꾸준하고 순탄하게 인종차별적 과거에서 벗어났다는 흔한 생각과 달리 미국은 오랫동안 전진과 후퇴를 반복했다. 18세기 초 남부에서는 모든 흑인 자유민의 투표권이 박탈됐다. 19세기 전반에는 북부의 여러 주에서도 흑인 자유민의 투표권을 제한하는 조처가 통과됐다.[70] 서쪽의 새로운 지역에서는 대다수 흑인에게 투표권이 있었지만 이 지역이 정식으로 주로 편입되면서 이런 권리는 사라졌다. 오하이오 주(1803년), 인디애나 주(1816년), 일리노이 주(1818년), 미시간 주(1837년), 아이오와 주(1846년), 위스콘신 주(1848년), 미네소타 주(1858년), 캔자스 주(1861년)에서 흑인 자유민의 투표권이 박탈됐다.[71]

1860년대 신생 정당이던 공화당(에이브러햄 링컨이 지도했다)은 서쪽 지역의 새롭게 형성된 주에 노예노동 대신 임금노동이 자리 잡기를 바랐다. 공화당은 민주당이 지배하고 노예노동에 기초한 남부의 플랜테이션 경제가 경제성장을 가로막는 장애물이라고 생각했다. 애초에 북부의 지배자들은 노예제도가 서쪽 지역으로 확대되지 않는 한 남부의 노예제도 유지를 흔쾌히 지지했다. 이들은 이런 태도로 전면적인 군사적 충돌을 회피할 수 있기를 바랐다. 그러나 이들의 기대는 산산조각 났고 1861년에는 내전이 벌어졌다.

갈등의 핵심은 이윤을 극대화하는 방법을 둘러싼 것이었다. 그러나 대립이 심해지면서 북부의 지배자들은 [노예제도에 대한] 기존의 태도를 바꿔야 했다. 남부의 여러 주가 합중국에서 탈퇴하고 전쟁이 시작되자 북부 지배자들은 [남부의] 노예에게 해방을 약속하고 흑인 노예를 군대로 끌어들여 남부 경제를 혼란에 빠뜨려야만 승리할 수 있다는 것을 깨달았다. 이처럼 북부의 급진화를 추동한 것은 어떤 심사숙고한 사상적 계획이 아니라 현실적 필요였다. 노예와 해방 노예의 적극적 지지는 1865년에 북부가 최종 승리하는 데서 상당한 구실을 했다.

많은 사람들은 1863년 노예해방선언(북군이 아직 장악하지 못한 남부 반란 지역의 모든 노예를 해방했다)을 발표한 대통령 에이브러햄 링컨을 "위대한 해방자"라고 칭송한다. 1865년 링컨은 미국 전역에서 노예제도를 폐지한다는 내용의 수정 헌법 13조를 밀어붙여 통과시켰다. 노예들은 링컨의 선행을 그저 고맙게 받아들인 [수동적] 존재가 결코 아니었다. 노예들의 활동이야말로 링컨이 이런 태도를 취하게 만든 핵심 요인이었다.

더글러스와 딜레이니

프레더릭 더글러스는 노예 출신으로 노예해방 운동의 핵심 인물이었다. 더글러스는 여성, 아메리카 원주민, 이주민의 권리를 옹호하기도 했다. 초기에 그는 마틴 딜레이니와 함께 활동하며 노예제도에 반대하는 신문 〈노스 스타〉(북극성)를 발행했다. [그러나] "흑인 민족주의의 아버지"라고 불리기도 하는 딜레이니는 인종차별주의를 없앨 수 있다는 확신이 더글러스만큼 강하지 않았다. 1850년대에 딜레이니는 흑인이 따로 모여 독자적 국가를 건설해야 한다고 주장했다. 1854년에는 오하이오 주 클리블랜드에서 전국이주대회를* 조직했다. 딜레이니는 "아메리카 대륙 유색인종의 정치적 숙명"이라는 글에서 흑인들의 이주를 주장했다. 전국이주대회는 다음과 같은 결의문을 채택했다. "동등한 인간인 우리는 미국의 백인이 누리는 정치적 권리와 인권, 지위를 똑같이 누려야 한다고 요구한다. 이런 동등한 권리가 아니라면 우리는 그 어떤 것도 받아들이지 않을 것이다." 그러나 남북전쟁이 일어나자 딜레이니는 미국을 바꿀 수 있다고 생각했고 흑인에게 북군에 자원하라고 호소했을 뿐 아니라 자신도 자원해 입대했다.[72]

전쟁이 끝난 후 딜레이니는 해방된 노예들을 지원하는 정부 기구인 해방노예국에서 일했고 그 후 공화당 정치인이 됐다(공화당은 당시까지는 가장 급진적인 주류 정당이었다). 그러나 이런 경험은 그의 환상을 깨뜨렸고 딜레이니는 미국 안에서는 변화가 불가능하다고 생각하게 됐다.[73] 딜레이니는 다시 흑인 분리주의를 주장했지만 이것이 남부의 흑인에게 거의 지지받지 못한다는 사실에 충격받았다. 그는 "시골에 가서 어떤 식으로든 인종에 대해 말하는 게 쉽지 않다

---

* 1854년 8월 24~26일에 열린 이 대회는 아프리카계 미국인이 서인도제도나 라틴아메리카로 이주하는 방안을 토론하고 그 실행 계획을 발전시키기 위한 자리였다.

는 것을 깨달았다. 인종에 대해 말하면 '듣고 싶지 않다. 이제 우리는 모두 같은 인종이다' 같은 성난 항의를 들었다."[74]

반면, 프레더릭 더글러스는 인종차별주의를 계급적으로 분석했는데, 그의 분석은 이 글이 제시하는 것과 크게 다르지 않다. 더글러스는 다음과 같이 주장했다.

남부의 백인과 흑인이 적대하는 이유는 간단하다. 이런 적대감은 노예제도에서 생겨나 확대됐고, 노예주는 백인과 흑인이 적대하도록 교활하게 부추겼다. … 노예주들은 백인과 흑인을 분열 지배하기 위해 두 집단을 이간질했다.[75]

이런 적대는 KKK단 같은 인종 분리주의 운동의 성장과 인종차별적인 '짐 크로'법을* 통해서 대폭 강화되고 유지됐다.[76]

딜레이니는 인종차별에 대한 계급적 분석을 부정했다. 그는 흑인의 자유를 쟁취하려는 투쟁은 "부자에 맞선 가난한 사람들 또는 상층계급에 맞선 평범한 사람들의 문제가 아니라 흑인을 차별하는 백인에 맞서는 문제다. 모든 백인은 법적 권리를 누리며 흑인과 유색인종보다 우위에 있다"고 말했다.[77] 인종차별에 대한 이런 상이한 분석과 투쟁 방법을 둘러싼 논쟁은 딜레이니와 더글러스 이후 150년 동안 되풀이되고 있다.

———

* 미국 남부의 공공장소에서 흑인과 백인의 분리와 차별을 규정한 법으로 1876년부터 1965년까지 존재했다.

재건기

남북전쟁의 결과로 완전히 파괴된 남부 지역은 사회적 위기를 겪었다. 남부의 사회체제는 모두 무너졌고 그것을 무엇으로 대체할지 분명한 계획도 없었다. 이런 상황 때문에 남부에서 급진적 변화를 시도할 여지가 생겼다. 1868~1876년의 급진적 재건기에는 투표권이 확대돼 흑인도 투표할 수 있었고 공화당은 계급적 논리에 호소해 지지 기반을 흑인에서 가난한 백인으로 확장했다. [조지아 주] 공화당은 다음과 같이 주장했다.

노예를 소유한 상층계급이 더는 여러분을 지배하지 못하게 합시다. 여러분의 아이들에게 무상 교육을 제공하고 부유한 채권자에게 갚아야 할 가난한 사람들의 채무를 경감하는 헌법을 제정할 정당에 투표하십시오. … 무엇보다 [각 주의] 하원 의원 수를 계산할 때 노예를 인간의 5분의 3으로* 취급하며 으스대던 자들과 동등한 지위를 누립시다.[78]

남부 전역에서 사회적 변화가 일어났다. 예를 들어, 1868년에 미시시피 주 법은 모든 인종이 다닐 수 있는 공립학교 건립을 명문화했고 수백여 개의 학교를 세웠다. 흑인 14명이 하원 의원으로 당선했고 흑인 상원 의원도 2명 탄생했다. [전국적으로] 주 의회에 당선한 흑인은

---

* 1787년 제정된 미국 헌법은 흑인 노예를 인간으로 취급하지 않았고 당연히 투표권도 주지 않았다. 다만 인구를 셀 때는 흑인 노예 1명을 자유민(백인)의 5분의 3으로 취급해 포함시켰는데, 이는 남부 노예주들이 자신들의 하원 의석을 늘리기 위해 요구한 것이었다.

800명이 넘었다. 모두 남부 출신이었다.

그러나 남부의 경제는 여전히 농업 중심이었고 대다수 땅은 노예주였던 자들이 소유하고 있었다. 북부의 자본가들은 이 땅을 몰수해 노예에서 해방된 흑인과 가난한 백인에게 나눠 주는 데는 전혀 관심이 없었다. 북부의 대다수 자산가들은 같은 당[공화당] 소속 급진주의자들과 대화하는 것보다 노예주 출신과 협상하는 것을 더 편하게 느꼈다. 그 결과, 1870년대 말 남부의 옛 지배계급은 KKK단의 야만적 폭력과 부정 선거에 기대 다시 지배력을 확립했다. 이것은 노예에서 벗어난 흑인에게 재앙이었을 뿐 아니라 가난한 백인에게도 역사적 패배였다. 미시시피 주에서 흑인의 투표권을 박탈하기 위해 도입된 인두세는 백인 유권자의 수도 13만 명에서 6만 8000명으로 줄게 만들었다.*

1890년대 확산된 대규모 인민당 운동은 남부를 다른 방향으로 이끌기 위해 매우 용감하게 싸웠다. 인민당 지도자 톰 왓슨은 남부의 평범한 백인과 흑인에게 [인종을 뛰어넘어 단결하자며] 다음과 같이 호소했다.

저들은 우리를 갈라놓고 우리의 소득을 차례차례 강탈합니다. 저들은 우

---

* 인두세를 내지 못하면 투표할 수 없다는 법이 만들어진 남부의 여러 주에서 흑인 유권자가 대폭 줄었다. 1890년 미시시피 주는 투표 가능한 흑인이 14만 7000명이 었는데 실제 유권자로 등록한 사람은 9000명이 채 안 됐고, 시간이 갈수록 흑인 유권자 수는 더 빠르게 감소했다. 1896년 루이지애나 주의 흑인 유권자는 13만 명이 넘었는데 1904년에는 1342명으로 곤두박칠쳤다.

리가 서로 증오하도록 만듭니다. 이런 증오가 흑인과 백인을 모두 노예로 만드는 금융가들의 전제적 지배를 유지하는 데 결정적으로 중요하기 때문입니다.

흑인 목사이자 인민당원인 H S 도일이 폭행 위협을 받자 백인 2000명이 몰려와 그를 방어했다. 흑인이 인민당 운동의 지도부에 포함되기도 했다. 남부의 지배자들은 이것을 재건기의 부활로 여겼고 그때와 마찬가지로 악랄하게 탄압했다. 이런 탄압에 더해 민주당(운동의 주장을 일부 차용했다)과 무분별하게 타협한 것 때문에 인민당은 파산했다. 1894년에는 150만 표를 얻었지만 1896년에는 완전히 몰락했다. 인민당의 붕괴는 절망을 낳았다. 비극적이게도, 인민당 지도자 톰 왓슨은 지독한 인종차별주의자가 됐다. 그리고 바로 이 시기에 짐 크로법이 제정됐다. 1882~1903년에 흑인 2060명이 린치를 당했다.

이번에도 고통은 흑인에게만 가해지지 않았다. 루이지애나 주의 흑인 유권자는 90퍼센트나 하락했고 백인 유권자도 60퍼센트가 줄었다. 인종 분리 정책이 유지되면서 백인 노동자들의 저항 능력이 떨어졌다. 임금 인상이나 노동조건 개선을 요구하면 사용자들은 저렴한 흑인 노동자로 대체하겠다고 협박하는 식이었다.

20세기 초 인종차별에 반대하는 운동 안에서는 상이한 두 전략이 경쟁하고 있었다. 부커 T 워싱턴과 W E B 듀보이스가 각 전략을 대변했다. 워싱턴은 흑인이 열심히 교육받고 일하는 모습을 보여 줘 흑인도 평등한 권리를 누릴 자격이 있다는 것을 증명하면 차별을 없앨 수 있다고 생각했다. 그는 자신의 구상에 따라 흑인을 교육하기 위해 터스키기 직업학교를 설립했다. 그러나 1915년에는 듀보이스가 주장하는 더 급진적인 사상이 훨씬 더 많은 지지를 받았다. 듀보이스는 평등한 권리를 강력하게 주장했고 여러 인종이 힘을 합쳐 만든 미국유색인지위향상협회NAACP의 지도자였다. 그러나 듀보이스는 대중을 조직하는 것보다 소수, 즉 그 자신이 '재능 있는 10분의 1'이라고 부른 흑인을 조직하는 데 집중했다.

흑인 정치 지도자들이 성장하면서 백인 노동자 단체와의 단결 문제가 제기됐다. 20세기의 경험이 보여 주듯이, 백인 사회주의자들이 흑인 동료들을 환영하고 인종차별에 맞서는 데 진지하다는 것을 보여 주면 흑인은 기꺼이 백인과 함께 하려 했다. 백인과 흑인이 함께 행동한 결과 둘 모두 이득을 얻었다. 그러나 불행히도 백인 활동가들이 급진적 흑인 활동가를 배제하고는 분열의 책임을 흑인들에게 돌리는 일이 매우 흔했다. 20세기 초에 활동한 뛰어나고 독창적인 마르크스주의자 휴버트 해리슨의 경험은[79] 이 점을 잘 보여 준다.

서인도제도 [세인트크로이 섬]에 살던 해리슨은 1900년에 뉴욕으로 건너갔다.[80] 해리슨은 사회당의 전업 조직자로 활동했고 흑인 노동자를 조직하기 위한 체계적 전략을 주장했다. 그는 사회당이 당원들의 인종차별적 언행을 묵과하지 말아야 한다고 주장하며 다음과 같은 물음을 던졌다.

남부주의와 사회주의, 둘 중에 어느 쪽이 대안인가? 노동계급의 한 축을 차지하는 흑인과 맞서는 백인 노동계급인가 아니면 전체 노동계급인가?

혹인 노동자를 배제하고 절반의 노동계급만으로 자본주의를 극복할 수 있는가?[81]

안타깝게도 사회당은 인종차별주의자들을 기꺼이 받아들이는 기존의 태도를 고수했고 해리슨은 당을 떠났다. 해리슨은 세계산업노동자동맹IWW에서 잠시 활동하기도 했지만 1915년에는 "인종이 우선"이라는 정치를 표방하게 됐다. 해리슨의 이런 정치적 변화는 애통하게도 당시 좌파의 [잘못된] 태도에 대한 대응이었다. 윌리엄 Z 포스터를 예로 들어 보자. 포스터는 사회당과 세계산업노동자동맹 출신으로 이후 공산당에서 주도적 구실을 했고 1919년에 벌어진 철강 노동자들의 거대한 파업을 다룬 책을 쓰기도 했다. 포스터는 이 책의 한 장*을 할애해, 혹인 노동자들이 파업 파괴자 노릇을 할 태세가 돼 있고 "백인 노동자의 일자리를 빼앗는 데서 큰 기쁨을 느낀다"고 불평하면서 혹인 노동자들이 조직노동자에게 보이는 "노골적 적대"를 비판했다. 해리슨은 "자긍심 있는 혹인 지도자"가 혹인 노동자에게 "어리석고 근시안적인 데다 혹인 노동자와 함께하기를 꺼리는 노동조합 관료가 지배하는 단체에 가입하라"고 호소할 이유가 있냐고 되받아쳤다.[82] 이후 이 문제는 인종차별 반대 운동 안에서 다양한 방식으로 거듭거듭 제기됐다. 1930년대 경험은 백인 노동자가 혹인 노동자와 공동의 이해관계가 있다는 것을 이해할 때만 모두에게 득이 되는 성과를 쟁취할 수 있음을 보여 준다.

제1차세계대전이 끝날 무렵 짐 크로법이 강화되고 혹인에 대한 반감이 커지자 "위대한 인종이여, 들고일어나라"는 구호를 중심으로 뭉

친 새로운 대중운동이 등장했다. 이 운동은 흑인만을 대상으로 했고 자메이카 출신의 마커스 가비가 이 운동을 매우 단호하게 이끌었다.[83] 가비가 설립한 세계흑인지위향상협회UNIA(뉴욕 시 할렘을 기반으로 했다)는 1920년대 초 회원이 200만 명이라고 주장했다.

가비는 인종적 자긍심을 갖자고 설파했고 흑인과 백인이 함께 살수 없으므로 흑인이 아프리카로 돌아가 따로 살아야 한다고 주장했다. 가비는 모순적 인물이었다. 어떤 때는 흑인이 "열등"하고 "게으르다"고 비난하며 흑인 엘리트들이 위대한 제국에 걸맞은 사람이 되기위해 스스로 노력할 것을 요구했다. 어떤 때는 아프리카와 흑인 일반에 대한 체계적인 인종차별적 억압에 분노했다.

가비가 추진한 가장 유명한 프로젝트는 해운 회사 블랙스타라인이었다. 이것은 카리브 해 주변에서 흑인 소유 회사의 무역을 촉진하고 운송비를 절감하려는 의도에서 시작됐다. 가비가 낡은 여객선을사들여 힘겹게 운항을 시작하자 흑인이 백인 중심의 미국 사회가 가하는 압박을 뚫고 자립하면 큰 힘을 발휘할 수 있음이 입증된 것처럼 보였다. 블랙스타라인은 파산했지만 가비는 "성공을 향한 열망을보여 줬다는 점에서 우리는 성공했다"고 말했다. 다시 말해, 자신의경험은 흑인이 스스로 조직할 수 있음을 보여 줘서 미래의 성공을 도모할 수 있도록 그들을 준비시킨 것이라는 뜻이었다.

그러나 세계흑인지위향상협회는 스코츠버러 사건(1931년 앨라배마 주에서 흑인 소년 9명이 누명을 쓰고 강간죄로 기소돼 유죄 선고를 받았다)에서 공산당과 협력하기를 거부했고 1930년대 벌어진 거대한 투쟁에서 중심적 구실을 하지 못했다. 가비의 영향력은 점차 줄었는데, 이것은 미국 정부의 계속된 공격 때문이기도 했지만 그보다 더 중요한 이유는 공산당이 제안한 백인 노동자와 흑인 노동자를 단결시키는 전술이 훨씬 효과적임이 입증됐기 때문이다.

3. 영국과 이주민

인종차별주의가 자본주의와 함께 발전했듯이 인종차별에 맞선 저항과 자본주의에 맞선 저항은 흔히 같이 일어났다. 인종차별주의와 자본주의가 수백 년 동안 지속된 영국은 이런 전통이 아주 오래됐다. 19세기와 20세기 내내 이주민과 백인 노동자는 노동권 쟁취를 위한 운동의 주요 국면에서 힘을 합쳐 함께 싸웠다.

영국 정부가 대중의 개혁 요구를 폭력으로 짓밟아 15명이 죽고 수백 명이 다친 피털루 학살이* 벌어진 1819년에 '노예는 자신을 속박하는 주인을 죽일 권리가 있는가?'라는 논쟁적 제목의 토론회가 런던에서 열렸다. 노예에게 마땅히 그럴 권리가 있다고 주장한 사람은 로버트 웨더번으로** 노예의 아들이었다. 토론회에 참가한 숙련·미숙

---

* 선거법 개정을 요구하며 세인트피터 광장에 모인 사람들을 기병대가 무차별 공격한 사건으로 1815년의 워털루 전투에 빗대 피털루 학살이라고 부른다.

** 웨더번의 아버지는 자메이카에서 설탕 플랜테이션을 운영한 스코틀랜드인 노예주였고 어머니는 그 농장에서 일한 노예였다. 아버지의 신분 덕분에 웨더번 자신은 노예가 아니었다. 그렇지만 툭하면 매질당하는 어머니를 지켜봐야 했고 나중에는 어머니가 다른 노예주에게 팔려 가 따로 살아야 했다.

런 노동자들은 웨더번의 주장을 열렬히 지지했다. 토론회에서 도출된 결론을 보고 웨더번은 다음과 같이 말했다. "형제 여러분, 저는 이제 고국의 노예들에게 편지를 보내 자신이 원하면 즉시 주인을 죽이라고 말할 수 있게 됐습니다."[84]

웨더번은 남성만 언급했지만 여성도 적극적으로 나섰다. 예를 들어, [버뮤다 출신의 노예로 주인에 딸려 영국으로 온] 메리 프린스는 1828년에 자서전을 발간했다. 프린스의 삶은 노예무역이 폐지됐지만 영국 본토에서조차 노예제도가 유지되고 있었다는 점을 보여 준다.[85] 프린스의 책은 발행 첫해에 3쇄를 찍었고 노예제도 철폐 운동에 활력을 불어넣었다.

노예무역이 폐지된 후 영국에 사는 유색인의 수가 줄어드는 듯 보였다. 유색인들이 대거 영국을 빠져나간 것은 아니었다. 그보다는 이들이 현지인과 결혼해서 [세대가 바뀌며 피부색이 점차 옅어져] 눈에 덜 띄었기 때문이다.

그렇다고 인종차별주의가 사라진 것은 전혀 아니었다. 19세기에 영국으로 건너온 이주민은 대부분 아일랜드 출신이었고 앞에서 살펴봤듯이 끔찍하게 차별받았다. 아일랜드인의 대규모 영구 이주는 1840년대 중엽 영국 지배자들의 [가혹한 착취] 행위가 대기근을 낳은 이후에 시작됐다. 어느 정도 형편이 되는 사람들은 미국으로 건너갔지만 그러지 못한 사람들은 등 떠밀려 영국으로 이주했다. 1880년대에 영국에 거주한 아일랜드 출신은 150만 명으로 전체 인구의 3퍼센트를 차지했다. 온갖 사회적 편견 때문에 아일랜드 사람들은 다른 인종으로 취급되고 유인원으로 희화화되고 영국 노동자를 가난에 빠뜨리는 원흉으로 비난받았다. 아일랜드 노동자들은 매우 끔찍한 주거 환경에 살았고 사용자들은 이들을 이용해 다른 노동자들의 임금을 삭감하려 했다.

차티스트운동

세계 최초의 급진적·민주적 노동자 운동인 차티스트운동의 주요 지도자 2명이 이주민이었다는 사실은 우연이 아니다. 차티스트운동의 전국 조직자 퍼거스 오코너는 아일랜드 출신이었고, 런던 차티스트운동의 지도자로 선출된 윌리엄 커파이는 이주민이자 흑인이었다.

차티스트운동은 국적이나 피부색을 뛰어넘어 조직하기 위해 적극적으로 노력했고 다음과 같이 당차게 선언했다. "런던에 있는 아일랜드인 여러분, 우리는 영국의 민주주의자를 대표해 여러분에게 진심을 다해 우애의 손길을 내밉니다. 여러분의 원칙은 우리의 원칙이고, 우리의 원칙은 여러분의 원칙이 될 것입니다."[86] 기득권층을 대변하는 보수 언론 〈타임스〉는 자신의 적을 잘 알았기 때문에 경멸하는 투로 다음과 같이 썼다. "커파이는 절반은 깜둥이다.* [차티스트운동의] 또 다른 일부는 아일랜드인이다. 영국인 참가자가 다 합쳐 10명은 될지 미심쩍다."[87]

영웅적으로 투쟁하고 수많은 사람의 지지를 받았지만 차티스트운동은 결국 패배했다. 커파이는 법정에서 설득력 있게 주장하며 자신을 변호했지만 [호주의] 태즈메이니아로 유배됐다. 커파이는 불굴의 정

---

* 윌리엄 커파이는 백인 어머니와 흑인 아버지 사이에서 태어났다.

신으로 태즈메이니아에서도 좌절하지 않고 계속해서 사람들을 조직했다.

연대 활동과 투쟁이 활발하던 차티스트운동 기간에 사라졌던 인종차별 사상이 운동이 패배하자 다시 살아나 견고해졌다. 영국의 대다수 사람들은 자신을 영국 제국과 동일시했다. 영국 제국이 자신들을 가난에 허덕이도록 했는데도 말이다.

이런 상황은 1880년대 신노동조합운동의 등장으로 바뀌었다. 이운동은 새로운 세대의 아일랜드 활동가들을 정치 활동에 끌어들였다. 가스 노동자 윌 손과 1889년에 벌어진 거대한 런던 항만 파업의지도자 벤 틸렛 등 신노동조합운동 지도자의 상당수도 아일랜드 출신이었다.

제국의 종말

서구 사회에서 제2차세계대전은 민주주의 수호를 위한 전쟁으로포장됐고 지금도 그렇게 기억된다. 전쟁이 일어나기 직전에 사회주의작가 조지 오웰은 이런 견해에 깔린 위선을 꼬집는 도발적 글을 썼다. 오웰은 전체주의에 맞선 민주주의 수호 전쟁이라는 주장이 "결코언급하지 않는 사실은 [그 민주주의에] '깜둥이는 제외'된다"는 것이라고지적했다.[88] 서구 열강들은 식민지 주민에게 민주주의를 보장하지 않았는데, 이것은 자국의 인구보다 훨씬 더 많은 사람들을 배제한 것이었다.

전쟁이 끝나고 몇 년 동안 영국과 프랑스 등 식민 열강들은 예전처럼 식민 지배를 하려 했다. 그러나 이것은 그들 생각만큼 간단하지 않았고, 이제는 막연한 미래에라도 독립시켜 주겠다고 언급할 필요가 있었다. 실제로는, 이 식민주의자들은 어쩔 수 없는 상황이 돼서야 식민지에서 철수했다.

최근 제3세계에서 벌어지는 인종 간 갈등은 식민 제국의 인종차별적 정책에서 비롯했다고 할 수 있다. 이 점을 가장 분명하게 보여 주는 사례 하나는 파키스탄을 세우기 위해 인도를 분할한 것이다. 크리스 하먼은 영국 제국주의가 간디가 이끄는 국민회의의 독립운동을 약화시키기 위해 어떻게 했는지를 다음과 같이 설명한다.

무슬림연맹을 국민회의의 견제 세력으로 키웠다. 영국 정부는 무슬림연맹이 모든 무슬림을 대표한다고 주장하며 일부 지방의 통치권을 넘겨줬다. 무슬림연맹이 1937년 선거에서 참패했는데도 말이다. 무슬림연맹의 가장 유명한 지도자 무함마드 알리 진나는 기존의 견해를 바꿔 이슬람 독립국가 요구를 수용했다. 독립국가의 국경선을 어떻게 긋든 그 안에 수많은 힌두교도와 시크교도가 포함될 수밖에 없고 힌두교도가 다수인 지역에 사는 엄청나게 많은 무슬림은 배제될 수밖에 없는데도 말이다.[89]

인도가 독립을 쟁취하자 영국은 다른 지역에 있는 식민지에서 자신의 지위를 굳건히 지키려고 애썼다. 인도의 독립 후 [영국의 정부 부처인] 식민부는 노골적으로 다음과 같이 말했다. "아프리카는 이제 영국 식민 정책의 핵심이다. 다시 말해, 경제적·군사적 힘을 키우는 데 필요한 물자를 뽑아낼 수 있는 유일한 대륙이다." 그러나 이 계획은 10년 만에 실패했다. C L R 제임스는 "아프리카 여러 국가의 정치적 독립은 … 눈 깜짝할 새에 이뤄졌는데 현대사에서 이보다 더 놀라운 사건은 없다"고 지적했다.[90] 1960년에 아프리카의 17개 나라가 식민 지배에서 벗어나 독립했다. 이것은 한 해에 독립한 나라 수로는 가장 많았고, (영국 총리 해럴드 맥밀런의 말마따나) 아프리카 대륙에 "변화의 바람"이 불고 있음을 보여 줬다.

대다수 아프리카 지도자는 사회주의를 주장했고 독립 직후에는 교육, 보건, 산업 생산이 실제로 개선됐다. 이런 과정이 중단되고 수많은 지도자가 놀라울 만큼 부패하자 [서구 지배자들의] 유색인의 본성에 대한 인종차별적 주장을 다시 끄집어냈다. 그러나 진실은 냉전과 1970년대의 세계경제 위기가 가한 압력 때문에 이런 계획을 정상적으로 추진하지 못했다는 것이다. 다시 말해, 아프리카인이 국가를 운영하는 데 어려움을 겪고 아랍인과 라틴아메리카인이 민주주의를 유지하기 힘들었던 것은 유전적 결함 때문이 아니다.

식민 지배의 시대는 끝났지만 이라크와 아프가니스탄에서 벌어진 최근의 전쟁과 다시 시작된 아프리카 쟁탈전으로 수많은 사람들이 죽어 가는 현실은 제국주의가 여전히 세계 곳곳에 마수를 뻗치고 있음을 일깨워 준다.

이주 규제

지배계급은 오래전부터 가난과 주택난이 이주민(제국주의 정책 때문에 생기는 경우가 흔하다) 탓이라며 이들을 희생양 삼으려 했다. 예를 들어, 보수당 국회의원 윌리엄 에번스 고든은 1902년 국회 연설에서 다음과 같이 주장했다.

루마니아, 러시아, 폴란드에서 온 … 외국인 침입자에게 살 곳을 제공하기 위해 영국인 가족은 하루가 멀다고 쫓겨납니다. 집세가 50~100퍼센트나 올랐습니다. … 영국이 전부 외국인으로 채워지는 것은 이제 시간문제입니다. … 노동자들은 새로 지은 건물이 해외에서 온 낯선 사람들을 위한 것임을 알고 있습니다. 노동자들은 외국인 아이들로 붐비는 학교와 외국어로 쓴 포스터와 광고물이 넘쳐 나는 벽을 바라보고 있습니다.[91]

이런 인종차별적 비난은 오늘날 이주민의 위험을 떠벌리는 주장과 놀라우리만치 비슷한데, 예나 지금이나 틀린 주장이다.

이런 인종차별주의는 영국 정부의 이주 규제를 수월하게 만들었다. 이주를 규제한 최초의 조처는 1905년 이민법인데, 이 법은 일부 이주민을 "위험인물"로 규정했다. 당시에 이런 만행의 표적이 된 동유럽 이주민은 집단 학살을 피해 탈출한 유대인이었다. 유대인은 아일랜드인과 마찬가지로 영국에서 무지막지한 인종차별적 억압을 당하게 됐다.

이주민에 대한 지배계급의 태도는 일반적으로 모순적이다. 경제가 팽창하려면 추가 노동력이 있어야 한다. 동시에 이주민은 가난, 실업, 열악한 복지 등에 대한 대중의 불만을 다른 곳으로 돌리는 데 이용되는 손쉬운 표적이다. 그래서 지배계급은 이윤을 늘리기 위해 이주를 장려하는 와중에도 인종차별주의를 부추긴다.

제2차세계대전 말 영국에 있는 유색인은 2만 5000명이 채 안 됐지만 [이들에 대한] 인종차별적 생각과 편견은 매우 광범하게 퍼져 있었다. 지배자들은 '대영제국의 날' 등을 만들고 이를 기념하는 행사를 성대하게 열어 영국의 위대함을 선전했고 대다수 노동자도 이런 생각을 받아들였다.

전쟁에서 벗어난 영국은 노동력이 턱없이 부족했고 식민지 주민의 이주를 적극적으로 장려했다. 식민주의적 학교에서 영국의 관용 정신과 민주주의를 배웠기 때문에 많은 사람들은 커다란 희망을 품고 "식민 모국" 영국으로 이주했다. 탐사 보도 기자 폴 풋은 1950년 선거 이후의 상황을 다음과 같이 썼다.

신임 보수당 정부와 노동력 부족에 시달리던 사용자는 이것을 하늘이 보내 준 선물이라고 여겼다. 영연방 주민들이 제 발로 몰려왔고 … 영국 정부는 이 새로운 노동자에게 어떤 비용도 지불할 필요가 없었고 사회에 잘 적응하고 편입되게 도울 의무도 없었다.[92]

대체로 노동조합은 다른 사회집단보다 이주민에 관대했고 투쟁이 벌어지면 이주 노동자와 힘을 합쳐 싸우는 경우가 많았다. 그러나 노동조합이 드러내 놓고 인종차별적 태도를 취한 사례도 있다. 예를 들어, 1948년 전국선원노조는 유색인 노동자의 유입을 막으려고 애썼다. 그해 선원노조 대의원대회에서 사무부총장은 대의원에게 다음과 같이 보고했다. "상당수 배에서 유색인 선원을 백인으로 교체하는 데 성공했습니다."[93] 1955년 울버햄프턴 버스 노동자들은 이주 노동자 고용에 반대해 초과근무 거부 투쟁을 벌였다. 운수일반노조TGWU는 유색인 노동자의 고용을 일정 수준으로 제한하는 쿼터제를 도입하라고 요구했다.[94]

노동조합이 굼뜨게 움직이거나 연대를 거부하는 지역에서 이주 노동자들은 자신의 조건을 방어하기 위해 독자적으로 조직하는 경우가 많았다. 브리스틀에서 유색인 노동자는 공영 버스 회사에서 일자리를 얻을 수 없었다. 일손이 모자랐는데도 말이다. 이 지역 운수일반노조 활동가들은 이런 유색인 고용 금지 규정을 지지했다. 한 노조 현장위원은 다음과 같이 말했다. "사람들은 외지인이 유입되는 것에 두려움을 느낍니다. 자신의 잠재적 수입이 줄 수 있다는 우려 때문입니다."[95] 브리스틀에 살던 서인도제도 출신 이주민들은 미국의 공민권운동에 고무받아 보이콧운동을 시작했다. 이 운동은 점차 확대됐고 몇 달 후 운송 서비스 노동자들은 유색인 고용 금지 규정 폐지를 의결했다. 1963년 9월 공영 버스 회사는 처음으로 유색인 노동자를 5명 고용했다.

흑인과 아시아인 노동자들은 작업장과 노동운동 안에서 자신의 자리를 구축하기 위해 1960년대 내내 그리고 1970년대까지 계속해서 투쟁했다.

오늘날의 인종차별주의는 주로 문화적 차이를 강조한다. 이제 "다른 문화권" 사람들은 자기 나라를 떠나 서구로 이주하지 않으면 열등하다고 무시당하지 않는다. 사실 영국인의 성향, 사고방식, 행동에 특별히 "영국적"인 것은 없다. 영국이라는 섬의 역사는 (세계의 모든 지역이 그렇듯이) 수많은 이주민이 정착한 역사였다. 예를 들어, 런던을 처음 발견한 것은 로마인이었다.

그러나 인류 역사상 가장 많은 사람들을 다른 지역으로 이동시킨 것은 다름 아닌 자본주의였다. 처음에 그 대상은 노예와 계약 노동자였다. 아메리카 원주민이 살던 곳에서 쫓겨났고 영국인과 아일랜드인, 무수히 많은 아프리카인이 중간항로를 거쳐 신대륙으로 갔다. 그 뒤 19세기에는 유럽, 미국, 중국, 인도, 동남아시아 일대에 이르기까지 일 자리를 찾는 거대한 이주의 물결이 일었다. 이것은 오늘날에도 계속되 고 있다.

사람들은 고향에서 쫓겨나거나(많은 경우 박해를 피해 달아난 것 이다) 그저 일자리를 찾고 더 나은 삶을 살기 위해서 이주했다. 이런 대규모 이동은 운송 수단, 특히 철도와 증기선이 발전한 덕분에 가 능했다. 사람들의 이주는 자본주의가 발전하는 데 부차적 구실을 한 게 아니었다. 자본주의는 대규모 이주가 없었다면 작동할 수 없 었다.

영국의 지배계급은 유색인의 영구 이주를 결코 달가워하지 않았 다. 그러나 이들의 태도는 실용적이었다. 1948년에 엠파이어윈드러시 호가 전후 처음으로 카리브 해에서 이주민을 싣고 영국에 도착한 바 로 몇 주 뒤에 노동당 총리 클레먼트 애틀리는 유색인 이주를 반대 하는 일부 노동당 의원들에게 다음과 같이 답변했다.

관례에 따라 영국 식민지의 주민은 … 인종이나 피부색과 무관하게 … 영 국으로 자유롭게 올 수 있어야 합니다. 특히 지금처럼 외국인 노동력을 대규모로 데려오고 있는 상황에서 이 관례를 … 함부로 폐기 처분하면 안 됩니다. 이 관례를 폐지하면 식민지의 격렬한 반발을 살 것입니다.[96]

그러나 애틀리는 다음과 같은 단서를 달았다. "우리의 정책이 위험

인물의 대규모 유입을 낳는다면 … 정책 수정을 고려해야 할 것입니다."[97] 이런 태도는 누가 누구에게 위험한 인물인지를 제멋대로 판단할 수도 있음을 뜻한다.

노동당의 태도는 언제나 엄청나게 모순적이다. 1958년 야당 시절에 대변인 A G 보텀리는 하원에서 원칙적 태도를 취했다. "이주 규제에 대한 우리의 견해는 분명합니다. … 우리는 이주 규제를 강력하게 반대합니다."[98]

폴 풋은 노동당의 이주 친화적 태도가 낳은 결과를 연구했다. 보텀리가 하원에서 힘주어 연설한 그해 노동당은 영연방 주민의 이주를 규제하는 보수당의 법안을 적극적으로 반대했다. 풋은 다음과 같이 썼다. "이런 반대 견해 덕분에 노동당은 지지율이 올라가고 활력을 얻었다. … 여론조사 결과 보수당 법안을 찬성하는 사람이 76퍼센트에서 62퍼센트로 순식간에 떨어졌다."[99] 이렇게 상황을 주도한 결과, 노동당은 여론이 보수당의 인종차별적 이주 규제에 반대하도록 만드는 데 기여했다.

그렇지만 보수당 정부는 1962년에 연영방 이주법을 도입했다. 이것은 영연방 주민의 영국 이주를 규제한 최초의 법이다. 현실에서 이법은 유색인에게만 적용됐다.

노동당은 1964년 웨스트미들랜즈 스메디크 선거구에서 패배한 후 이주 규제에 반대하던 기존 견해를 완전히 뒤집었다. 보수당 후보 피터 그리피스는 공개적으로 인종차별적 선거운동을 벌였다. 어린애들을 모집한 후 "깜둥이 이웃을 원하면 노동당에 투표하라"는 구호를 떼 지어 다니면서 외치게 했다.[100] 노동당 지도부는 (전국적으로 노동당이 승리한 1964년 총선에서) 그리피스가 지난 총선보다 7.2퍼센트나 이득을 얻었다는 사실을 중요하게 여겼다.* 노동당은 보수당의 인종차별적 편견을 단호하게 반대하지 않고 오히려 인종차별주의가 승리한 것으로 받아들였다. 이때부터 선거 유세에서 인종차별적 언사를 냉소적이고 기회주의적으로 쏟아 내며 서로 겨루는 게 하나의 특징이 됐다.

1968년 노동당 정부는 훨씬 더 엄격한 이주 규제법을 도입했다. 그해 3월 우파 언론과 보수당은 영국 여권을 소지한 아시아계 케냐인들이** 영국으로 "물밀듯이 몰려"올 수 있다며 두려움을 부추겼다. 노동당 정부는 의회에서 이주 규제법을 일사천리로 개정하는 것으로 대응했다. 아시아계 케냐인의 영국 입국을 제한한 이 개정법은 매우 노골적인 인종차별 악법이었다.***

인종차별주의 역사에 중요하게 기록될 만한 이녁 파월의 그 악독한 "피의 강물" 연설이 바로 그해 4월 버밍엄에서 진행됐다. 지독하게 인종차별적인 이 연설이 그토록 큰 파장을 일으킨 이유는 파월이 당시 보수당의 [예비 내각의 일원으로] 영향력 있는 의원이었기 때문이다. 파

---

* 실제 그리피스의 득표수는 하락했지만 노동당 후보의 득표수가 훨씬 더 큰 폭으로 하락해 이득을 볼 수 있었다.

** 19세기 말 영국은 식민지 케냐에 철도를 놓으려고 인도인 계약 노동자들을 데려왔다. 1960~1970년대에 이들의 후손 일부가 영국으로 이주했다.

*** 영국 여권 소지자라도 영국과 '밀접한 연관'이 없으면 입국을 불허하도록 개정했다. 이제 그런 사람들은 특별 허가증을 발급받아야 했다. 그러나 조부모가 영국 태생인 사람(거의 모두 백인)은 자유롭게 영국에 들어올 수 있도록 해 줬다.

월 자신은 1960년대 초 보수당 정부에서 영연방 이주를 감독하는 일을 별 불만 없이 했다.* 파월의 연설은 현실의 문제를 다루는 척하며 인종차별적 신화와 거짓말만 늘어놓은 것이다. 그는 익명의 유권자가 "15~20년 안에 흑인이 백인을 마음대로 좌지우지할 것"이라 불평했다고 주장했다. 파월은 영국이 인종 폭동으로 갈가리 찢길 것이라는 암울한 전망을 그리며 공감을 표했다.[101]

인종차별주의자들이 자신감을 얻었고, 곧 흑인과 아시아인에 대한 공격이 증가했다. 심지어 일부 노동자 집단은 파월을 지지하는 집회를 열기까지 했다. 런던 이스트엔드의 항만 노동자와 스미스필드 축산 시장의 운반 노동자는 파월을 지지하는 파업을 벌이기도 했다. 국제사회주의자들(사회주의노동자당SWP의 전신) 회원이자 항만 노동자인 테리 배럿은 파업이 벌어진 날 인종차별주의에 반대하는 1인 시위를 벌였다. 당시 배럿은 고립됐지만 항만 노동자들이 더 전투적으로 바뀌고 단결의 필요성을 이해하면서 몇 년 뒤에는 상황이 달라졌다.[102]

파월은 사회적 분위기를 오른쪽으로 이동시키고 이를 토대로 자신이 보수당 대표가 되기 위해 도박을 했다. 그의 계획은 실패했다. 파월은 예비 내각에서 제외됐다. 진정한 수혜자는 나치 집단인 국민전선이었다. 1970년대 초 이들의 지지율이 서서히 상승했다.

---

* 당시 보건부 장관이던 파월은 국민보건서비스NHS의 부족한 일손을 메우기 위해 영연방 이주민에게 의존했다.

노동당의 실패

1900년 창당 이후 노동당은 언제나 인종차별주의에 맞서는 데서 모순적 태도를 취했다. 토니 클리프가 주장하듯이 "어떻게 보면 노동당은 영국 자본주의 사회의 판박이다. 소수 지도부에게 권력이 집중돼 있고 평당원은 지도 체계에서 배제되고 때때로 그에 맞서 저항하지만 그럼에도 노동당의 주요 가치는 계속 받아들인다."[103] 처음부터 노동당 지도부의 목표는 부를 더 공평하게 재분배할 수 있도록 영국 자본주의를 개혁하는 것이었다. 이 목표를 달성하려면 제국의 부는 유지돼야 한다. 정부를 운영하게 된 노동당은 그래서 이주 규제 등 지배계급의 분할·지배 정책을 수용했다.

노동당은 노골적 지배계급 정당이 아니라는 점에서 보수당과 다르다. 노동당 당원 중에는 인종차별주의에 반대하는 활동가와 사회 변화를 위한 광범한 투쟁에 참가하는 사람도 많다. 그러나 노동당은 자본주의에 도전하지 않는 방식으로 사회를 바꾸려 하고 당 조직은 선거 승리를 가장 중요하게 여겨 이 활동에 몰두한다. 노동당은 집권 중일 때 (자신의 이데올로기에 따라) 다른 자본주의 국가와 경쟁하고 세계 무대에서 "국익"을 방어하는 등의 임무를 수행하며 충실하게 자본주의 국가를 운영한다.

국민국가와 개혁주의에 대한 충성 때문에 노동당의 역사는 (수많은 당원의 선의를 거슬러) 특정 집단을 희생양 삼고 제국주의 전쟁을 지지한 전력으로 얼룩져 있다. 노동당은 그 자신의 전략, 즉 의회를 통한 "위로부터의" 개혁 추구 때문에 (유색인 노동자와 백인 노동자가 단결하는 데 주춧돌이 되는) 전투적 계급투쟁을 고무하는 것을 꺼린다. 노동당의 정치는 흔히 백인 노동계급에 대한 비관적 전망으로 가득 차 있다. 그래서 이주와 다문화주의에 대한 우파적 사상에 도전하기보다는 그에 영합한다.

사회주의 전통

영국의 좌파에게는 이와 다른 전통도 있다. 이 전통은 웨더번과 커파이, 차티스트운동, 그리고 윌리엄 모리스와 엘리너 마르크스가 속한 사회주의동맹으로 거슬러 올라간다. 이것은 아래로부터의 단결이라는 전통이다. 이런 단결은 저절로 이뤄진 게 아니라 번번이 투쟁해서 쟁취해야 했다.

영국 공산당은 급진적 전통을 계승하고 (불과 몇 년 전에 러시아에서 일어난) 볼셰비키 혁명의 경험을 일반화하겠다는 포부로 1920년에 창당했다. 공산당은 노동자들의 일상 투쟁에 집중하면서도 인종차별주의와 제국주의에 반대하는 투쟁에 열정적으로 헌신했다. 인도에서 일어난 암리차르 학살을 규탄하고 이집트의 민족해방을 지지하는 등 국제적 쟁점에 곧바로 개입했다.[104] 1922년 총선 때는 노동계급 유권자가 많은 런던 남부의 배터시 북부 선거구에 인도 출신 활동가 샤푸르지 사클랏발라를 출마시켰다. 사클랏발라는 2위 후보와 2000표 이상 격차를 벌리며 당선했다.*

이런 사회주의 전통은 식민주의에 맞서 싸우는 사람들과 직결돼

---

* 전체 투표자가 2만 2000여 명임을 감안하면 상당히 큰 차이고, 무엇보다 사클랏발라는 1만 1300표를 얻어 과반의 지지를 얻었다.

있었다. 이런 운동에 참가한 흑인 중에 매우 중요한 인물이 조지 패드모어다. 패드모어는 트리니다드 섬에서 태어났고 1920년대 미국으로 건너가 공산주의자가 됐다. 1929년에는 모스크바에 있었고 적색노동조합인터내셔널의 흑인 부서 책임자로 임명됐다.[105] 1931년부터 [2년여 동안] 국제 공산주의 신문 〈니그로 워커〉의 편집자였다. 그러나 패드모어는 스탈린의 인민전선 전략(서방 열강과 화해하려는 시도로 영국과 프랑스의 식민정책에 대한 비판을 누그러뜨리는 것 등이 포함됐다) 때문에 결국 코민테른과 결별했다. 영국에 정착한 패드모어는 국제아프리카지원사무국을 설립해 아프리카의 독립을 위한 활동을 계속했다.

패드모어는 1945년에 맨체스터에서 범아프리카대회를 조직했는데, 이 대회에는 새로운 세대의 흑인 지도자들과 나중에 각각 가나와 케냐의 초대 대통령이 되는 크와메 은크루마와 조모 케냐타가 참가했다.

결론

1950~1960년대 영국으로 온 이주민들이 경험한 끔찍한 인종차별주의는 세 요인, 즉 친숙함, 계급투쟁, 인종차별 반대 운동 덕분에 도전받았다. 유색인과 백인이 이웃해 살게 되면서 가장 조야한 형태의 편견은 살아남기가 힘들었다. 더 중요한 요인은 계급투쟁인데, 노동자들이 투쟁에 나서고 요구 사항을 관철하기 시작하자 지배자들과 언론이 퍼뜨리는 특정 집단 희생양 삼기를 좀처럼 받아들이지 않게 됐다. 노동자들은 파업 과정에서 자신의 진정한 적이 누구인지 깨달

게 되면서 태도가 바뀐다. 마지막으로 1970년대부터 인종차별 반대 운동이 중요한 구실을 했다. 차별받는 사람들은 평등한 대우를 요구했고 백인 사회주의자들과 노동조합 활동가들은 노동계급을 약화시키는 인종차별주의에 도전했다.

전쟁이 끝난 후 영국과 미국에서 벌어진 일은 완전히 달랐지만, 두 나라의 경험은 인종차별주의에 고통받는 사람과 이주민의 권리를 쟁취하는 최상의 방법은 이런 투쟁을 더 폭넓은 노동계급의 투쟁과 결합하는 것임을 보여 준다. 백인 사회주의자들이 인종차별 문제를 진지하게 다룬 곳에서는 강력한 단결이 이뤄졌다(할렘과 앨라배마 주에서 미국 공산당이 한 구실, 런던 동부의 케이블스트리트 전투와* 영국 전역을 무대로 활동한 반나치동맹의 경험이 이런 사례다).

공산당은 20세기 초·중반 미국 급진주의 운동의 약점(즉, 계급 문제가 해결되면 인종 문제가 해결될 것이라고 보고 인종 문제를 무시하고 하찮게 여긴 것)을 폭로했다. 제임스 P 캐넌은 다음과 같이 지적했다. "미국 급진주의의 낡은 이론은 실천에서 흑인 차별 문제에 대한 무대응을 낳는 형식적 이론임이 드러났다. 게다가 백인 급진주의자들은 이 이론에 근거해 자신에게 잠재해 있는 여러 편견을 손쉽게 감췄다."[106]

---

* 1936년 10월 4일 파시스트들이 당시 런던의 유대인 밀집 거주지를 가로질러 행진하기로 결정하자 공산당과 노동조합 활동가 등이 파시스트들을 저지하기 위한 대중 시위를 호소했다. 파시스트 3만 명을 저지하기 위해 10만~15만 명이 거리로 쏟아져 나왔다. 파시스트들은 경찰 병력 6000명과 런던 기마경찰의 보호를 받았는데도 케이블스트리트를 지나갈 수 없었다.

인종차별주의는 철 지난 한 다발의 사상이 아니다. 이것은 노예제도가 사라진 뒤에도 살아남았는데, 그 이유는 바로 인종차별주의가 자본가계급에게 매우 유용하기 때문이다. 자본주의 체제는 인종차별주의를 끊임없이 고안하고 쇄신하므로 반자본주의 활동가와 인종차별 반대 활동가는 이 문제에 계속 주목해야 하고, [차별의 뿌리인] 자본주의에 도전하는 것이 인종차별주의를 없애는 가장 효과적인 방법임을 실천 속에서 입증해야 한다.

인종차별주의는 자본주의와 떼려야 뗄 수 없는 관계이기 때문에 그저 계급의 단결을 내세우며 인종 문제를 폄하하거나 무시한다면 자본에 맞선 계급투쟁은 승리할 수 없다. 인종은 사회적으로 구성됐지만 오늘날에는 확고하게 자리 잡아 하나의 사회적 사실이기도 하다. 그러므로 사회 변화를 바라는 사람은 인종 문제를 무시하거나 하찮게 여기면 안 된다.

마르크스주의는 차별을 어떻게 설명하는가?

정체성 정치 비판

섀런 스미스

오늘날 미국에서 차별에 맞선 투쟁은 시급한 과제다. 인종차별, 여성 차별, 동성애 혐오는 심각한 수준에 이르렀다. 게다가 날이 갈수록 더 심해지는 듯하다. 지너 시의 백인 학생들은 나무에 교수형 올가미를 걸었고,* [이에 반발해 백인 학생을 구타한] 흑인 학생들은 결국 철창 신세를 졌다.[1] 멕시코 접경지대를 순찰한답시고 활개 치고 다니는 미니트맨** 단원들의 유일한 목적은 이민자들을 겁주는 것이다.[2] 미국 전

출처: "The Politics of Identity", *International Socialist Review* Issue 57(January-February 2008).

옮긴이: 차승일.

* 2006년 루이지애나 주 지너고등학교의 백인 학생이 자주 모이는 나무 밑에 흑인 학생이 앉자 다음 날 KKK의 행동을 연상시키는 교수형 올가미가 그 나무에 내걸렸다.

** 불법 이민을 막겠다며 국경 감시·순찰 활동을 벌이는 민간 무장 단체. 미국독립전쟁 때 즉시 동원 가능했던 민병대 미니트맨에서 이름을 따왔다.

역의 대학교에서는 '이슬람파시즘 바로 알기 주간' 행사가 마치 정당한 학생 자치활동인 듯 치러진다.[3] 캔자스 주에 있는 웨스트버러 침례교회의 프레드 펠프스 목사와 신도들은 이라크에서 희생된 미군 동성애자 병사들의 장례식장 바깥에서 그 병사들이 지옥에 가야 한다면서 난동을 피우곤 한다.[4]

차별 문제는 분명 극단주의 패거리만의 문제가 아니다. 평론가라는 작자들은 앞에서 언급한 잔혹 행위에 대해 거의 논평하지 않고, 주류 담론은 차별에 맞서 싸우려는 사람들을 노골적으로 경멸한다. 예컨대, 젊은 여성들이 데이트 강간 반대 운동을 조직하자 데이트 강간은 페미니즘의 과대망상이 낳은 허구라고 빈정대거나 기본권을 요구하는 이민노동자가 내국인의 일자리를 훔치는 듯 말한다. 주류 언론이 가정하듯이 [누구에게나] "기회가 균등하다"면 이의를 제기하는 사람은 불공정한 특혜를 바라는 사람일 것이다.

최근의 이런 정치 환경 때문에 차별받는 많은 사람들이 궁지에 몰린 듯한 느낌을 받는 것은 놀랄 일이 아니다. 모든 형태의 차별에 맞서 싸우려는 운동만이 오늘날 만연한 희생자 비난 이데올로기에 도전할 수 있다. 그런 운동은 시급히 조직돼야 한다. 실제로 이 글의 목적은 어떻게 해야 가장 효과적으로 반격할 수 있는지를 주장하는 것이다. 정치 전략의 차이는 차별에 도전하는 데 어떤 운동이 필요한지에 관해 사뭇 다른 결론으로 이어진다. 이 글의 많은 부분은 학계와 좌파들에게 '정체성 정치'로 알려진 것의 배경이 되는 이론을 비판하는 것이다. 정체성 정치는 특정 형태의 차별을 겪는 사람들만이 그 차별을 알 수 있다거나 그 차별에 맞서 싸울 수 있다고 보는 사상으로, 마르크스주의적 분석과 대립한다. 이 글의 핵심 전제는, 마르크스주의는 차별을 없애는 이론적 도구를 제공할 수 있는 반면 정체성 정치는 그러지 못한다는 것이다.

개인의 정체성과 정체성 정치

개인의 정체성과 정체성 정치는 흔히 혼용되기 때문에 명확히 구분하는 것이 중요하다. 두 개념 사이에는 중대한 차이가 있다.

개인이 '정체성'을 갖거나 스스로 차별받는 집단의 일원으로 자각하는 것(과 그런 자각에 따라 분노를 느끼는 것)은 차별에 대한 정당한 반응이다. 물론 인종차별은 개인적으로 경험한다. 그 형태가 제도적 차별(인종차별적 고용 관행이나 경찰 폭력)이든 사회적 상호작용(인종차별적 농담이나 자타가 공인하는 인종차별주의자의 폭력)이든 말이다. 게다가 개인의 경험은 차별에 대한 정치의식을 형성하는 데 도움이 된다. 대다수 여성은 여성 차별을 개인적으로 겪고 나서 여성 차별이 모든 여성을 천대하는 억압의 한 형태라고 자각하는 정치의식을 갖게 된다는 말은 정말 일리가 있다.

사실, 인종차별을 당하는 게 어떤 것인지 이해할 수 있는 백인은 없다. 동성애 혐오에 시달리는 게 어떤 것인지 이해할 수 있는 이성애자는 없다. 심지어 인종차별을 당하는 사람들 사이에서도 경험의 구체적 형태는 저마다 다르다. 예를 들어, 흑인과 아메리카 원주민이 당하는 인종차별은 다르다. 멕시코 출신 이민자와 푸에르토리코 출신 이민자도 마찬가지다. 게이와 레즈비언도 꽤나 다른 경험을 한다.

동시에 개인의 경험은 정치 영역의 경험과 상당히 다르다. 정치 영역은 사회 전체에 영향을 미치는 전략을 포함하기 때문이다. 개인의 정체성은 일상생활의 경험을 뛰어넘어 차별에 대항하는 투쟁의 전략이 될 때에야 비로소 정치적인 것이 될 수 있다. 모든 정치의 바탕에는 이론이 있다. 차별 문제에서는 차별의 뿌리에 대한 분석이 그 바탕이 된다. 따라서 차별에 대한 분석은 차별에 맞선 사회운동의 정치에 영향을 미친다.

마르크스주의와 정체성 정치 이론의 전략은 분명히 다른데, 그 차이는 뒤에서 다루겠다. 그렇지만 먼저 둘 사이의 공통점을 분명히 해둬야겠다. 모든 차별이 진정한 불평등을 바탕으로 한다는 점에는 둘 다 동의한다. 이 사회에서 남성과 여성은 동등하지 않다. 백인과 아프리카계 미국인은 결코 동등하지 않다. 차별은 인식의 문제가 아니라 구체적·물질적 현실이다.

차별에 맞선 투쟁을 피차별자들이 스스로 이끌어야 한다는 점, 예를 들어 여성들이 스스로 여성해방운동을 이끌 수 있고 이끌 것이라는 점도 분명하다. 이 점은 여성참정권 투쟁에서 임신중절권 투쟁에 이르기까지 역사에서 계속 증명됐다. 흑인 해방운동에서도 같은 동역학이 발견된다. 노예에서 해방된 사람들과 그 밖의 아프리카계 미국인들은 남북전쟁 뒤 수십 년간의 재건기에 남부 플랜테이션 사회를 바꾸려는 투쟁을 이끌었다. 아프리카계 미국인들이 이끈 대중적 공민권운동은 1950~1960년대에 남부의 인종격리정책을 폐지했다.

1960년대 말에 벌어진 강력한 공민권운동에 고무받아 여성해방운동과 동성애자 해방운동이 등장했고, 공민권운동 안에서는 블랙파워 운동이 탄생했다. 이 새로운 운동은 모두 미국 제국주의에 대항한 베트남 민중의 무장투쟁에 고무된 것이기도 했다. 동성애자해방전선GLF은 베트남의 저항 단체인 민족해방전선NLF을 따라 단체 이름을 정했다.

그러나 여성과 아프리카계 미국인들만 여성 차별과 인종차별에 맞서 싸운 게 아니라는 점도 사실이다. 수많은 남성들이 1960년대 벌어진 여성운동에 동참했고 수많은 백인들이 공민권운동을 적극 지지했다. 1969년 스톤월 항쟁(뉴욕 경찰의 게이바 습격이 촉발한 동성애자 반란으로 사흘 동안 지속됐다)은 동성애자들이 최초로 벌인 대중적 저항이다. 동성애자 운동은 초기에는 별로 지지받지 못했지만 그 운동의 지도자들은 곧 흑표범당이 동성애자 권리를 공식 지지하도록 설득했다. 1970년 흑표범당의 지도자 휴이 뉴턴은 동성애자 운동에 연대하겠다며 다음과 같이 선언했다. "이 사회의 어느 누구도 동성애자의 자유와 해방을 인정하지 않습니다. 아마도 그들은 이 사회에서 가장 천대받는 사람일 것입니다."[5]

진정한 적은 누구인가?

1960년대의 경험이 보여 주듯이 개인적으로 차별을 겪어야만 차별에 적극 반대하게 되는 것은 아니다. 그러나 정체성 정치 이론의 핵심 전제는 정반대 결론을 바탕에 두고 있다. 즉, 특정 차별을 실제로 겪는 사람들만 차별에 맞서 싸울 수 있다는 것이다. 그 밖의 사람들은 모두 문제의 일부이고 차별에 맞선 투쟁에 참가해 문제를 해결할 수 없다. 이런 주장의 근저에 깔린 생각은 남성은 모두 여성 차별에서 득을 보고 이성애자는 모두 LGBT[6] 천대에서 득을 보고 백인은 모두 인종차별에서 득을 본다는 것이다.

이런 생각을 뒤집으면, 특정 형태의 차별(인종차별, 여성 차별, 동성애 혐오)에 시달리는 각각의 집단은 그 차별을 끝장내는 데 이해관계가 있으므로 집단 전체가 단결해야 한다는 것이다. 정체성 정치 이론은 차별의 뿌리가 자본주의 권력 구조에 있는 것이 아니라 '백인 남성 권력 구조'에 있다고 본다. 백인 남성 권력 구조가 존재한다는 생각은 상식처럼 보인다. 왜냐하면 극히 드문 사례를 제외하면 백인 남성들이 대기업 수뇌부와 정부 고위직을 죄다 차지하고 있기 때문이다.

이것은 맞는 말이지만, 반만 맞는 말이다. 오늘날 미국 사회에서 피차별자들은 모두 권력이 없다고 생각하는 것은 매우 부정확할 것이다. 1960~1970년대 운동 이래로 상당수 여성, 동성애자, 흑인, 그 밖의 피차별 소수 인종은 정·재계의 사다리를 타고 올라가 다양한 권력 구조 안으로 흡수됐기 때문이다. 이런 개인들은 스스로 상당한 권력을 얻게 됐다. 다가오는 2008년 대선에서 민주당의 유력 후보는 여성(힐러리 로댐 클린턴)과 아프리카계 미국인(버락 오바마)이다.[*] 연방의회의 하원 의장은 여성인 낸시 펠로시다. 국무 장관은 흑

---

[*] 이 글은 2008년에 쓰였다.

인 여성인 콘돌리자 라이스다. 워싱턴에서 영향력이 아주 큰 정치인 중 한 명은 동성애자임을 공개한 하원 의원 바니 프랭크다.

자본주의 체제 내에서 어느 정도 권력을 얻은 이들 여성, 동성애자, 아프리카계 미국인은 누구의 이해관계를 대변했는가? 그들의 미사여구가 아니라 실천을 보면 금방 답이 나온다. 그들은 자본주의 체제의 인종차별, 여성 차별, 동성애 혐오 정책에 대항하기는커녕 그것을 강화하는 일부가 됐다. 예를 들어, 2005년 샌프란시스코 시가 동성 결혼을 인정했을 때 공공연한 동성애자 바니 프랭크는 이를 시민권의 전진으로 보고 환영했는가? 천만의 말씀이다. 프랭크는 기자 회견을 열어 동성 결혼을 "분열주의"라고 비난했다.[7]

상원 의원이던 버락 오바마는 루이지애나 주 지너 시에서 인종차별의 피해자가 된 흑인 학생 여섯 명을 옹호하러 달려갔던가? 2007년 9월 20일 지너 시에서 역사적인 공민권 시위가 벌어졌을 때 대선 후보였던 오바마는 코빼기도 비치지 않았다.[8] 오히려 흑인 남성들에게 더 좋은 아버지가 되라고 촉구하며 돌아다니기에 여념이 없었다. 2005년 6월 시카고의 크라이스트유니버설템플에서 흑인 신도들에게 다음과 같이 연설했듯이 말이다. "많은 사람들, 많은 형제들이 방황하고 있습니다. 그들은 어른처럼 보입니다. … 심지어 자식을 둔 아비일 수도 있습니다. … 그러나 그들이 성숙한 어른인지 저는 잘 모르겠습니다."[9] 백인 정치인이 비슷한 말을 했다면 당장(그리고 옳게도) 인종차별적 발언이라고 비난받았을 것이다.

미국의 제국주의적 외교정책을 집행하는 핵심 인사인 콘돌리자 라이스는 세계를 돌아다니며 자신의 임무를 거리낌 없이 수행한다. 예를 들어, 중동에 가서는 팔레스타인인들에 대한 이스라엘의 인종차별적 격리 정책에 힘을 실어 준다. 클린턴과 오바마가 대통령일 때 미국에 폭격당하는 이란 민중의 처지가 부시 정부에게 침략당한 이라크 민중의 처지보다 나을 것은 없다.

이런 사례들을 보면, 같은 종류의 차별을 겪는 사람들이 모두 공유하는 근본적 이해관계가 없음을 알 수 있다. 차별은 자본주의 체제를 운영하는 특정 개인들의 인종, 성별, 성적 지향 때문에 생겨나는 것이 아니라 자본주의 체제 그 자체에서 비롯하는 것이다. 자본주의 체제를 누가 운영하든 상관없다. 인종차별, 여성 차별, 동성애 혐오에 맞서 싸워야 한다는 것은 두말하면 잔소리다. 그러나 차별에 맞선 투쟁만으로는 인종차별, 여성 차별, 동성애 혐오 같은 자본주의 체제의 특성을 바꿀 수 없다.

계급 불평등과 차별

정체성 정치 이론에는 사회 계급이라는 요소가 완전히 빠져 있다. 버락 오바마와 모든 아프리카계 미국인이 인종차별을 끝장내려는 근본적 이해관계를 공유한다고 보게 되면 이성애자 백인 남성을 모두 적대시하게 된다. 그들이 어느 사회 계급에 속하든지 간에 말이다. 그러나 미국에서 오늘날만큼 계급 분할이 분명히 드러난 적도 드물다. 오늘날 미국의 소득 불평등과 계급 불평등은 대공황 직전인 1929년 이래 가장 심각하다.[10] 부자들이 이윤을 생산하는 노동자들을 희생시켜(마르크스의 말을 빌리면 착취 과정을 통해) 막대한 부를 얻는다는 사실은 쉽게 알 수 있다.

계급 불평등은 부차적 문제가 아니라 자본주의 체제의 원동력인 착취의 주요 부산물이다. 최근 경제가 깊은 수렁으로 빠져들면서 계급 불평등은 시시각각 심해지고 있다. 그러나 정체성 정치는 계급 불평등의 중요성을 거의 인정하지 않는다. 계급 불평등을 속물근성이나 개인의 태도 문제로 보고 계급 불평등이 중요하다고 말하면 '계급주의'라고 딱지 붙인다. 앞에서도 말했듯이, 이런 식으로는 차별에 맞설 수는 있어도 계급 착취에 의존하는 체제를 바꿀 수는 없다.

일관되지 않고 모순으로 가득 찬 정체성 정치와 달리 계급 분석은 유물론에 기초를 둔다. 즉, 자본주의 체제가 인종차별, 여성 차별, 동성애 혐오에서 얻는 이득을 구체적·객관적으로 측정한다. 요컨대, 지배계급은 차별과 착취에 바탕을 둔 자본주의 체제를 고수하는 데 객관적 이해관계가 있는 반면, 노동계급은 자본주의를 타도하는 데 객관적 이해관계가 있다. 여성, 성소수자, 흑인, 라틴계 이민자 등이 차별받으면 실제로 노동계급 전체가 당하는 착취와 천대도 심해지기 때문이다.

지배계급은 언제나 '분열 지배' 전략에 의존해 계속 지배해 왔다. 분열 지배 전략은 피착취자와 피차별자가 서로 싸우게 해서 진정한 적에 맞서 단결해 싸우지 못하게 한다. 가장 기본적인 물질적 수준에서 보면 특정 형태의 차별에서 득을 보는 노동자는 없다. 미국 역사에서 인종차별이 한 구실이 이를 가장 잘 보여 준다. 흔히 흑인 노동자들이 가져가는 몫이 작아지면 백인 노동자들이 차지하는 몫이 더 커질 것이라고 생각한다. 그러나 사실은 정반대다. 전통적으로 인종차별과 인종 격리가 가장 심한 남부의 백인 노동자들은 북부의 흑인 노동자들보다 임금을 적게 받았다.[11] 같은 현상이 여성 노동자와 남성 노동자 사이에서도 나타난다. 예를 들어, 사무직에 저임금 여성 노동자가 대거 취업하면 사무직 전체의 임금이 떨어지는 경향이 있다. 그 이유는 간단하다. 자본가가 고임금 노동자와 저임금 노동자를 경쟁시킬 수 있으면 임금은 떨어지게 마련인 것이다. 이런 일은 세계 수준에서도 일어난다. 미국 자본가가 자국 노동자와 가난한 나라 노동자를 경쟁시키면 미국 노동자들의 임금은 오르는 것이 아니라 떨어진다. 바로 이것이 지난 몇 년 동안 미국 노동자의 임금이 하락한 이유다. 그 과정에서 득을 본 자들은 자본가뿐이다. 자본가들은 더 많은 이윤을 얻었고 이윤 체제의 질서를 확고히 다졌다.

노동계급에 속한 사람들은 모두 이런저런 차별을 겪는다는 점도 알아야 한다. 노동자들은 부자들보다 소득 대비 세금 비율이 훨씬 더 높고 여가 시간도 훨씬 더 짧다. 노동계급 아이들이 다니는 학교의 예산은 모자라고 학생은 넘쳐 난다. 가난한 동네는 시설이 열악하고 도로가 여기저기 움푹 패어 있다. 아마 가장 중요하고 유력한 이데올로기는 노동자들이 대체로 어리석어서 사회를 운영할 수 없다는 것일 게다. 사회 운영은 '전문가들'에게 맡기고 압도 다수 노동자는 평생 소외된 노동을 하며 살라는 것이다.

따라서 차별은 대다수 백인 남성 노동자들조차 어느 정도 경험하는 것이다. 백인 남성 노동자 압도 다수의 자존감을 힐러리 클린턴이나 콘돌리자 라이스 같은 오만한 자들의 자존감과 비교하면, 차별에서 결정적 요인은 개인의 정치가 아닌 다른 무엇임을 분명히 알 수 있다. 바로 자본주의 체제의 문제인 것이다.

여기서 핵심은 인종차별, 여성 차별, 동성애 혐오를 하찮게 여기자는 것이 아니라, 노동계급 전체가 차별을 받고 그래서 차별을 끝장내는 데 객관적 이해관계가 있다는 것이다.

물론 노동자들이 이것을 항상 깨닫는 것은 아니다. 남성 노동자는 매우 성차별적으로 행동할 수 있다. 백인 노동자(남성이든 여성이든)는 인종차별적 생각을 수용할 수 있다. 이성애자 노동자(흑인이든 백인이든 라틴계 이민자든)는 동성애를 아주 혐오할 수 있다. 그러나 이런 행동은 주관적인 것이다. 즉, 그런 태도는 사람마다 다를 수 있다. 객관적 이해관계는 변하지 않지만 주관적 요인은 상황이 바뀌면 달라질 수 있다.

이 가운데 가장 중요한 것은 마르크스주의의 '허위의식' 개념이다. 허위의식 개념은 간단하다. 노동자가 인종차별, 여성 차별, 동성애 혐오 같은 지배계급 이데올로기를 받아들여 자기 계급의 이해관계와 반대로 행동하는 것이다. 바로 이런 이데올로기 때문에 노동자들은 서로 싸운다. 허위의식은 백인 남성 노동자에게만 나타나는 것도 아니다.

최근에 허위의식을 가장 잘 보여 준 사례는 많은 아프리카계 미국인들이 이민자를 혐오하는 인종차별주의자들의 이민 반대 주장을 이용해 이민자 권리에 반대한 것이다. 이와 비슷하게, 많은 푸에르토리코 출신 이민자들이 멕시코 출신 이민자들에 대한 편견을 내비친다(이것은 인종차별이다). 많은 여성이 서로 '잡년'이라고 욕한다(이것은 여성 차별이다). 이것은 모두 허위의식의 사례다.

인종차별, 여성 차별, 동성애 혐오가 심해지면 노동계급 전체가 손해를 본다. 노동자들이 단결해 싸우지 않고 생활수준이 떨어진다. 반대로 많은 노동자가 자본주의 체제에 대항해 싸우기 시작하면, 허위의식은 계급 단결의 필요 앞에서 의심받게 되고, 계급의식이 성장해서 대중의 의식 전체가 바뀐다. 이런 과정은 1930년대 계급투쟁의 절정기에 나타났고 1960년대 운동의 절정기에 다시 나타났다. 앞으로도 대중투쟁이 고조되면 이런 변화는 다시 나타날 것이다.

마르크스가 《공산당 선언》에서 썼듯이, "프롤레타리아가 하나의 계급으로 조직되고 따라서 하나의 정당으로 조직되는 이 과정은 노동자들 간의 경쟁 때문에 계속 틀어진다. 그러나 이 조직화는 더 강하게, 더 확고하게, 더 힘차게 다시 이뤄진다."[12] 달리 말해 마르크스는 '즉자적' 노동계급(객관적으로 혁명적 잠재력이 있지만 아직 발현되지 못한 노동계급)과 '대자적' 노동계급(자신의 계급 이익에 맞게 행동하는 노동계급)을 구별했다. 둘의 차이는 객관적 잠재력만 있는지 아니면 그 잠재력을 발현하는 데 필요한 주관적 조직도 갖추고 있는지에 있다.

공허한 정치

그러나 정체성 정치는 대중 의식의 변화 가능성을 인정하지 않는다. 이 때문에 정체성 정치 이론은 가장 추상적안 수준에서만 받아들여질 수 있다.

정체성 정치의 시조인 에르네스토 라클라우와 샹탈 무페는 《헤게모니와 사회주의 전략 — 급진 민주주의 정치를 향하여》에서 자신들이 주장한 이론이 현실에 어떻게 적용될지 조금도 고민하지 않는 듯하다. 라클라우와 무페는 1980년대 학계에서 유행한 포스트모더니즘 진영에서 등장했다. 그들이 내세운 이론의 목표는 사회가 통합적이고 응집력 있는 사회·경제 구조로 돼 있는 것이 아니라 다양한 주관적 관계로 이뤄져 있음을 증명하는 것이었다.

라클라우와 무페는 자신들의 이론을 마르크스주의의 일보 전진으로 여겼다. 그러나 사실 그들의 [포스트마르크스주의] 이론은 마르크스주의를 발전시키기는커녕 마르크스주의에 반대한다. 이 두 학자는 노동계급에게 혁명적 잠재력이 있다고, 즉 노동계급에게 자본주의 체제를 변혁하는 데 객관적 이해관계가 있고 그럴 힘도 있다고 본 마르크스가 틀렸음을 입증하려 했다. 그들이 이렇게 마르크스를 적대시한 이유는 마르크스가 옳다면, 즉 노동계급이 모든 형태의 착취와 차별에 대항하는 단결된 운동을 건설할 역량이 있다면 그들의 이론은 쓰레기가 될 것이기 때문이다.

라클라우와 무페 이론의 핵심 요소는 두 가지인데, 둘 다 현실에 적용하는 순간 문제를 일으킨다. 첫째 요소는 차별 개념이다. 마르크스는 차별과 착취를 객관적인 것으로, 그래서 변하지 않는 것으로 규정했고 의식은 주관적인 것으로, 그래서 항상 변하는 것으로 규정했다. 마르크스와 반대로 라클라우와 무페는 차별 자체를 완전히 주관적인 것으로 여긴다.

이것은 단지 의미론상 차이가 아니라 본질적 차이다. 라클라우와 무페처럼 차별을 완전히 주관적인 것으로 보면, 차별당한다고 느끼는 사람은 누구나 피차별자가 되기 때문이다. 최악으로는, 소수 인종 우대 정책을 실시하는 법대에 입학하지 못한 백인 남성이 차별받았다고 느끼면 그도 피차별자가 된다. 반대로 아주 명백한 체계적 잔혹 행위도 차별이 아닐 수 있다. 라클라우와 무페는 농노와 노예가 스스로 그 차별을 '명시적으로 거부'하지 않는 한 심지어 농노제와 노예제조차 차별 관계가 아닐 수 있다고 주장한다.[13]

라클라우와 무페는 사회가 자율적이고 통제 불가능한 온갖 적대와 차별로 이뤄져 있는데 그 적대와 차별 중에서 특별히 중요하거나 덜 중요한 것은 없고 제각각 별도의 '투쟁' 영역에 속한다고 설명한다.[14]

그러나 이런 개념은 추상의 세계에서 나와 현실 세계에 적용되자마자 허물어지고 만다. 각각의 투쟁은 각각의 차별 형태에 일대일로 대응하는 것이 아니기 때문이다. 많은 사람이 흑인이자 여성이고, 동성애자이자 라틴계 이민자이듯이 차별의 여러 형태는 서로 중첩된다. 투쟁이 모두 각개약진 해야 한다면 투쟁은 분열에 분열을 거듭해 결국에는 붕괴해 버릴 것이다. 심지어 단일한 차별을 둘러싸고 조직된 집단도 붕괴하고 말 것이다. 예를 들어, 흑인 여성 동성애자는 다음과 같은 명백한 딜레마에 빠질 수밖에 없다. 남성이 모두 여성의 적이고, 백인이 모두 흑인의 적이고, 이성애자가 모두 동성애자의 적이라면 흑인 여성 동성애자와 함께 투쟁할 사람은 매우 적을 것이다. 현실 세계에서는 선택을 해야 한다.

라클라우와 무페가 옳고, 사회의 주된 분열이 특정 차별을 겪는 사람과 그렇지 않은 사람들 간의 분열이라면, 차별의 종식은 사실상 불가능할 것이다.

정체성 정치의 핵심에는 극도의 비관론이 있다. 정체성 정치는 모든 형태의 착취와 차별에 맞서 광범하고 단결된 운동을 건설할 수 있음을 부인할 뿐 아니라 서로 다른 차별을 겪는 사람들의 연대 가능성에 대해서도 심각한 비관론을 드러낸다.

정체성 정치가 제시하는 조직화 전략은 피차별자들이 제각각 자기 적에 맞서 싸우라는 것뿐이다.

라클라우와 무페 이론의 둘째 핵심 요소이자 문제는 자율성 개념 (그들의 이론에서 아주 중요하다)에서 비롯한다. 이론 차원에서 가장 중요한 점은 라클라우와 무페가 마르크스주의 국가론을 부정하는 지경에 이르렀다는 것이다. 마르크스주의 이론은 정부가 중립적 기구가 아니라 권력을 쥔 계급(자본주의에서는 자본가계급)의 이익을 대변한다고 보는 데서 출발한다. 조지 W 부시가 집권한 미국을 보면 이 점을 어렵지 않게 납득할 수 있다. 당시 미국 자본가계급은 자신들의 부와 권력을 뻔뻔하게 과시했다.

그러나 라클라우와 무페는 국가가 중립적이고 자율적이라고 주장한다. 심지어 정부의 각 부처도 서로 자율적이라고 본다. 언뜻 보면 상원과 하원은 따로 놀고, 백악관도 자율적이다. 이 말이 옳다면 9·11 테러 이래 신보수주의자들과 기독교 우파가 미국 정치를 쥐락펴락한 것은 자유주의자들이 상상해 만들어 낸 허구일 것이다.

따라서 이 논리에는 심각한 결함이 있다. 차별은 자본주의 체제 자체에 내재하고 국가는 차별을 강화하는 핵심 수단 중 하나다. 즉,

국가의 법률은 사람들을 차별하고 경찰은 누구는 받들어 모시고 비호하는 반면 다른 누구는 괴롭히고 학대한다.

자율성 이론은 또 다른 이론적 문제도 낳는다. 각각의 투쟁을 모두 똑같이 중요하다고 보게 되는 것이다. 각각의 투쟁에 얼마나 많은 사람이 동참하든 간에, 국가나 정부 기관에 요구하며 싸우는 투쟁인지 아닌지와는 상관없이 말이다. 실제로 라클라우와 무페는 이 논리를 위험한 수준까지 밀고 나아가 '투쟁'에 두 명 이상 참가할 필요가 없다고 말한다. 이 말은 요구를 달성하는 일이 "점점 개인주의화한다"는[15] 것을 뜻한다. 이 과정에서 개인적 투쟁이 정치투쟁을 대체하고 차별을 유지·강화하는 체제 자체는 타격을 받지 않고 그대로 유지된다.

라클라우와 무페처럼 가장 극단적인 정체성 정치를 옹호하는 사람들은 사실상 운동(크든 작든)을 건설하겠다는 목표가 없다. 그들은 '무지한 대중'보다 스스로 우월하다고 여기는 계몽된 소수집단을 더 좋아한다. [반대로] 마르크스주의는 현실 세계에서 차별을 끝장내고자 하는 사람들에게 나아갈 방향을 제시한다. 마르크스가 우쭐대는 학자들을 두고 말했듯이, "이제껏 철학자들은 세계를 이렇게 저렇게 해석하기만 했다. 그러나 중요한 것은 세계를 변혁하는 것이다."[16]

마르크스주의와 차별

오늘날 마르크스주의를 우스꽝스럽게 묘사하면서 비판할 때 흔히 하는 주장은, 모든 피차별·피착취 대중이 단결한 노동계급 운동을 건설하려면 차별에 맞선 투쟁을 착취에 맞선 투쟁에 종속시켜야 한다는 것이다. 그러나 이런 우스꽝스러운 묘사와 비판은 역사적으로 틀렸음이 증명됐다. 착취와 차별은 둘 다 자본주의에 뿌리를 두고 있다. 착취는 노동자들이 생산한 부를 지배계급이 빼앗아 가는 방법이다. 온갖 차별의 일차적 구실은 한 줌의 소수가 압도 다수를 계속 지배할 수 있도록 하는 것이다. 착취에서든 차별에서든 적은 하나다.

러시아 혁명가 V I 레닌이 썼듯이, 마르크스주의는 혁명을 "피차별자와 피착취자의 축제"로 본다. 그러나 레닌은 다음과 같이 덧붙였다. "노동자들이 모든 종류의 폭정, 차별, 폭력, 학대(어떤 계급이 당하는 것이든)에 대응하도록 훈련받지 않는다면 노동계급의 의식은 진정한 정치의식이 될 수 없다."[17]

레닌이 뜻한 바는 간단하다. 자본주의에 대항하는 단결된 운동을 건설하는 과정에서 노동자들은 차별받고 착취당하는 모든 사람들에게 연대하도록 훈련받는다는 것이다. 계급의식을 고취하기 위한 전투는 사상을 둘러싼 전투다. 그러나 계급의식은 거만한 학자들의 사색이 아니라 투쟁 속에서 쟁취돼야 한다.

후주

역사유물론과 계급

* 후주에서 사용하는 약자

CSAGW = Geoffrey de Ste Croix, *The Class Struggle in the Ancient Greek World*

mecw = Karl Marx and Friedrich Engels, *Collected Works*

mew = Karl Marx and Friedrich Engels, *Werke*

mega 1 = Karl Marx and Friedrich Engels, *Gesamtausgabe 1*

mega 2 = Karl Marx and Friedrich Engels, *Gesamtausgabe 2*

1   *CSAGW* p 31을 보시오.

2   이 말은 루트비히 비트겐슈타인이 한 말인데, 내 번역이 비트겐슈타인의 의도를 그대로 전달하지 못함을 알고 있다. 그가 《논리철학 논고》에서 한 이 말을 실제 뜻에 맞게 번역하면 다음과 같다. "말로 정식화할 수 없는 것은 침묵 속에 남겨 둬야 한다."

3   이 문제는 *Colloque Marx*에 실린 내 글 "Karl Marx and the Interpretation of Ancient and Modern History"에서 다뤘다.

4   *CSAGW* p 146. pp 65~66도 참고하시오.

5   *CSAGW* p 146과 p 564를 함께 보시오.

6   *Colloque Marx*에 실린 내 글을 보시오.

7   Marx, *Capital* III, pp 885~886 = *mew* XXV, pp 862~863.

8   *CSAGW* II, ii-iii, 특히 pp 43~44에서 다룬 정의를 보시오.

9   *CSAGW* p 43.

10   Marx, *Capital* III, p 814(= *mew* XXV, pp 822~823), *CSAGW* p 547 n. 1에
      인용된 Marx, *Capital* I, p 534 등 많은 구절이 있다. 예를 들어, *Capital* I, p
      766 & n. 3; *mecw* IX, p 212; *Grundrisse*, 이제는 표준적 판본이 된 *mega*
      2 II, i, 1(1976) pp 228~229 = *Grundrisse. Foundations of the Critique
      of Political Economy*, Martin Nicolaus의 영역본(Pelican Marx Library,
      1973) pp 309~310. 물론 마르크스는 자본을 '단순한 관계만이 아니라' 과정으
      로도 봤다: *mega* 2 II, i, 1, p 180 = Eng. trans. p 258.

11   *CSAGW* p 60를 보시오. *mecw* VI, p 211의 언급도 보시오. *mega* 1에 프랑
      스어 원문이 있다.

12   이 내용은 *Colloque Marx*에 실린 내 글에서 인용한 것이다.

13   *CSAGW* p 66을 보시오. 여기서 언급한 내용은 *mecw* V, pp 33, 432; VI, p
      482에 실려 있다.

14   *CSAGW* pp 409~452 7장을 보시오.

15   *CSAGW* pp 80~91를 보시오. 서지 사항에 대해서는 pp 696~697의 참고 문헌
      을 보시오.

16   *CSAGW* p 89.

17   *CSAGW* p 90.

18   *mecw* XI, p 153 = *mew* VIII, p 165.

19   예를 들어, *mecw* VI, pp 167 & 211, 318 & 332, 498 & 493.

20   *CSAGW* pp 60~61을 보시오.

21   예컨대, P Vidal-Naquet, "Les esclaves grecs étaient-ils une classe?",
      Raison présente 6(1968) pp 103~112의 p 103. 이 글은 두 번 출판됐는데,
      나중에 출판된 글에는 소규모 자작농을 계급으로 보는 마르크스의 진술이 포
      함됐다. 이것은 마르크스의 반쪽 진술에 근거한 주장이 설 자리가 없음을 보여
      준다. *Colloque Marx*에 실린 내 글을 보시오.

22   농민에 대해서는 Engels, "The Peasant Question in France and Germany"

에 매우 잘 분석돼 있다. *CSAGW* p 211에도 언급돼 있다. 봉건제 농노에 대한 훌륭한 논의로는 *CSAGW* p 680에 인용된 Rodney Hilton의 연구를 보시오.

23   Marx, *Capital* I, p 135 = *mew* XXIII, pp 149~150.

24   Marx, *The Eighteenth Brumaire* 제2판 서문(1869), in *mew* VIII, 560 = XVI, pp 359~360.

25   *CSAGW* pp 63~66.

26   후주 21번을 보시오. M I Finley, *The Ancient Economy*(1973) pp 49, 186 n. 32; and *Ancient Slavery and Modern Ideology*(1980; Pelican 1983) pp 77, 165 n. 29를 보시오.

27   *CSAGW* pp 64~65를 보시오.

28   이에 대해서는 *Colloque Marx*에 실린 내 글에서 다뤘다.

29   *mega* 2 II, i, 1, p. 40 = *Grundrisse*, 영역본 p 105의 해당 부분을 보시오.

30   *Peasants and Peasant Societies*, ed. T Shanin, 1971, p 17.

31   고대 농민에 대해서는 *CSAGW* pp 208~206(= IV, ii)를 보시오.

32   *CSAGW* pp 205~208(= IV, i).

33   *CSAGW* VIII, ii-iii, 특히 pp 473~503을 보시오. 그리고 A H M Jones, *The Later Roman Empire 284-602*(1964), 특히 II. pp 767~823(Chapter XX)을 보시오.

34   *CSAGW* p 15, *Mark* XV, 21; *Matthew* XXVII, 32를 보시오.

35   *CSAGW* pp 14~16을 보시오.

36   *CSAGW* p 15, *Matthew* V, 41을 보시오.

37   *CSAGW* p 398에 인용한 *Romans* XIII, 1~7 등의 진술을 보시오.

38   *CSAGW* p 15에 인용한 *Epict., Diss.* IV, i, 79을 보시오.

39   *CSAGW* p 206에 인용한 *mecw* X, p 22을 보시오.

40   *CSAGW* pp 50~52.

41   *CSAGW* IV, iii, 특히 pp 249~259를 보시오.

42   *CSAGW* pp 52~54, 133~134, 140을 보시오; III, vi, 특히 pp 179~182 등을 참고하시오.

43   *CSAGW* pp 135~136, 147~158을 보시오.

44   *CSAGW* pp 136~137, 162~170; p 282를 참고하시오.

45   *CSAGW* IV, iii, 특히 pp 255~259.

46   *CSAGW* p 54를 보시오. pp 52, 133을 참고하시오.

47   John F Haldon, "On the structuralist approach to the social history of Byzantium", in *Byzantinoslavica* 42(1981) pp 203~211. 이는 다음의 두 책에 대한 서평이다. Evelyne Patlagean, *Pauvreté économique et pauvreté sociale 'Byzance, 4-7 siècles*(Paris, 1977), and *Structure sociale, famille, chrétienté 'Byzance, IV-XI siècle*(London, 1981). 구조주의(적어도 레비스트로스 학파의 엄격한 관점의 구조주의)가 이제는 일반적으로 후퇴하고 있는 듯하다는 말을 덧붙여야 할 것 같다. Rodney Needham, in 4228 *Times Lit. Suppl.*(13th April 1984) p 393의 비평에 따르면, 레비스트로스 자신이 그의 최근작 *Le Regard éloigné*에서 구조주의가 "유행이 지났다"고 썼다. 구조주의가 루이 알튀세르와 그 후예들에게 미친 영향을 보면, 구조주의는 프랑스에서 마르크스주의 연구에 커다란 타격을 입힌 것으로 보인다. 나는 때로 느슨하게 "포스트구조주의"라고 불리는 연구에 대해 잘 모른다. 그저 Perry Anderson, *In the Tracks of Historical Materialism*(The Wellek Library Lectures, delivered at the University of California at Irvine), Verso/nlb, London 1983, and published in London, 1983) pp 39~57을 훑어봤을 뿐이다.

48   *CSAGW* pp 58~59, 91~94.

49   *CSAGW* p 80을 보시오. p 551 n. 30도 보시오. 핀리가 그의 책 *Politics in the Ancient World*(1983) p 10 n 1에서 [아리스토텔레스를] 가볍게 언급한 것과 달리 나는 내 책에서 "아리스토텔레스를 마르크스주의자로 바꾸었다." 여기서 밝히자면, 내가 한 일은 기본적으로 아리스토텔레스의 그리스 정치 분석 방법이 마르크스가 채택한 방법과 얼마나 닮았는지를 자세히 설명한 것이다. *CSAGW* pp 69~80(= II, iv).

50   *CSAGW* p 91을 보시오. 그리고 핀리가 나중에 쓴 책 *Ancient Slavery and Modern Ideology*(후주 26을 보시오)에서 '착취'라는 단어는 78쪽을 제외하면 거의 등장하지 않는다. 그 밖에는 '착취 단위'(unit of exploitation)라는 표현이 133쪽과 135~137쪽에 등장하는 정도다.

51   *Ancient Slavery and Modern Ideology* p 82. Finley, "Problems of Slave Society: Some Reflections on the Debate", in the first fascicule of the new Italian periodical, *Opus* I(1982) i. pp 201~210의 p 206에도 나온다. 핀리는 나중에 한 연구에서 "자신의 개념은 마르크스주의 언어로 쉽게 전환될

수 있다"고 주장했는데, 나는 이 주장에 동의하지 않는다. 그런 "전환"은 중요한 개념적 변화를 포함할 수 있다.

52 핀리는 그의 최근작 *Politics in the Ancient World*(1983) — 나는 이 책을 이 강의 뒤에야 볼 수 있었다 — 에서 지위 개념을 버리고 계급 개념에 대해 고려하기 시작한 듯하다(내 생각에 그는 그 사실을 인정하지 않을 것이다). 2~3쪽 이하 그 책의 여러 언급을 보시오. 찾아보기의 "계급" 항목에서 찾을 수 있는 내용이 20여 개가 있지만(p 147) "지위"(또는 "계층") 항목에는 아무것도 없다. 아쉽게도 그는 "계급"을 엄밀히 규정하기를 거부하며 그저 이렇게 말할 뿐이다. "[나는] '계급'이라는 용어를 느슨하게, 즉 보통의 담론에서 우리가 흔하게 접하는 뜻으로 쓴다."(p 10). 이 말을 보면 1973년에 그가 한 말이 떠오른다. 그는 자신의 주된 분석 도구로 '계급' 대신에 '지위'를 쓰면서 그 이유를 다음과 같이 말했다. "['지위'는] 매우 모호한 단어다."(*CSAGW* p 92의 내 논평을 참고하시오). 그가 엄밀하지 않은 개념 사용이 유용하지 않음을 이해하고 모호한 개념을 바로잡기 바란다.

53 이 과정에 대한 충분하고 현대적인 분석을 아직 발견하지 못했다. 그래서 나는 *CSAGW* pp 295~326, 518~537에서 이것을 자세히 다뤄야 한다는 의무감을 느꼈다.

54 *CSAGW* VIII을 보시오. 특히 pp 474~503.

55 T D Barnes, in *Phoenix* 36(1982) pp 363~366의 p 366.

56 *mecw* V, pp 5 & 8(with 9) 5 *mew* III, pp 7 & 535; 그리고 V, p 585 n. 1 을 보시오.

57 *A Contribution to the Critique of Political Economy* 1859년 서문의 표준적 독일어판은 현재 *mega* 2 II, ii(1980) pp 99~103에 수록돼 있다.

마르크스주의 소외론

1 K Marx, "Speech at the Anniversary of the Peoples' Paper", E Lunn, *Marxism and Modernism*(University of California Press, 1984), p 31[국역: 《마르크시즘과 모더니즘》, 문학과지성사, 1996]에서 인용.

2 G Lukács, *History and Class Consciousness*(Merlin, 1971), p 47[국역: 《역사와 계급의식》, 지만지, 2015].

3 마르크스가 인간 소외에 대한 분석을 처음으로 발전시킨 것은 아니었다. 마르크스의 철학적 선배인 헤겔은 소외를 인간 정신의 발전 과정의 한 계기로 봤다.

루트비히 포이어바하는 소외에 대한 유물론적 분석을 내놓았다. 그는 인간이 세계를 바꿀 수 있는 힘을 상상의 신들에게 넘겼다고 지적했다. 그러나 그는 종교적 소외를 합리적 주장만으로도 근절할 수 있다고 봤다. 마르크스는 헤겔의 관념론적 소외 개념과 포이어바하의 비역사적 유물론을 모두 비판했다. 마르크스의 이론적 배경을 알고 싶다면 A Callinicos, *The Revolutionary Ideas of Karl Marx*(Bookmarks, 1996), 3장[국역: 《칼 맑스의 혁명적 사상》, 책갈피, 2007]을 보시오.

4   E Fischer, *How to Read Karl Marx*(Monthly Review Press, 1996), p 53 에서 인용.

5   같은 책, p 52.

6   같은 책, p 51.

7   같은 책, p 54.

8   T Eagleton, *Marx*(Phoenix, 1997), p 27.

9   K Marx, *Capital*, vol 1(Penguin, 1976), p 173[국역: 《자본론》, 비봉출판사, 2015].

10   K Marx, *Early Writings*(Penguin, 1975), p 318.

11   P Walton and A Gamble, *From Alienation to Surplus Value*(Sheed and Ward, 1972), p 20에서 인용.

12   E Mandel and G Novak, *The Marxist Theory of Alienation*(Pathfinder, 1970), p 20.

13   K Marx, *Capital*, p 170.

14   K Marx, I Mészáros, *Marx's Theory of Alienation*(Merlin Press, 1986), p 35에서 인용.

15   P Linebaugh, *The London Hanged*(Penguin, 1993), p 396.

16   같은 책, p 225.

17   같은 책, p 374.

18   같은 책, p 24.

19   K Marx, *Capital*, p 460.

20   H Braverman, *Labour and Monopoly Capitalism*(Monthly Review Press, 1974), p 73[국역: 《노동과 독점자본》, 까치글방, 1989].

21   K Marx, *Early Writings*, p 285.

22 같은 책, p 335.

23 같은 책, p 326.

24 P Linebaugh, 앞의 책, p 225.

25 B Ollman, *Alienation*(Cambridge University Press, 1996), p 143.

26 I I Rubin, *Essays on Marx's Theory of Value*(Black Rose Books, 1975), pxxv[국역: 《마르크스의 가치론》, 이론과실천, 1989].

27 K Marx, *Early Writings*, p 324.

28 E Fischer, 앞의 책, p 67.

29 같은 책, p 327.

30 H Braverman, *Labour and Monopoly Capitalism*(Monthly Review Press, 1974), p 80.

31 E Fischer, 앞의 책, pp 58~59.

32 H Braverman, 앞의 책, p 171.

33 같은 책, p 180.

34 G Lukács, 앞의 책, p 89.

35 K Marx, *Early Writings*, p 331.

36 E Fischer, 앞의 책, p 63.

37 B Ollman, 앞의 책, p 144.

38 Rubin, 앞의 책, p 15.

39 K Marx, Early Writings, p 359.

40 이런 경험의 단면을 뛰어나게 묘사한 것으로 C Caudwell, *The Concept of Freedom*(Lawrence and Wishart, 1977), p 49를 보시오.

41 K Marx, *Early Writings*, p 325.

42 C Harman, *Economics of the Madhouse*(Bookmarks, 1995)[국역: 《크리스 하먼의 마르크스 경제학 가이드》, 책갈피, 2010]을 보시오.

43 E Mandel, 앞의 책, p 22.

44 K Marx, *Capital*, 앞의 책, p 125.

45 같은 책, p 125.

46 같은 책, p 1.

47   같은 책, p 165을 보시오.

48   B Ollman, 앞의 책, p 187에서 인용.

49   K Marx, *Capital*, pp 202~203.

50   같은 책, p 21.

51   같은 책, p 165.

52   같은 책, p 24.

53   같은 책, p 179.

54   H Braverman, 앞의 책, p 271.

55   E Fischer, 앞의 책, p 68.

56   같은 책, p 187.

57   같은 책, p 205.

58   I Mészáros, 앞의 책, p 197.

59   K Marx, *Early Writings*, p 351.

60   같은 책, p 361.

61   같은 책, p 377.

62   G Lukács, 앞의 책, p 133에 인용된 마르크스의 말.

63   같은 책, p 63.

64   B Ollman, 앞의 책, p 154.

65   K Marx, *The Holy Family*[국역: "신성가족", 《칼 맑스 프리드리히 엥겔스 저작 선집 1》, 박종철출판사, 1997], F Jakubowski, *Ideology and Superstructure in Historical Materialism*(Pluto, 1990), p 87[국역: 《이데올로기와 상부구조》, 한마당, 1987]에서 인용.

66   G Lukács, 앞의 책, p 171.

67   P Anderson, *Considerations on Western Marxism*(New Left Books, 1976), pp 50~51[국역: 《서구 마르크스주의 읽기》, 이매진, 2003].

68   같은 책, p 56.

69   E Mandel, 앞의 책, p 6.

70   E and M Josephson, *Man Alone: Alienation in Modern Society*(Dell Publishing Co, 1968), p 12.

71   같은 책, p 13.

72 같은 책, ch 1.

73 B Ollman, 앞의 책, p 202.

74 H Braverman, 앞의 책, p 83.

75 예컨대, G Carchedi, *Frontiers of Political Economy*(Verso, 1991), p 18를 보시오.

76 F Jakubowski, 앞의 책, p 96.

77 같은 책, p 96.

78 E Lunn, 앞의 책, p 15.

79 같은 책, p 16.

80 같은 책, p 12.

81 같은 책, p 16.

82 같은 책, pp 15~16.

83 H Braverman, 앞의 책, p 278.

84 같은 책, p 282.

85 I Mészáros, 앞의 책, p 26.

86 같은 책, p 267.

87 K Marx, *Capital*, p 173.

마르크스주의 차별론

1 Mario Nain, "Chile Climate of Fear", *Socialist Review* 225(December 1998), pp 10~11.

2 이 문제는 이 글에서 다루기는 너무 광범하고, 다양한 논쟁을 요약하는 것도 틀림없이 적절치 않을 것이다. 최근의 다양한 관점들을 요약한 책을 보려면, Pamela Sugimen, "Privilege and Oppression: The Configuration of Race, Gender, and Class in Southern Ontario Auto Plants, 1939 to 1949", *Labour/Le Travail*, no. 47(Spring, 2001); Peter S Li, *Destination Canada: Immigration Debates and Issues*(New York, 2003); Leo Panitch and Colin Leys, eds., *Socialist Register: Fighting Identities*(London, 2003); Carl E James and Adrienne Shadd, eds., *Talking About Identity: Encounters in Race, Ethnicity and*

Language(Toronto, 2001); Naline Visvanthan, et al, eds., *The Women, Gender and Development Reader*(New Jersey, 1997)를 보시오.

3   Cedric Robinson, *Black Marxism: The Making of the Black Radical Tradition*(London, Zed Books, 1983).

4   Alex Callinicos, *Race and Class*(London, 1993), p 13; Manning Marable, *How Capitalism Underdeveloped Black America*(Boston, 1983); Cornel West, *Race Matters*(New York, 1994)를 보시오.

5   Howard Winant, "Difference and Inequality: Postmodern Racial Politics in the United States", in *Racism, the City and the State*, eds., Malcolm Cross and Michael Kieth(London, 1993), p 110.

6   Lindsey German, *Sex, Class and Socialism*(London, 1989)[국역: 《여성과 마르크스주의》, 책갈피, 2007]; and "Women's History", in Essays on *Historical Materialism*, ed., John Rees(London, 1998), pp 41~55를 보시오.

7   예를 보려면, Margaret Anderson and Patricia Hill Collins, eds., *Race, Class and Gender: An Anthology*(California, 1992); Vijay Agnew, *Resisting Discrimination: Women from Asia, Africa and the Caribbean and the Women's Movement in Canada*(Toronto, 1996); Himani Banarji, ed., *Returning the Gaze: Essays on Racism, Feminism and Politics*(Toronto, Sister Vision Press, 1993); Chandra Mohanty, *Third World Women and the Politics of Feminism*(Bloomington, 1991)을 보시오.

8   Leith Mullings, "Uneven Development: Class, Race, and Gender in the United States Before 1900", in *Eleanor Leacock*, Helen I. Safa, et al, *Women's Work*(Massachusetts, 1986), pp 41~57을 보시오.

9   Alex Callinicos, *Social Theory*(Cambridge UK, 1999), p 265[국역: 《사회이론의 역사》, 한울, 2015].

10   예를 들어, Yutaka Dirks, "Doing Things Differently this Time: Kananaskis G8 Meeting and Movement Building", *Colours of Resistance*, http://www.tao.ca/~colours/dirks.html를 보시오.

11   국제주의와 연대 정서가 널리 퍼졌다. 예를 들어, Starhawk, "The G8 June Meeting in Kananaskis: A Strategic Moment", Znet, May 27, 2002, http://www.zmag.org/content/GlobalEconomics/starg8.cfm를 보시오.

12   Susan Faludi, *Backlash: The Undeclared War Against American*

Women(New York, 1991)을 보라. 캐나다의 유명한 반동 이데올로그에 대해서는, Martin Loney, *The Pursuit of Division: Race, Gender and Preferential Hiring in Canada*(Montreal, 1998)와 Neil Bissoondath, *Selling Illusions: The Cult of Multiculturalism in Canada*(Toronto, 1994)를 보시오.

13 예를 보려면, Stanley Aronowitz, *The Politics of Identity*(New York, 1992)를 보시오.

14 Naomi Klein, *No Logo: Taking Aim at the Brand Bullies*(Canada, 2000), p 113[국역: 《No Logo》, 랜덤하우스코리아, 2002].

15 Mark Naison, *Communists in Harlem During the Depression*(New York, 1983)와 Kate Weigand, *Red Feminism: American Communism and the Making of Women's Liberation*(Baltimore, 2001)을 보시오.

16 이 주제는 이 글이 다룰 수 있는 범위를 넘어선다. 스탈린주의가 마르크스·엥겔스와 초기 러시아 혁명의 전통에서 벗어난 관료적 국가자본가 계급의 이데올로기라고 분석한 글을 보려면, Mike Haynes, *Russia: Class and Power 1917-2000*(London, 2002)를 보시오.

17 예를 들어, 1960년대에 미국 공산당은 민주당이 제기한 주장, 즉 북부의 흑인은 사회에 통합돼 있으므로 차별받지 않고 짐 크로법[흑인 차별법]이 시행되는 남부에서만 차별받는다는 주장을 받아들였다. Kevin Ovendon, *Malcolm X: Socialism and Black Liberation*(London, 1992), p 22.

18 더 정교한 논의를 보려면, Georg Lukács, *History and Class Consciousness: Studies in Marxist Dialectics*(Cambridge, 1968).

19 Karl Marx and Frederick Engels, *On Colonialism*(New York, 1972). 관련된 언급에 대해서는 발행인 주석을 보라, pp 7~8. Karl Marx and Frederick Engels, *Marx and Engels on the United States*(Moscow, 1979)도 보시오.

20 Frederick Engels, "Origin of the Family, Private Property and the State", K Marx and F Engels, *Selected Works*, vol. 3(Moscow, 1976), pp 191~334.

21 유대인 문제와 종교 일반에 관한 마르크스의 입장을 요약한 것을 보려면, Paul M Siegel, *The Meek and the Militant: Religion and Power Across the World*(London and New Jersey, 1986)를 보시오.

22 아일랜드 문제에 관한 마르크스의 입장에 대해서는, Karl Marx and Frederick

Engels, *Ireland and the Irish Question*(New York, 1972)와 Chris Bambery, *Ireland's Permanent Revolution*, 3rd edition(London, 1990)을 보시오.

23 노예와 인종차별에 대한 마르크스의 분석을 개괄한 책을 보려면, Alex Callinicos, *Race and Class*(London, 1993); Peter Alexander, *Racism, Resistance and Revolution*(London, 1987)와 Robin Blackburn, *The Making of New World Slavery: From the Baroque to the Modern, 1492-1800*(London, 1997)와 *The Overthrow of Colonial Slavery, 1776-1848*(London, 1988)을 보시오.

24 Chris Harman, "Engels and the Origins of Human Society", *International Socialism*, series 2, no. 65(Winter 1994)를 보시오.

25 Karl Marx, "On the Jewish Question" in Robert C Tucker, ed., *The Marx-Engels Reader*(New York, 1972), pp 24~51. 마르크스주의와 유대인 문제에 관한 일반적 논의를 보려면, Abbie Bakan, "The Jewish Question: A Marxist Analysis", *Marxism*, no. 1, 2003을 보시오.

26 Marx, "Jewish Question", p 33.

27 이 부분에 관련해서는 Kevin Anderson, "Marx on Suicide in the Context of his Other Writings on Alienation and Gender"와 Karl Marx, "Peuchet on Suicide", in *Marx on Suicide*, Eric A Plaut and Kevin Anderson, eds. and intro., trans., Eric A Plaut, Gabrielle Edgecomb, and Kevin Anderson(Evanston Illinois: Northwestern University Press, 1999), pp 3~28; pp 43~76에 의존했다.

28 Karl Marx, "Peuchet on Suicide", pp 50~51. 이것은 마르크스 같은 젊은 혁명가에게 묘한 공감을 불러일으켰을 수 있다. 마르크스는 1843년 10월에서 1845년 1월까지 파리에 거주했는데, 이때는 정치 활동을 했다는 이유로 자기 고향인 프로이센에서 추방됐을 때였다. 마르크스는 나중에 프랑스에서도 같은 이유로 추방됐고 1845~1846년에 벨기에에서 살았고, 마르크스는 여기서 자크 피세(1785~1830)라는 사람이 쓴 프랑스어판 *Memoirs of the Police Archives*를 읽었다.

29 Karl Marx, "Peuchet on Suicide", p 67.

30 Karl Marx, "Peuchet on Suicide", p 58.

31 넷째 사례는 갑작스러운 실업에 대한 것이다. 왕실 경비대 한 명이 갑자기 일자리

를 잃었는데 다른 일자리를 구하지 못한다. 그는 가족이 빈곤의 나락으로 떨어지는 것을 보면서 가족에게 "짐"이 되지 않으려고 목숨을 버린다.

32 Anderson, "Marx on Suicide", p 12.

33 Chris Harman, "Base and Superstructure", *International Socialism*, series 2, no. 32(Summer 1986), pp 3~44[국역: "토대와 상부구조", 《자본주의 국가》, 책갈피, 2015]를 보시오.

34 Karl Marx, Early Writings, trans. and ed., T B Bottomore(New York, 1963); *Grundrisse: Introduction to the Critique of Political Economy*, trans., Martin Nicolaus(Harmondsworth, 1973); Capital.

35 Karl Marx, "Speech at the Anniversary of the Peoples' Paper", E Lunn, *Marxism and Modernism*, in Judy Cox, "An Introduction to Marx's Theory of Alienation", *International Socialism*, series 2, no. 79(Summer 1998), p 41에서 인용.

36 Judy Cox, "An Introduction", pp 47~51을 보시오.

37 자본주의 내 평등과 불평등에 관한 마르크스주의적 분석을 보려면, Alex Callinicos, *Equality*(Cambridge UK, 2000)[국역: 《평등》, 울력, 2006]을 보시오.

38 마르크스주의와 동성애자 억압의 관계에 대한 요약을 보려면, Peter Morgan, "Class Divisions in the Gay Community", *International Socialism*, series 2, no. 78(March 1998), http://pubs.socialistreviewindex.org.uk/isj78/morgan.htm을 보라. 미국 내 인종차별의 사회적 구성에 관한 논의를 보려면, Noel Ignatiev, *How the Irish Became White*(New York, 1995)를 보시오.

39 Marx and Engels, *Selected Correspondence*(Moscow, 1965), pp 236~237, Alex Callinicos, *Race and Class*, pp 34~35에서 인용.

40 이것은 Alex Callinicos, "Race and Class", *International Socialism*, series 2, no. 55(Summer 1992), p 19를 요약·수정한 것이다.

41 W E B Dubois, *Black Reconstructionism in America 1860-1880*(New York, 1969), pp 700~701.

42 Grace-Edward Galabuzi, *Canada's Creeping Economic Apartheid*, *CSJ Foundation for Research and Education*, May, 2001, http://www.socialjustice.org/pubs/pdfs/economic_apartheid.pdf을 보시오.

43 V I Lenin, *What is to Be Done?*(Moscow, 1969), p 80[국역: 《무엇을 할 것
    인가?》, 박종철출판사, 2014]과 Lenin, *Collected Works*, vol. 5, p 423에도
    수록돼 있다.

여성 차별

1   www.homeoffice.gov.uk/equalities/women/women-work

2   Gold, 2012.

3   Martinson, 2012에서 인용.

4   www.guardian.co.uk/politics/2012/oct/24/suffragette-great-
    granddaughter-march-parliament. 최근 아일랜드에서 임신중절을 거부당해
    죽는 여성을 보면 임신중절수술을 합법화하고 무료로 제공하는 게 왜 중요한지
    를 새삼 알 수 있다.

5   슬럿워크는 2011년 4월 3일 캐나다 토론토에서 시작했다. 경찰관 마이클 생귀네
    티가 "잡년처럼 헤픈 옷차림을 피해야" 안전할 수 있다고 말한 것이 계기였다. 슬
    럿워크 참가자들은 여성의 행실이 강간의 원인인 듯 설명하는 것에 분노했다. 비
    슷한 행진이 세계 곳곳에서 열렸다.

6   www.socialistworker.co.uk/art.php?id=3143. 내 기억이 옳다면 "뒷골목 낙
    태로 돌아갈 수 없다" 구호는 당시 국제사회주의자들IS의 사무국장이 제안한 것
    이다. 당시 나는 국제사회주의자들의 여성 부문 조직자이자 국제사회주의자들
    이 발행한 여성 잡지 〈위민스 보이스〉의 편집자였다.

7   Federici, 2012와 Vogel, 1983(곧 재판이 발행될 것이다)을 보시오[보걸의 책
    은 2013년에 재판이 발행됐다].

8   Brown, 2012, p 28에서 인용.

9   이 점은 뒤에서 더 자세히 다루겠다.

10 Brown, p 28.

11 Harman, 1994, p 85~86에서 인용.

12 Brown, pp 54~55.

13 Cliff, 1974.

14 Brown, p 55.

15 "무엇보다 그것[새 사회질서 — 지은이]은 서로 경쟁하는 개인들의 손에서 생산
    부문에 대한 통제권을 빼앗아 사회 전체가 산업을 운영하는 시스템, 즉 공동의

이익을 위해, 공동의 계획에 따라, 사회 구성원이 모두 참여해 운영하는 시스템을 세워야 한다. … 다시 말해, 새로운 사회질서에서는 경쟁이 사라지고 협력이 그 자리를 대신할 것이다." Engels, 1847.

16 Vogel, 6장.

17 이는 어디까지를 인간의 뼈로 분류할 것인지에 달렸다. Brenot and Picq, 2012, p 85.

18 Harman, 1994, p 89. 가장 좁은 의미에서 생식 방법은 바뀌지 않았다. 그러나 개인들이 서로 성적으로 다가가는 방법, 용인되는 성행위와 그렇지 않은 성행위의 구분은 사회적·역사적으로 형성된다.

19 Brenot and Picq, 2012, p 42.

20 같은 책, p 43.

21 여성의 몸을 본다고 해서 그녀가 배란기에 있는지 알 수 없으므로 여성의 '성욕'은 다른 방식으로 표현된다.

22 Harman, 1994를 보시오. 하먼은 엘리너 리콕, 리처드 리, 콜린 턴불 등 많은 인류학자의 저작을 풍부하게 참고했다.

23 마르크스는 이를 인간종의 재생산에서 핵심적으로 중요한 것으로 봤고, 나는 대다수 사람들이 이 입장에 동의할 것으로 본다.

24 수렵·채집 사회를 분석한 연구를 보면, 여성이 엄청나게 다양한 업무를 담당했음을 알 수 있다. Harman, 1994와 McGregor, 1989를 보시오.

25 Blackwood, 1985, pp 27~42를 보시오.

26 사실 마셜 살린스가 '태고의 풍족 사회'라는 말을 처음 썼다. Harman, 1994, p 118에서 인용.

27 하먼은 이를 분석할 때 마르크스주의 고고학자 V 고든 차일드와 C K 메이슬스를 많이 참고했다. Harman, 1994.

28 Harman, 1994, pp 134~139.

29 Engels, 1978.

30 같은 책, p 97에서 인용.

31 Cliff, 1984, p 196. German, 1981, p 37과 Harman, 1984, p 5도 보시오.

32 Marx, 1976, p 718.

33 같은 책, Engels, 1993.

34 Harman, 1984, p 7.

35   Brown, pp 72~76을 보시오.

36   Vogel, p 35에서 인용.

37   Vogel, p 34.

38   엥겔스는 [고대] 그리스 여성의 낮은 지위를 논의하는 부분에서 다음과 같
      이 말한다. "그들은 끔찍한 남성 간 성행위에 빠져들었고, 가니메데스[제우스
      의 술 시중을 든 소년] 신화로 그들의 신과 그들 자신의 품위를 떨어뜨렸다."
      Engels, 1978, p 74. "끔찍한 남성 간 성행위"에 해당하는 독일어 원문은 "die
      Widerwärtigkeit der Knabenliebe"인데, 이에 대한 적절한 번역어가 무엇이
      냐를 두고 논쟁이 있다. 아마 "남성 간 성행위의 불편한 성격"이라고 번역하는 것
      이 더 나을 것이다. 번역어가 뭐가 됐든 간에 이런 언급은 엥겔스가 당시의 편견
      을 넘어서지 못했다는 비난의 근거가 된다. 이런 언급을 제외하면, 사회가 남성
      과 여성에게 어떻게 영향을 끼치는지를 이해하려는 그의 접근법은 엥겔스에 공
      감하는 독자들에게 유용한 분석 도구를 제공한다.

39   "유물론적 개념에 따르면 역사의 결정적 요인은 최종 심급에서는 당장의 삶을 생
      산하고 재생산하는 방식이다." Engels, 1978, p 4.

40   Vogel, p 168.

41   Marx, 1976, pp 717~718.

42   Breugel, 1976, German, 1981, Harman, 1984.

43   Ennis, 1974, p 27.

44   같은 책, p 27.

45   같은 책, p 27.

46   같은 책, p 26, German, 1981.

47   Breugel, p 22와 Dallas Hamilton, 1976, p 22.

48   Federici, p 8.

49   Federici, p 9.

50   Odih, 2007, p 11.

51   여성은 일주일에 평균 10시간을, 남성은 평균 7시간을 쓴다. German, 2007, p 112.

52   German, 2007, p 111.

53   German, 1981, p 36에서 인용.

54   Humphries, 1981, p 3에서 인용.

55 같은 책, pp 13~14.

56 같은 책, p 17.

57 같은 책, p 15.

58 같은 책, p 14.

59 같은 책, p 26.

60 같은 책, p 22.

61 같은 책, p 23.

62 같은 책, p 25.

63 같은 책, p 23. 매우 많은 광원 노동자들이 '성 월요일'을 즐겼다! [성 월요일은 17~18세기 영국에서 나타난 현상으로, 토요일에 주급을 받은 노동자들이 주말에 술을 진탕 마시고 월요일에 출근하지 않은 것을 말한다. 그래서 아예 월요일에는 문을 열지 않는 공장도 꽤 있었다. 산업혁명 이후 영국 지배계급은 이 관행을 없애려고 무던히 애썼나.]

64 German, 1981을 보시오. 특히 줄리엣 미첼과 하이디 하트먼에 대한 비평은 Harman, 1984를, 관련 논쟁에 대한 논평은 *International Socialism*을, 크리스틴 델피에 대한 비평은 Molyneux, 1979를 보시오.

65 Cliff, 1984와 German 1989, 2007.

66 German, 1989, p 34.

67 German, 1981, p 37.

68 German, 1989, p 35.

69 Cliff, 1984, p 202.

70 McGregor, p 10.

71 Land, 1980, pp 55~77.

72 같은 책, pp 55~77.

73 Marx and Engels, 1848.

74 Plunkett, 2011

75 www.fawcettsociety.org.uk/index.asp?PageID=23

76 www.fawcettsociety.org.uk/index.asp?PageID=321

77 내가 다니는 고등학교의 교장은 교감이 시간제로 전환하는 것을 허락하지 않을 것이다. 그래서 시간제 일자리가 필요한 여성은 [직장에서 맡은] 책임을 포기해

야 하고, 그러므로 상당한 임금 삭감을 받아들여야 한다.

78 http://cep.lse.ac.uk/pubs/download/CP194.pdf

79 Grant, Yeandle, and Buckner, 2005.

80 www.flexibility.co.uk/flexwork/time/part-time-2010.htm

81 아이를 키우는 성인에 대한 세금·복지 제도의 변화들이 상호작용하는 방식은 복잡하다. 아이를 키우는 개인이나 부부는 어떤 변화가 자신들에게 어떻게 영향을 끼칠지 알기 위해 자신들의 소득을 세심히 살펴봐야 한다. 육아 비용 등의 면에서 부차적 소득자의 소득은 무용지물이 되는 경우가 흔하다. Alakeson and Hurrell, 2012를 보시오.

82 Harris, 2012.

83 McVeigh, 2012.

84 Alakeson and Hurrell, 2012.

85 Daycare Trust, 2013.

86 www.resolutionfoundation.org/media/media/downloads/The_Missing_Million.pdf

87 "1960~1965년 대학교 학위를 보유한 여성은 57퍼센트 증가했다(남성은 25퍼센트 증가했다)." Orr, 2010, p 31.

88 German, 2007, p 111.

89 McGregor, p 12.

90 Wilkinson and Pickett, 2010, p 58.

91 대니 돌링은 영국과 프랑스의 불평등이 1930년대에 완화되기 시작했고 이런 추세가 1970년대까지 지속됐다고 본다. Dorling, 2012, p 102.

92 이 시기에 대한 종합적 분석은 Harman, 1988을 보시오.

93 최초의 시설은 1976년 런던에서 개장했다. Cochrane, 2012.

94 Wallop, 2009.

95 http://statistics.dwp.gov.uk/asd/asd5/rrep006.pdf

96 Wilkinson and Pickett, p 187.

97 같은 책, p 23.

98 같은 책, p 119.

99 같은 책, p 125.

100 같은 책, pp 125, 142. 윌킨슨과 피킷은 자존감이 낮아 아이를 출산한 10대의 사례를 제시한다. 10대의 임신율은 계급 간 차이가 크지 않지만 출산율은 그렇지 않다. 부유층일수록 임신중절을 선택할 가능성이 높기 때문이다.

101 "자본주의 체제 안에서 기존 가족의 유대가 해체되는 것이 아무리 끔찍하고 극도로 불쾌한 일로 보일지라도, 대공업은 (가족경제 영역 바깥의) 사회적으로 조직된 생산과정에서 여성, 청년, 아동에게 중요한 임무를 부여함으로써 가족과 양성 관계가 발전할 수 있는 새로운 경제적 기초를 놓는다." Marx, 1976, pp 620~621.

102 German, 2007, p 20.

103 모두 German, 2007, p 43에서 인용.

104 Orr, 2010, p 36.

105 German, 2007, p 58.

106 통계자료는 다음 웹사이트에서 가져왔다. www.womensaid.org.uk/core/core_picker/download.asp?id=1602

107 Anonymous, 2012.

108 로리 페니 등 일부 여성들은 "쌍년"이나 "씨발년" 같은 말을 흔히 사용하면서 이것이 여성의 힘을 키우는 방법의 일환이라고 주장한다.

109 학교에는 이미 '아동 보호 담당관'이 있어서 어른과 아이들은 아동 학대 혐의자를 [언제든지] 신고할 수 있다.

110 이것은 학교에서 싸움과 모욕적 발언을 일삼는 학생에게 사용되는 방법을 차용한 것이다.

111 Luxemburg, 1918.

112 비슷한 시기에 임신한 여성들을 대상으로 한 공동체 모임이 있었는데, 나는 지난 다섯 달 동안 그 모임이 운영되는 방식을 보며 놀랐다. 이들은 여러 일에 어떻게 대처하는 것이 최선인지 스스로 토론하며 배웠고 출산 경험이 있는 다른 여성도 이들에게 필요한 조언을 주기 위해 토론에 참여했다. 이 모임은 서로 배우는 장소이기도 했다. 예비 아버지들도 임신의 여러 단계와 그에 따르는 일을 배웠다. 이곳에서는 아이를 직원들에게 소개하는 문화도 있었다. 그래서 아이를 낳은 부모는 아이를 데려와서 직원들이 한 명씩 안아 볼 수 있게 했고, 매우 많은 남성들이 아이를 대하는 데 매우 능숙했다.

113 엥겔스는 애슐리 경이 영국 하원에서 한 연설을 인용한다. "한 남성이 자신의 두 딸에게 술집에 가지 말라고 나무라자 두 딸은 명령을 받는 것이 지긋지긋하다며 '제기랄, 우리가 당신을 먹여 살리고 있다고요!' 하고 말했다. 일해서 번 돈

을 스스로 갖기로 결심한 두 딸은 부모를 그들 자신의 운명에 내맡긴 채 집을 떠났다." Engels, 1993, p 15. 마르크스도 종종 새로 들어선 공장의 조건이 여성에게 미치는 영향을 막연하게 말했다. 마르크스와 도덕에 관한 호의적 분석은 Brown, pp 84~92를 보시오.

114　Engels, 1993, p 156.

115　McGregor, p 18.

116　내가 일하는 곳에서는 주로(항상 그런 것은 아니지만) 젊은 여성들이 가장 열정적으로 싸우자고 주장했다.

117　통계자료는 모두 Stephenson, 2011에서 가져온 것이다.

성소수자 차별

1　성 행동에 대한 미국의 주요 통계조사에서 사용되는 욕망, 행동, 성적 지향의 개념을 보려면 Edward Laumann, John Gagnon, Robert Michael and Stuart Michaels, *The Social Organisation of Sexuality: Sexual Practices in the United States*(Chicago/London, 1994)를 보라.

2　James Warner, Eamonn McKeown, Mark Griffin et al, "Rates and Predictors of Mental Illness in Gay Men, Lesbians and Bisexual Men and Women: Results from a Survey Based in England and Wales", *British Journal of Psychiatry* 185(December 2004), pp 479~485.

3　Walter Williams, *The Spirit and the Flesh: Sexual Diversity in American Indian Culture*(Boston, 1986), p 85.

4　Stephen Murray, *Homosexualities*(Chicago/London, 2000)는 다양한 종류의 사회를 묘사한다. 그리스 사회에 대한 더 많은 자료를 보려면 David Halperin, *One Hundred Years of Homosexuality and Other Essays on Greek Love*(New York/London, 1990)과 K J Dover, *Greek Homosexuality*(London, 1978)를 보라.

5　Norah Carlin, "The Roots of Gay Oppression", *International Socialism* 42(spring 1989), p 84[국역: "동성애자 억압의 근원", 《동성애 혐오의 원인과 해방의 전망》, 책갈피, 2016].

6　Rictor Norton, *Mother Clap's Molly House: The Gay Subculture in England 1700-1830*(London, 1992), p 98.

7　같은 책, p 29.

8 Norah Carlin, 앞의 글, pp 84~85.

9 같은 글, p 87.

10 Lillian Faderman, *Surpassing the Love of Men: Romantic Friendship and Love between Women from the Renaissance to the Present*(London, 1981) pp 75, 120~125.

11 Norah Carlin, 앞의 글, p 89.

12 Henry Mayhew, *London Labour and the London Poor: Volume 4*(New York, 1968), p 213.

13 Norah Carlin, 앞의 글, p 89.

14 같은 글, pp 91~92.

15 Jeffery Weeks, *Sex, Politics and Society: The Regulation of Sexuality Since 1900*(London, 1981), pp 48~52; Norah Carlin, 앞의 글, p 93.

16 Karl Heinrich Ulrichs, *Forschungen über das Rätsel der mannmännlichen Liebe: Volume 1*(New York, 1975) p 30; *Volume 2*, p11.

17 Jeffrey Weeks, "Havelock Ellis and the Politics of Sex Reform", *Making Sexual History*(London, 2000); John Lauritsen and David Thorstad, *The Early Homosexual Rights Movement 1864-1935*(Ojai, CA, 1995); Sigmund Freud, "Three Essays on the Theory of Sexuality", *On Sexuality*(Harmondsworth, 1979)[국역: 《성욕에 관한 세 편의 에세이》, 열린책들, 2004]. Freud 글의 다른 번역본은 http://www.gutenberg.org/files/14969-h/14969-h.htm에서 볼 수 있다.

18 Dan Healey, *Homosexual Desire in Revolutionary Russia: The Regulation of Sexual and Gender Dissent*(Chicago/London, 2001), p 68. Dan Healey의 인터뷰 *Socialist Worker*(20 January 2007)도 보라.

19 John Lauritsen and David Thorstad, 앞의 책, pp 42~51.

20 John D'Emilio, *Sexual Politics, Sexual Communities: The Making of a Homosexual Minority in the United States, 1940-1970*(Chicago/London, 1983), pp 44, 50.

21 같은 책, pp 58~69.

22 같은 책, pp 71~87.

23 Jeffrey Weeks, 앞의 책, pp 239~244.

24 John D'Emilio, 앞의 책, pp 231~232.

25 같은 책, p 233.

26 같은 책, p 238.

27 이것은 Lillian Faderman, *Odd Girls and Twilight Lovers: A History of Lesbian Life in Twentieth-Century America*(New York, 1992)의 10장 제목이다.

28 Jeffrey Weeks, "An Unfinished Revolution: Sexuality in the Twentieth Century", *Making Sexual History*(London, 2000), p 171.

29 같은 글, p 170.

30 Mike Jackson, *Fucking with Miners: The Story of Lesbians and Gays Support the Miners.*

31 *Gay Times*, October 1991.

32 Stonewall, *Timeline of Lesbian and Gay History*, www.stonewall.org.uk

33 www.number-10.gov.uk/output/Page9737.asp, 29 December 2006.

34 "Davies leaves Wales in turmoil", BBC News; "Davies attacks 'false sex slurs'"; "Davies facing party questions"; "Davies defiant over sex claims"; "Davies stands down in sex storm"; "'Disillusioned' Davies quits Labour".

35 Education for All, *Cornerstone Document: Tackling Homophobia in Schools*(London), www.stonewall.org.uk; Gwyther Rees and Jenny Lee, Still Running II: Findings from the Second National Survey of Young Runaways, Children's Society 2005.

36 "Church to let gay clergy 'marry' but they must stay celibate", *Sunday Times*(29 May 2005).

37 Katherine Cowan and Gill Valentine, *Tuned Out: The BBC's Portrayal of Lesbian and Gay People*(London, 2006).

38 Tim Lusher, "Programme Complaints: Appeals to the Governors, January to March 2006".

39 TUC, *Straight Up! Why the Law should Protect Lesbian and Gay Workers*(London, 2000).

40 "Gay Man's Killing 'Tip Of The Iceberg'", BBC News.

41　James Warner, Eamonn McKeown, Mark Griffin et al, 앞의 글, pp 479~485; "Health Toll of Anti Gay Prejudice", BBC News; Michael King, Eamonn McKeown, James Warner et al, "Mental Health and Quality of Life of Gay Men and Lesbians in England and Wales", *British Journal of Psychiatry* 183(2003), pp 552~558.

42　Press for Change presentation, LGBT History Month Prelaunch event, 20 Novem ber 2006.

43　Ben Summerskill, *The Way We Are Now*(London/New York, 2006).

44　www.gaytimes.co.uk, 23 December 2006.

45　Eating Disorders Association, "Men Get Eating Disorders Too".

46　www.tht.org.uk/aboutus/ourhistory The Terrence Higgins Trust, 'Trustees' Report and Financial Statements for the Year Ended 31 March 2006', www.charity-commission.gov.uk.

47　www.stonewall.org.uk/documents/accounts_0405.pdf.

48　예컨대 John Rees, *Imperialism and Resistance*(London/New York, 2006)[국역: 《새로운 제국주의와 저항》, 책갈피, 2005]를 보시오.

49　National Coalition of AntiViolence Programs, *Anti-Lesbian, Gay, Bisexual and Transgender Violence in 2004*(release edition, 2005), www.ncavp.org.

50　Jonathan Neale, *What's Wrong with America? How the Rich and Powerful Have Changed America and Now Want to Change the World*(London, 2004), p 92[국역: 《두 개의 미국》, 책갈피, 2008]; Christian Parenti, *Lockdown America: Police and Prisons in the Age of Crisis*(London/New York, 1999), p 185; Stop Prisoner Rape, "In the Shadows: Sexual Violence in US Detention Facilities"(2006), www.spr.org; "HIV Transmission Among Male Inmates in a State Prison System—Georgia, 1992-2005", *Morbidity and Mortality Weekly Report* 55(15), pp 421~426(21 April 2006), www.cdc.gov/mmwr.

51　Michelangelo Signorile, *Hitting Hard*(New York, 2005), p 272; Steven Epstein, "Gay and Lesbian Movements in the United States", Barry Adam, Jan Willem Duyvendak and André Krouwel(eds), *The Global Emergence of Gay and Lesbian Politics*(Philadelphia, 1999), p 73.

52 National Gay and Lesbian Task Force, "States, Cities and Counties with Civil Rights Ordinances, Policies or Proclamations Prohibiting Discrimination on the Basis of Sexual Orientation"(2005), www. thetaskforce.org.

53 Beth Loffreda, *Losing Matt Shepard*(New York, 2000), p 63.

54 같은 책, pp 39~41, 138~141.

55 Steven Epstein, 앞의 글, pp 65, 43.

56 Simon LeVay, *Queer Science*(Cambridge, MA/London, 1996); Dean Hamer and Peter Copeland, *The Science of Desire: The Search for the Gay Gene and the Biology of Behavior*(New York, 1994).

57 Gordon Waitt and Kevin Markwell, *Gay Tourism: Culture and Context*(Oxford, 2006), pp 203, 187, 214.

58 Michelangelo Signorile, 앞의 책, p 279.

59 Khaled El-Rouayheb, *Before Homosexuality in the Arab Islamic World, 1500-1800*(Chicago/London, 2005), p 2.

60 같은 책, p 35.

61 같은 책, p 41.

62 같은 책, p 29.

63 같은 책, pp 3~4.

64 같은 책, pp 27~28.

65 같은 책, pp 19~20.

66 Stephen Murray and Will Roscoe, *Islamic Homosexualities: Culture, History and Literature*(New York/London, 1997), p 6.

67 Brian Whitaker, *Unspeakable Love: Gay and Lesbian Life in the Middle East*(California, 2006) p 121에서 인용.

68 Jim Wafer, "Muhammad and Male Homosexuality", Stephen Murray and Will Roscoe, 앞의 책, pp 89~90.

69 쿠란 4장 16절.

70 레위기 20장 13절.

71 Khaled El-Rouayheb, 앞의 책, pp 118~123.

72 Brian Whitaker, 앞의 책, pp 17~39; Badruddin Khan, "Not-So Gay Life in Pakistan in the 1980s and 1990s", Stephen Murray and Will Roscoe, 앞의 책, p 288.

73 Badruddin Khan, 앞의 글, pp 275, 277.

74 Khaled El-Rouayheb, 앞의 책, pp 156~158.

75 Brian Whitaker, 앞의 책, p 11.

76 Badruddin Khan, 앞의 글, p 284.

77 Dennis Altman, *Global Sex*(Chicago/London, 2001), p 93[국역: 《글로벌 섹스》, 이소, 2003].

78 Gordon Waitt and Kevin Markwell, 앞의 책, p 139.

79 Brian Whitaker, 앞의 책, p 50.

80 Edward Carpenter, *Selected Writings Volume 1: Sex*(London, 1984).

81 Stephen Murray and Will Roscoe(eds), *Boy-Wives and Female Husbands: Studies of African Homosexualities*(London, 1998), pp 22, 27, 28, 36.

82 같은 책, p 105.

83 Kendall, "'When a Woman Loves a Woman' in Lesotho: Love, Sex and the(Western) Construction of Homophobia", Stephen Murray and Will Roscoe(eds), 앞의 책(1998), p 231.

84 Mark Epprecht, "Homosexual 'Crime' in Early Colonial Zimbabwe", Stephen Murray and Will Roscoe(eds), 앞의 책(1998), pp 205~206, 177.

85 Mai Palmberg, "Emerging Visibility of Gays and Lesbians in Southern Africa: Contrasting Contexts", Barry Adam, Jan Willem Duyvendak and André Krouwel(eds), 앞의 책, p 269.

86 같은 글, pp 276~284.

87 Ghassan Makarem, "Gay Rights: Who Are The Real Enemies Of Liberation?", *Socialist Review*(February 2006).

88 "Kenya: Backlash Against Gays And Lesbians Starts", *Daily Nation*(28 January 2007). 제목이 시사하듯이 성소수자가 눈에 많이 띄게 되면서 이에 대한 반감도 나타났다. 이 기사는 세계사회포럼에서 우간다 성소수자 활동가가 느낀 적대감을 언급하기도 한다.

1   Robin Derricourt, *Inventing Africa*(Pluto, 2011), p 17.

2   같은 책, p 60.

3   W E B Du Bois, *The Negro*(Humanity Books, 2002), p 27[국역: 《니그로》, 삼천리, 2013].

4   www.aaanet.org/stmrs/racepp.htm

5   C L R James, *Modern Politics*(Bewick Editions, 1973), p 124.

6   Peter Alexander, *Racism, Resistance and Revolution*(Bookmarks, 1987), p 2.

7   Chris Harman, *A People's History of the World*(Bookmarks, 1999), p 245[국역: 《민중의 세계사》, 책갈피, 2004].

8   Jeffrey B Perry(ed), *A Hubert Harrison Reader*(Wesleyan, 2001), p 53.

9   Eric Williams, *Capitalism and Slavery*(Andre Deutsch, 1964), pp 19~20[국역: 《자본주의와 노예제도》, 우물이있는집, 2014].

10   Peter Fryer, *Staying Power*(Pluto, 1984), p 148.

11   같은 책 p 159에서 인용.

12   같은 책 p 152에서 인용.

13   같은 책 p 94.

14   Brian Kelly, "The Material Origins of American Racism"(Unpublished article supplied by author), p 9.

15   같은 책, p 10.

16   같은 책, p 16.

17   같은 책, p 17.

18   같은 책, p 24.

19   같은 책, p 26.

20   같은 책, p 29.

21   Adam Smith, *The Wealth of Natiom*, 7장[국역: 《국부론》, 여러 판본이 있다], www.marxists.org/reference/archive/smith-adam/works/wealth-of-nations/book04/ch07c-2.htm

22   Karl Marx, *Capital Volume One*(1867), 26장[국역: 《자본론》, 비봉출판사, 2015], www.marxists.org/archive/marx/works/1867-Cl/ch26.htm

23   Robin Blackburn, *The Making of New World Slavery*(Verso, 1997), p 172.

24   Karl Marx, *Capital Volume One*(1867), 31장, www.marxists.orglarchive/ marx/works/1867-CI/ch31.htID

25   Fryer, 앞의 책, p 34.

26   Karl Marx, *The Poverty of Philosophy*(1847), 2장[국역: 《철학의 빈곤》, 아침, 1989], www.marxists.org/archive/marx/works/1847/povertyphilosophy/ ch02.htm

27   Norah Carlin, "Was There Racism in Ancient Society?", *International Sodalism* 36(autumn 1987), p 92.

28   Pope St Miltiades", *Catholic Encycloptdia*(1913), en.wikisource.org/ wiki/Catholic _Encyclopedia_(1913)/Pope_St._Miltiades

29   Fryer, 앞의 책, p 136.

30   Jacques Gerner, *A History of Chinese Civilization*(Cambridge Universiry Press, 1996), p 292.

31   Abram Leon, *The Jewish Question*(Parhfinder, 1970), p 129.

32   Christopher Allen, *Islamophobia*(Ashgate, 2010), p 27.

33   Allen, 앞의 책, p 27.

34   Blackburn, 앞의 책, p 39.

35   Blackburn, 앞의 책, p 103.

36   Olaudah Equiano, *The Interesting Narrative of the Life of Olaudah Equiano*(Digireads, 2009), p 28[국역: 《에퀴아노의 흥미로운 이야기》, 해례 원, 2013].

37   Adam Hochschild, *Bury the Chains: The British Struggle to Abolish Slavery*(Macmillan, 2005), p 64.

38   Fryer, 앞의 책, pp 128~129.

39   Angela Davis, *Women, Race and Class*(Women's Press, 1981), p 9에서 인용.

40   C L R James, "Revolution and the Negro"(1919), www.marxists.org/ archive/jamesclr/works/19'9/12/negro-revolution.htm

41   Hochschild, 앞의 책, p 259.

42   Toussaint L'Ouvcrrure, *The Haitian Revolution*(Verso, 2008), p 6.

43 C L R James, *The Black Jacobins*(Penguin, 2001), p 72[국역: 《블랙 자코뱅》, 필맥, 2007].

44 Chris Harman, "Haiti: Pawn In Their Game", *Socialist Worker Review* no 85(March 1986), www.marxists.org/archive/harman/1986/03/haiti.html

45 Fryer, 앞의 책, p 70.

46 Fryer, 앞의 책, p 60.

47 Fryer, 앞의 책, p 71.

48 Adam Hochschild, "Radicals and rebels behind the abolition of slavery", *Socialist Worker,* 24 March 2007.

49 Fryer, 앞의 책, p 50.

50 Hochschild, 앞의 글.

51 Hochschild, 앞의 글.

52 Karl Marx, "Letters: Marx to Sigfrid Meyer and Augusr Vogt, 9 April 1870", www.marxists.org/archive/marx/works/1870/Iettcrs/70_04_09·htm

53 Alex Callinicos, *Race and Class*(Bookmarks, 1992), p 35.

54 Philip S Foner, *Organized Labor & the Black Worker 1619-1981*(International, 1981), p 4.

55 Charles Darwin, *The Descent of Man*(1871)[국역: 《인간의 유래와 성선택》, 지만지, 2012], darwin-online.org.uk/content/frameset?viewtype=text&itemID=F937.1&pageseq=181

56 Robert O Collins, James M Burns, *A History of Sub-Saharan Africa* (Cambridge, 2007), p 105에서 인용.

57 Howard Zinn, A *People's History of the United States, 1492 to the Present*(Harper Collins, 2001), p 26[국역: 《미국 민중사》, 이후, 2008].

58 www.kipling.org.uk/poems_burden.htm

59 Bruce Berman and John Lonsdale, *Unhappy Valley: Conflict in Kenya and Africa*(James Currey, 1993), p 19.

60 Niall Ferguson, *Empire: How Britain Made the Modem World*(Penguin, 2004).

61 Kevin B Anderson, Marx *at the Margim*(University of Chicago Press,

2010), p 34에서 인용.

62 Ron Ramdin, *The Making of the Black Working Class in Britain*(Wildwood House, 1987), p 36.

63 Lydia Potts, *The World Labour Market*(Zed, 1990), p 63.

64 Vijaya Teelock of the Mauritian Truth and Justice Forum, in a talk at the University of London. 21 March 2012.

65 Potts, 앞의 책, p 64.

66 Manning Marable, *Race, Reform and Rebellion*(Macmillan, 1991), p 32.

67 Chris Harman, "The Return of the National Question"[국역: 《민족문제의 재등장》, 책갈피, 2001], in Alex Callinicos(ed), *Marxism and the New Imperialism*(Bookmarks, 1994), p 196.

68 Harman, 앞의 글.

69 Leon, 앞의 책, p 238.

70 Marable, 앞의 책, p 4.

71 W E B Du Bois, *Black Reconstruction in America, 1860-1880*(Free Press, 1998), p 8.

72 Eric Foner. *Recomtruction: America's Unfinished Revolution 1863-1877*(Harper&Row, 1988), p 27.

73 Foner. 앞의 책, p 142.

74 Foner, 앞의 책, p 288.

75 Frederick Douglass, *The Life and Times of Frederick Douglass*(Wordsworth, 1996), p 305.

76 Ken Olende, "Racism and class solidarity in histoty of the US South", *Socialist Worker*, 22 September 2007. www.socialistworker.co.uk/an.php?id;13018.

77 Ahmed Shawki, *Black Liberation and Socialism*(Haymarket, 2007), p 44.

78 Jack M Bloom, *Class, Race and the Civil Rights Movement*(Indiana University Press. 1987), p 30.

79 Ken Olende, "Black star rising", *International Socialism* 123(summer 2009). www.isj.org.uk/ index.php4?id=571&issue=123

80 Jeffrey B Perry, *Hubert Harrison: the Voice of Harlem Radicalism,*

1883-1918(Columbia University Press, 2009), p 162.

81 Perry, 앞의 책, p 183.

82 Perry, 앞의 책, p 279.

83 Ken Olende, "Marcus Garvey: a liberating legacy of challenging racism", *Socialist Worker*, 12 July 2008, www.socialistworker.co.uk/art.php?id=I5420

84 Peter Linebaugh and Marcus Rediker. *The Many-Headed Hydra*(Verso. 2000), p 319.

85 Ramdin, 앞의 책, p 28.

86 John Saville, *1848: The British State and the Chartist Movement*(Cambridge Universiry Press, 1987), p 104.

87 Fryer, 앞의 책, p 242.

88 George Orwell. *Collected Essays, Letters and Journalism* volume I(Penguin, 1970), p 471.

89 Harman, 앞의 책, p 552.

90 C L R James, A *History of Negro Revolt*(Research Associates, 1994), p 72.

91 Nigel Harris, *Thinking the Unthinkable*(IB Tauris, 2001), p 46.

92 Paul Foot, *Immigration and Race in British Politics*(Penguin, 1965), p 126.

93 Fryer, 앞의 책, p 366.

94 Fryer, 앞의 책, p 376.

95 Madge Dresser. *Black and White on the Buses: The 1963 Colour Bar Dispute in Bristol*(Bristol Broadsides, 1986), p 39.

96 Parrha Sarathi Gupta, *Power, Politics and the People*(Anthem, 2002), p 204.

97 Robert Winder, *Bloody Foreigners*(Abacus, 2004), p 341.

98 Foot, 앞의 책, p 161.

99 Foot. 앞의 책, p 172.

100 Foot. 앞의 책, p 44.

101 Paul Foot, *The Rise of Enoch Powell*(Penguin, 1969), p 113.

102 Alexander, 앞의 책, p 153.

103 Tony Cliff, "The Labour Party in Perspective". *In the Thick of Workers' Struggle, Selected Writings Volume 2*(Bookmarks, 2002), p l.

104 Ramdin, 앞의 책, p 156.

105 Fryer, 앞의 책, p 334.

106 James P Cannon, "The Russian Revolution and the Black Struggle in the United States"(1959), www.marxists.org/archive/cannon/works/1959/black.htm

정체성 정치 비판

1 Howard Witt, "Louisiana teen guilty in school beating case," *Chicago Tribune*, June 29, 2007을 보시오.

2 예를 들어, Judy Keen, "Calls to get tough on illegals grow; Residents far from border seek controls," *USA Today*, April 19, 2006을 보시오.

3 Barbara Ehrenreich, "It's Islamo-Fascism Awareness Week!" Thenation. com, October 22, 2007, http://www.thenation.com/doc/20071105/ehrenreich.

4 Brendan Bernhard, "Preaching a gospel of hate," *New York Sun*, December 4, 2007.

5 Barry D Adams, *The Rise of a Gay and Lesbian Movement*(Boston, Twayne, 1987), p 80에서 인용.

6 레즈비언Lesbian, 게이Gay, 바이섹슈얼Bisexual, 트랜스젠더Transgender의 영어 앞 글자를 딴 말로 성소수자를 뜻한다.

7 "Rep. Frank opposes gay marriage effort," CNN.com, February 19, 2004.

8 "Jesse Jackson: Obama needs to bring more attention to Jena 6," CNN. com, September 19, 2007.

9 Liam Ford, "Obama's church sermon to black dads: Grow up," *Chicago Tribune*, June 20, 2005.

10 Aviva Aron-Dine, "EW in in 2005data show income concentration jumped again in 2005: Income Share of Top 1% At Highest Level Since 1929," Center on Budget and Policiy Priorities, October 24, 2007.

http://www.cbpp.org/3-29-07inc.htm에서 볼 수 있다.

11 Victor Perlo, *Economics of Racism U.S.A.: The Roots of Black Inequality*(New York, International Publishers, 1975), p 168을 보시오.

12 Karl Marx and Frederick Engels, *The Communist Manifesto*(New York: International Publishers, 1948), p 18.

13 Ernesto Laclau and Chantal Mouffe, *Hegemony and Socialist Strategy: Towards a Radical Democratic Politics*(London, Verso Press, 1985), pp 153~154[국역: 《헤게모니와 사회주의 전략》, 후마니타스, 2012].

14 같은 책, p 178.

15 같은 책, p 164.

16 Karl Marx, "Theses on Feuerbach," *Marx/Engels Selected Works*, Volume One,(Moscow, Progress Publishers, 1969) pp 13~15, http://www.marxists.org/archive/marx/works/1845/theses/theses.htm.

17 V I Lenin, *Collected Works*, Volume 5(Moscow, International Publishers, 1961), p 412.

참고 문헌

여성 차별

Alakeson, Vidhya, and Alex Hurrell, 2012, "Counting the cost of childcare", www.resolutionfoundation.org/media/media/downloads/Counting_the_costs_of_childcare_2.pdf

Anonymous, 2012, "At work it's called banter. But there's still a culture a culture of sex harassment in TV", Observer(14 October), www.guardian.co.uk/media/2012/oct/14/savile-tv-culture-of-female-harassment

Blackwood, E, 1985, "Sexuality and Gender in Certain Native American Tribes: the Case of Cross-Gender Females", *Signs: Journal of Women in Culture and Society*, volume 10, number 1.

Bradshaw, Jonathan, and Millar, Jane, 1991, "Lone parent families in the UK", Department of Social Security Research Report 6, www.statistics.dwp.gov.uk/asd/asd5/rrep006.pdf

Brenot, Philippe, and Pascal Picq, 2012, *Le Sexe, l'Homme et l'Evolution*(Odile Jacob).

Breugel, Irene, 1976, "Wages for Housework", *International Socialism* 89(first series, June), www.marxists.org/history/etol/newspape/isj/1976/no089/bruegel.htm

Brown, Heather, 2012, *Marx on Gender and the Family*(Brill).

Cliff, Tony, 1974, *State Capitalism in Russia*(Pluto)[국역: 《소련은 과연 사회주의였는가?》, 책갈피, 2008], www.marxists.org/archive/cliff/works/1955/statecap/index.htm

Cliff, Tony, 1984, *Class struggle and Women's Liberation*(Bookmarks)[국역: 《여성해방과 혁명: 영국 혁명부터 현대까지》, 책갈피, 2008].

Cochrane, Kira, 2012, "Rape Crisis is 40—and the need is greater than ever", Guardian(18 December), www.guardian.co.uk/society/2012/dec/18/rape-crisis-40-years-on

Dallas, Elana, and Judith Hamilton, 1976, "We came to Bury Housework not to Pay for it", *International Socialism* 90(first series, July/August), www.marxists.org/history/etol/newspape/isj/1976/no090/hamilton.htm

Daycare Trust, 2013, "Childcare costs surveys", www.daycaretrust.org.UK/pages/childcare-costs-surveys.html

Dorling, Danny, 2011, *So you think you know about Britain*(Constable)

Dorling, Danny, 2012, *The No-Nonsense Guide to Equality*(New Internationalist).

Eisenstein, Hester, 2009, *Feminism Seduced*(Paradigm).

Engels, Frederick, 1847, *The Principles of Communism*, www.marxists.org/archive/marx/works/1847/11/prin-com.htm

Engels, Friederick, 1978 [1884], *The Origin of the Family, Private Property and the State*(Foreign Languages Press)[국역: 《가족, 사유재산, 국가의 기원》, 두레, 2012].

Engels, Friedrich, 1993 [1845], *The Condition of the Working Class in England*(Oxford University Press)[국역: 《영국 노동자계급의 상태》, 세계, 1998].

Ennis, Kath, 1974, "Women's Consciousness", *International Socialism* 68(first series, April), www.marxists.org/history/etol/newspape/isj/1974/no068/ennis.htm

Fawcett Society, no date, "Equal Pay", www.fawcettsociety.org.uk/index.asp?PageID=23

Federici, Silvia, 2012, *Revolution at Point Zero*(PM Press)[국역: 《혁명의 원점: 가사 노동 재생산 여성주의 투쟁》, 갈무리, 2013].

Fine, Ben, 1992, *Women's Employment and the Capitalist Family*(Routledge).

German, Lindsey, 1981, "Theories of Patriarchy", *International Socialism* 12(summer), www.isj.org.uk/?id=240[국역: "가부장제 이론 비판", 《마르크스21》17호].

German, Lindsey, 1989, *Sex, Class and socialism*(Bookmarks)[국역: 《여성과 마르크스주의》, 책갈피, 2007].

German, Lindsey, 2007, *Material Girls*(Bookmarks).

Ginn, Jay, and Sue Himmelweit, 2011, "Unkindest Cuts: Analysing the effects by gender and age", www.radstats.org.uk/no104/HimmelweitGinn104.pdf

Gold, Tanya, 2012, "It's not in vogue, but this is a perfect storm of inequality," Observer(2 April), www.guardian.co.uk/commentisfree/2012/apr/02/women-work-perfect-storm-inequality

Grant, Linda, Sue Yeandle and Lisa Buckner, 2005, "Working Below Potential:Women and Part-time work", www.sociology.leeds.ac.uk/assets/files/research/circle/wbp-synthesis.pdf

Harman, Chris, 1984, "Women's Liberation and Revolutionary Socialism", *International Socialism* 23(spring), www.marxists.org/archive/harman/1984/xx/women.html[국역: "여성해방과 계급투쟁", 《크리스 하먼 선집》, 책갈피, 2016].

Harman,Chris, 1988, *The Fire Last Time*(Bookmarks)[국역: 《세계를 뒤흔든 1968》, 책갈피, 2004].

Harman, Chris, 1994, "Engels and the Origins of Human Society", *International Socialism* 65(winter), www.marxists.de/science/harmeng/index.htm

Harris, Scarlett, 2012, "Women, part-time work and underemployment", http://touchstoneblog.org.uk/2012/05/women-part-time-work-and-underemployment/

Hefez, Serge, 2012, *Le Nouvel Ordre Sexuel*(Kero).

Horrell, Sara, and Jane Humphries, 1992, "Old Questions, New Data, and Alternative Perspectives: Families' Living Standards in the Industrial Revolution", *The Journal of Economic History*, Volume 52, 4.

Humphries, Jane, 1981, "Protective Legislation, the Capitalist State and Working Class Men: The Case of the 1842 Mines Regulation Act", *Feminist Review*, 7.

Land, Hilary, 1980, "The Family Wage", *Feminist Review*, 6.

Lenin, V I, What is to be Done?[국역: 《무엇을 할 것인가?》, 박종철출판사, 2014], www.marxists.org/archive/lenin/works/1901/witbd/iii.htm

Luxemburg, Rosa, 1918, "Our Program and the Political Situation", www.marxists.org/archive/luxemburg/1918/12/31.htm

Manning, Alan, and Barbara Petrongolo, 2005/06, "The part-time pay penalty", CentrePiece(winter), http://cep.lse.ac.uk/pubs/download/CP194.pdf

Martinson, Jane, 2012, "Women paying the price for Osborne's austerity package", Guardian(31 March), www.guardian.co.uk/lifeandstyle/2012/mar/30/women-paying-price-osborne-austerity

Marx, Karl, 1976, *Capital*, volume 1(Penguin)[국역: 《자본론》. 비봉출판사, 2015].

Marx, Karl, and Friedrich Engels, 1848, *The Manifesto of the Communist Party*[국역: 《공산당 선언》, 여러 판본이 존재한다], www.marxists.org/archive/marx/works/1848/communist-manifesto/ch01.htm#007

McGregor, Sheila, 1989, "Rape, Pornography and Capitalism" *International Socialism* 45(winter), www.marxists.de/gender/mcgregor/rapeporn.htm

McVeigh, Tracy, 2012, "Wait till your mother gets home—why full-time dads are invisible men", Observer(29 January), www.guardian.co.uk/lifeandstyle/2012/jan/29/stay-at-home-dads-policy

McVeigh, Tracy, 2013, "Childcare costs rise 6 percent in past three months alone, says survey", Observer(20 January), www.guardian.co.uk/money/2013/jan/20/childcare-costs-rise-three-months-survey

Molyneux, Maxine, 1979, "Beyond the Domestic Labour Debate", *New Left Review*, I/116(July-August).

Odih, Pamela, 2007, *Gender and Work in Capitalist Economics*(Open University Press).

Orr, Judith, 2010, "Marxism and feminism today", *International Socialism* 127(summer), www.isj.org.uk/?id=656

Osborne, Hilary, 2012, "Grant Thornton's annual study of divorce in the UK", Guardian(31 August), www.guardian,co.uk/money/2011/aug31/divorce-family-finances

Stephenson, Mary-Ann, 2011, "TUC Women and the Cuts Toolkit", www.tuc.org.uk/equality/tuc-20286-f0.cfm

Standing, Guy, 2011, *The Precariat*(Bloomsbury Academic)[국역: 《프레카리아트: 새로운 위험한 계급》, 박종철출판사, 2014].

Vogel, Lise, 1983, *Marx and the Oppression of Women*(Pluto Press).

Wahl, Asbjorn, 2011, *The Rise and Fall of the Welfare State*(Pluto Press).

Wallop, Harry, 2009, "Death of the traditional family", Daily Telegraph(15 April), www.telegraph.co.uk/women/mother-tongue/5160857/Death-of-the-traditional-family.html

Wilkinson, Richard and Kate Pickett, 2010, *The Spirit Level*(Penguin)[국역: 《평등이 답이다: 왜 평등한 사회는 늘 바람직한가?》, 이후, 2012].